幕末明治初期の
洋式産業施設とグラバー商会

19世紀の国際社会における技術移転と
イギリス商人をめぐる建築史的考察

水田　丞

九州大学出版会

グラバー商会があった長崎居留地の景観。手前が南山手，中央のくぼ地が大浦居留地。すぐ手前の洋風建築物は元治元（1864）年から慶応元（1865）年建築の南山手乙 27 番旧清水氏住宅（2015 年 9 月　筆者撮影）。

大浦居留地の現在の景観。道路の左側がグラバー商会やオルト商会の茶再製場があった大浦山手 15 番地，大浦 21 番。右側の洋風建築物は明治 40（1907）年建築の旧長崎英国領事館職員住宅（2015 年 12 月　筆者撮影）。

奄美大島製糖工場のうち，須古の工場跡地の遠望。写真中央より左側付近が須古の集落（2016年10月　筆者撮影）。

奄美大島製糖工場の跡地付近で採取された赤煉瓦や耐火煉瓦（奄美博物館所蔵）（2016年10月　筆者撮影）。

異人館（旧鹿児島紡績所技師館）。磯の機械方，白砂糖方など，薩摩藩雇いの複数の外国人技術者が共同で寄宿した（2015 年 9 月　筆者撮影）。

小菅修船場のレールと引揚げ機小屋の外観（2010 年 7 月　筆者撮影）。

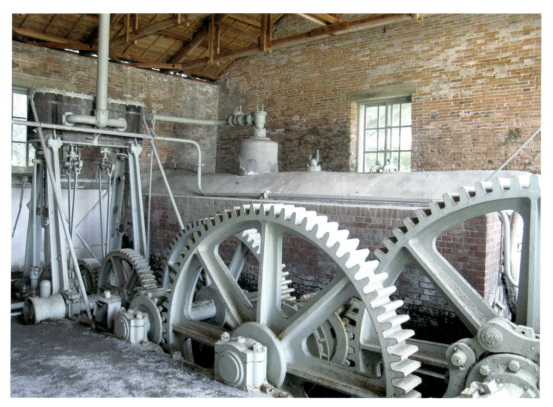

小菅修船場引揚げ機小屋の内部。機械類はアバディーンのメーカー，ホール・ラッセル社製（2010 年 7 月　筆者撮影）。

旧大阪造幣寮の泉布観（写真左側）と旧鋳造場の正面玄関（写真右側）（2016 年 1 月　筆者撮影）。

目　　次

凡例

序章 ………………………………………………………………………………… 1

　第1節　本書の課題　1

　第2節　既往の研究　6

　第3節　研究の方法・資料と本書の構成　10

第1章　外国人居留地の茶再製場 …………………………………………… 17

　はじめに　17

　第1節　長崎居留地における茶再製場の建設と操業の経緯　18

　第2節　茶再製場の建築と再製装置　29

第2章　奄美大島製糖工場 …………………………………………………… 49

　はじめに　49

　第1節　設立の経緯と顛末　50

　第2節　奄美大島製糖工場の復元的考察　56

　第3節　4工場の立地環境と遺物の分析　67

　第4節　在来式の製糖技術からみた洋式製糖工場の考察　74

第3章　鹿児島紡績所 ………………………………………………………… 87

　はじめに　87

　第1節　沿革　87

　第2節　建設関連資料と関連遺物による鹿児島紡績所建物の復元　93

　第3節　鹿児島紡績所と19世紀後期の紡績工場の建築形式　105

第4章　長崎小菅修船場 ……………………………………………………… 121

　はじめに　121

　第1節　操業当初期の施設配置と設備の仕様について　123

　第2節　日英の技術比較からみた日本のパテントスリップと小菅修船場の性能　136

第5章　大阪造幣寮 ……………………………………………………… 161

はじめに　161

第1節　大阪造幣寮創業時の外国人技術者の雇用とグラバー商会　162

第2節　香港造幣局との比較を通じた大阪造幣寮鋳造場の性能　169

結論 ……………………………………………………………………… 197

第1節　グラバー商会が関与した洋式産業施設の性格とその推移　197

第2節　幕末明治初期の技術移転とイギリス商人　201

第3節　19世紀国際社会における幕末明治初期の洋式産業施設　207

初出一覧　215
あとがき　217
人名索引　221
事項索引　224

凡例

・年号表記は和暦を基本とし，段落の初出箇所のみ西暦を括弧書きした。ただし，英文資料を引用した場合などは西暦表記を優先した。また，和文の契約書や英文書簡など，引用した資料により，年月日まで記載する場合は，括弧書きで旧暦，または新暦を併記した。

・資料の引用に際して，和文資料は本文，注釈とも原文のまま引用し，英文資料は以下のルールによった。本文中に引用する場合，日本語に翻訳し，原文を注釈に記載する。注釈のみで引用する場合，原文のまま記載し，日本語訳はつけない。

・引用文中，和文資料で判読できない字句は□で表記し，英文資料で判読できない単語は [　　　] と表記した。また，途中を省略した場合は，和文資料の場合「…（中略）…」とし，英文資料の場合 '……' と表記した。

・欧米の人名は基本的に，サーネームをカタカナ，ファーストネームとミドルネームはアルファベットのイニシャルで表記し，各章の初出箇所のみフルネームをアルファベットで括弧書した。

・本文中の単位について，次のように略記した。
　メートル：m　ミリメートル：mm　キロメートル：km　フィート：ft　インチ：in

序章

第1節　本書の課題

　本書は，幕末明治初期の日本に建設された洋式産業施設[1] を対象に，産業施設の建設とそれに必要だった洋式技術の移転へのイギリス商人グラバー商会（Glover & Co.）の関与という課題について，建築史的な視点から考察するものである。これを通じ，近代日本の黎明期における洋式産業施設，そしてそれを支えた技術の移転を，19世紀の国際社会の中に位置づけることを試みる。

　本書の考察の対象となる，造船所，紡績工場，製糸工場のような，幕末から明治初期に建設された洋式産業施設は，日本の近代建築の歴史において，以下の3つの点から重要な位置を占めている。

　第一は，先学がこれまで明らかにしてきたように，近代建築技術導入の先駆という点である。幕末，欧米の来航に脅かされた日本人は洋式軍事工業を創始し，大砲の鋳造，蒸気船の建造に取り組むようになる。また，各種の洋式工場を建設し，殖産興業にまい進した。ここで持ち込まれたのが，トラスや煉瓦，さらにはアーチ窓のような洋風建築の技術や意匠である。日本最初の洋風建築は産業施設から始まった，これが幕末明治初期の産業施設に対する最も基本的な評価である。

　第二に，生産技術の特性や社会経済的な影響が大きいビルディングタイプであるという点である。工場建築の鋸屋根が内部の採光を元来目的とするように，産業施設のようなビルディングタイプの場合，内部におさめられる機械設備や生産システムの特性は，建築物の形態に影響を及ぼすことがある。一方で，工場建築はただの器であり，中身の機械が大切，という表現に端的に示されるように，生産技術・システムの特性や発展と建築物との関連は，これまでほとんど顧みられていない。だが，砂糖の工場と硬貨を鋳造する工場は，作るものが全く異なるのに，器は完全に同じものだろうか。それぞれの工場に用いられた生産技術・システムが工場の建築的な形態とどのように関連しているか，これまでの先入観を一度捨てて見直す必要があると考えられる。

　ビルディングタイプ固有の特性としてさらに加えられるのが，社会経済的な影響である。ある工場の生産量はどのようにして決められるだろうか。単純には説明できない面もあるが，工

場を営む企業の戦略が一つにあるだろう。すなわち，企業が市場の動向を判断し，工場の生産量を決める。日産何トンといった工場の生産能力は，機械設備の種類や台数と結びつく。そして機械が4台設置された工場と機械が1台設置された工場では，単純に機械の台数のみで考えれば，建築の規模は前者が大きくなる。建築の規模が大きくなれば，トラスや煉瓦の利用など，構造や材料も影響される。このように，産業施設というビルディングタイプでは，社会経済の動向，生産の技術・システム，建築の形態が互いに連関しているという特徴がある。

　そして第三が国際的な意義である。幕末明治初期の洋式産業施設は，日本への近代建築導入の嚆矢である。建築ばかりでなく，技術，制度など，多様な点で先駆となった。そして，それを出発点にして日本人がどのように西洋の建築，技術，制度を学習し，自分のものとしていったか，という点は多くの先達によって述べられている。では，幕末明治初期の洋式産業施設の建設，つまり幕末明治初期の日本への国際的な技術の移転は，19世紀の中後期，イギリスを先頭とする欧米諸国が東アジアへ進出していた当時の国際社会において，どのように位置づけられるのだろうか。幕末の日本の開国は，近代世界システムとの再会であったとされる[2]。洋式技術の移入は日本の近代化であると同時に，イギリスを中心とする19世紀の国際社会との衝突であったと考えられる。

　洋式産業施設に続いて，日本に持ち込まれた洋風建築はベランダを張ったバンガロー，外国人居留地の商館や教会堂である。それが日本固有のものではなく，東アジアの開港場や植民地に類例が広く見られる建築であったことはよく知られている[3]。植民地のプランテーション経営など，産業施設についても同様であったのか，それとも異なっていたのか，第二にあげた洋式産業施設の社会経済史的な意義も考慮すると，興味深い問題を包含している。

　本書の特徴は以上の3つの意義のうち第二と第三の点に焦点をあてること，すなわち，19世紀の国際社会における幕末明治初期日本の洋式産業施設の建設とそこに導入された洋式技術の位置づけを，建築史的な視点を主軸に置きつつも，産業技術史，社会経済史の成果も援用しながら考察することにある。

　上記の問題を意識した具体的な対象として，本書は幕末から明治初年に活躍した貿易商 T. B. グラバー（Thomas Blake Glover）と彼が営んだグラバー商会が関与した洋式産業施設を事例に検討する。対象となる施設は，長崎居留地に建設された茶再製場，奄美大島の製糖工場，鹿児島紡績所，長崎小菅修船場，そして大阪造幣寮である。いずれも1860年代に事業が起こされ，実現している。

　ところで，幕末や明治初期に日本人が西洋式の産業施設を建設するに際し，どのようにして技術を輸入したのであろうか。技術史家の内田星美はこの点に触れ，在日中の外国公官を頼る場合と日本にいた外国商人を頼る場合の2種類があったとする[4]。内田はここで具体的な例を述べていないが，前者には，在日中のオランダ海軍 G. ファビウス（Gerhardus Fabius）へ依頼した長崎製鉄所の建設（文久元（1861）年完成）や，フランス公使 L. ロッシュ（Léon Roches）の

介入により建設された横須賀製鉄所（慶応元(1865)年着工）が該当しよう。後者には，横浜居留地のエシュト・リリアンタール商会（Hecht Lilienthal Co.）が機材の購入をなした富岡製糸場（明治5(1872)年開業）や，ウォルシュ・ホール商会（Walsh Hall Co.）が斡旋した抄紙会社の工場（明治8(1875)年開業）が該当する。グラバー商会が関与した洋式産業施設は後者に該当し，かつ，1860年代から1870年代の初頭に建設され，時期的には初期の施設に位置づけられる。

さて，日本への洋式技術の移入にあたって，外国公官と外国商館のいずれかが仲介するにしても，彼らは洋式技術の移転を純粋な国際貢献，邪心の無い自発的な協力として取り組んだのであろうか。自分たちにとっても何らかの利益を期待していたと疑うべきであろう[5]。すなわち，グラ

若き日のトーマス・グラバー肖像
（長崎大学附属図書館所蔵）

バー商会の関与した洋式産業施設についていえば，幕末明治初期の洋式技術移入はグラバー商会のビジネス上の戦略と連関していると思われ，技術を供給するグラバー商会，技術を受け入れる日本人との間で洋式産業施設の建設をめぐる駆け引きがあったと予想される。さらに，洋式産業施設の建設に際しての国際的な技術の移転，次に述べるようなグラバー商会の商活動の国際的な拡がりを勘案すると，グラバー商会の関与した幕末明治初期の産業施設は，日本国内に留まらない，国際的な価値をも包含すると期待される。すなわち，本書は冒頭に掲げた幕末明治初期の産業施設が包含する3つの意義のうち，技術・社会・建築の連関と国際的な評価という2つの特徴を念頭におきつつ，洋式産業施設の建設に対するグラバー商会の参加の意図の考察とその位置づけを，建築史的な方法をもって論考することを目的とする。

ここで，本書の主人公でもあるグラバー商会について述べておこう。ただし，本書の目的は洋式技術の移入におけるグラバー商会の関与を考察することであり，グラバーの人物像はもちろん，グラバー商会の活動全般を分析するものではない。だが，グラバーやグラバー商会の性格は，彼が関与した技術移転のあり方，洋式産業施設の性格に大きく影響を及ぼすと考えられる。グラバーやグラバー商会については，グラバーの人となりからグラバー商会の経済活動に対する史的評価まで，豊富な研究の蓄積がある[6]。以下では，先達の業績に導かれつつ，簡単にまとめておく。

トーマス・ブレイク・グラバーは，1838年6月6日（天保9年4月14日），沿岸警備隊の航海士 T. B. グラバー（Thomas Berry Glover）の8人兄弟の5男として生まれた。家族はスコットランド東北の港町フレイザーバラに生活し，後にアバディーン郊外のブリッジ・オブ・ドンに移り住んだ。グラバーの兄ジェームス（James Lindley），弟のアレキサンダー（Alexander Johnston）

幕末の大浦居留地（中央にある入母屋造二階建，漆喰塗の建物がグラバー商会の事務所があった大浦二番地付近，写真右端に南山手の大浦天主堂がみえる）（長崎大学附属図書館所蔵）

とアルフレッド（Alfred Berry）は，後に長崎へ渡り，トーマスとビジネスを共同している。また，兄チャールズ（Charles Thomas）と長崎から戻ったジェームスはアバディーンで兄弟会社を営み，トーマスの仕事を助けている。

　グラバーが生まれたフレイザーバラは北海に面した港町である。現在，家族が暮らしたコマースストリートやゆかりのある場所には，グラバーを記念する青色の銘盤が掲げられている。後に転居したブリッジ・オブ・ドンの屋敷は今も残り，石造二階建の住宅が川を望む高台の上にある。グラバーの兄弟が営んだアバディーンの会社はマリシャルストリートにあった。灰色の花崗岩でできたテラスハウスが港へ下る坂道に現在でも並んでいる。

　さて，グラバーは地元のギムナジウムを卒業した後，イギリスで商会員としての経験をある程度積んだらしい。そして，グラバーが長崎へ到着したのは1859年9月19日（安政6年8月23日）のことという[7]。グラバーは最初，ジャーディン・マセソン商会（Jardine, Matheson & Co., 以下，JM商会）の代理店をしていたK. R. マッケンジー（Kenneth Ross Mackenzie）の下で仕事をしたが，マッケンジーが中国の漢口で仕事を始めたため，彼の後任としてJM商会の代理店業務を継承，1861年5月1日（文久元年3月22日）に貿易商として独立した。

　JM商会は1832年にマカオで設立され，アヘン貿易で財を成した貿易商である。19世紀中ごろには，香港を拠点に上海，漢口，厦門，天津，横浜など東アジア各地に支店を構え，またロンドンの兄弟会社マセソン商会とも連携し，貿易活動をおこなっていた[8]。JM商会は直接職員を派遣し，支店を開設して商活動を行うほか，自社の代理店として，現地の欧米商人にその活動を代理させる経営も行った。グラバー商会が主に担当した長崎の場合，JM商会側からの指示と送金により，茶や海産物といった現地の産品を買い付け，上海などへ輸出する。また，綿

製品などを日本へ輸入，売却し，これらの損益を報告，帳簿に記載していた。このように，東アジアの各地に商活動のネットワークを持っていたJM商会との関係は，グラバー商会の商活動の経済的な基盤となるだけでなく，技術移転ビジネス，留学生の派遣のような国際間の取引においても大きな意味を持つことになる。

　グラバーが拠点を置いていた長崎の大浦居留地は万延元（1860）年，大浦川河口の干潟を埋め立てて築造された[9]。グラバー商会はJM商会の代理店であったため，JM商会名義で借地された大浦2番地に事務所を置いている。グラバー商会の事務所は二階建，入母屋造妻入，外壁は漆喰塗，桟瓦葺の屋根を載せ，土蔵造の町家のような外観であった[10]。

　さて，設立されて間もない頃のグラバー商会にはF.グルーム (Francis Groom)，トーマスの兄ジェームス，E.ハリソン（Edward Harrison）が参加し，パートナーシップ（パートナーと呼ばれる複数の出資者が共同で経営し，出資金に応じて商会の経営権を有する）によって経営されていた。元治元（1864）年には上海に支店を設立，グルームが駐在した。同年に横浜支店，1868年1月1日（慶応3年12月7日）に大阪と神戸が正式に開港・開市されると，同地にも支店を開設，JM商会神戸店の代理店を引き受けている。長崎南山手の著名なベランダコロニアルの住宅は文久3（1863）年，グラバーが独立して2年後の建築である[11]。

　創業後しばらくは，外国人居留地の他の欧米商人と同様な輸出入業に従事するが，1860年代の中ごろ，日本国内の政治情勢が急変するとともに，グラバー商会の業務には西南の雄藩や幕府への武器，艦船の輸入といった投機的な事業が含まれるようになる。特に薩摩藩との結びつきは強く，五代友厚をはじめとする薩摩藩士と投合し，薩摩藩の農産物の買い付けや回送，輸出といった貿易事業への支援，そのためのJM商会の資金を運用した多額の融資をおこなっている。結局，薩摩藩の貿易業は目立った利益を上げなかったが，同藩の債務は多額に及んだにもかかわらず，「大きな貿易業者に成長しつつある薩摩藩と友人関係を築くことが重要」，「諸侯に前もって手を貸しておけば，後に良い結果が得られる」などと，冷静なビジネスとはいい難いメッセージをJM商会へ送り続けている[12]。

　このような場当たり的，良くいえば冒険的な性格は，当時の東アジアへ来ていた外国人たちにある程度共通していたと思われるが，特にグラバーは政治好き，世話好きな性格だったといわれる[13]。そして，彼のこのような性格は，日本の近代化の草創期において，西洋の技術を投入した独特な産業施設を作り上げることとなる。

　薩摩藩取引をはじめとするグラバー商会の投機的なビジネスは失敗に終わり，巨額の負債となった。結局，明治3（1870）年8月，長崎のイギリス領事法廷でグラバー商会は破産を宣告される。JM商会の代理店を含むグラバー商会の貿易活動は，H.グリブル（Henry Gribble）が継承した。グラバーはこの後も長崎に留まり，後藤象二郎，三菱社と所有者が変わるなかで高島炭坑の運営に従事した。明治19(1886)年には東京へ移住，三菱社の顧問をつとめる傍ら，ジャパン・ブルワリー・カンパニー（Japan Brewery Company）の会社設立に尽力している[14]。

　明治44(1911)年12月16日，T. B.グラバーは東京の自宅で息を引き取った。享年73歳。2

年前に亡くなった妻ツルとともに，長崎の坂本国際墓地に埋葬されている。

第2節　既往の研究

　本書に関連する既往研究を整理しておく。すでに述べたように，研究の位置づけとしての本書の特徴は，技術史，社会経済史という幕末明治初期の産業施設をめぐる隣接した分野と関連する点である。ここでは，本書の主眼である建築史学の先行研究を主にして，建築史に関連の深い著作，本書の問題意識にかかわりのある著作を中心に技術史，社会経済史の研究を引用し，内容を整理することにしたい。なお，各章で論究する施設に直接関連する既往研究は，各章の冒頭で触れることとし，ここでは本書の全体にかかわる研究を整理する。

　日本近代建築史の研究は古く戦前まで遡るが，そこではすでに幕末明治初期の洋式産業施設が明治洋風建築の一角として取り上げられている。昭和2（1927）年に刊行された『明治工業史　建築篇』[15] は，日本への洋風建築伝来の経路を佛国風，英国風，米国風，独国風と分け，英国風の嚆矢としてお雇い外国人 T. J. ウォートルス（Thomas James Waters）の手になる大阪造幣寮鋳造場を取り上げた。また，材料による区分で，煉瓦造や木骨石造の建築として，新橋，横浜の停車場（明治5（1872）年）や大阪造幣寮の銅貨幣鋳造場（明治7（1874）年）を紹介する。堀越三郎[16] は，外国人の設計した建築という分類で，造幣寮，停車場，印刷局（紙幣寮製造場）の概要をまとめている。いずれも明治初期の洋風建築はどのようなものが建てられたか紹介することに主眼があり，産業施設はその一例として扱われている[17]。

　戦前は初期洋風建築の一例として紹介されるに過ぎなかった幕末明治初期の産業施設が積極的に評価されるようになるのは，戦後 1950 年代から 1960 年代にかけての日本近代建築史の発展と同時である。ここで稲垣栄三と村松貞次郎は日本近代建築史の通史をそれぞれ発表し，ともに洋式産業施設が最初に登場する。稲垣栄三[18] は西洋建築の移植過程を述べる中で，幕末にはじまる外圧への対応として軍事・工業施設を取り上げ，正統派の出発点と位置づけている。一方の村松貞次郎[19] は近代建築の導入をトラスの系譜と和小屋の系譜に分けて説明できるとし，トラスが国家の近代化に必要とされ，外国人技術者が設計した建築物，和小屋は大工が手がけた建築物とした。洋式産業施設はトラスの系譜の代表例である。村松はこの考えを拡張させて，後に，官の系譜と民の系譜としても説明した[20]。このように，技術的な先駆性が強調される初期の著作の中にあって，桐敷真次郎[21] は若干視点が異なり，明治初期洋風建築の国際的な位置づけを試みている。すなわち，ベランダモチーフの各国での分布のほか，大阪造幣寮のギリシア神殿風の正面がインドのカルカッタ造幣局と共通することを述べる。外観の意匠的な分析に留まるものの，その国際的な視点は注目すべきであろう。国際的な環境から日本の近代建築を捉えようとする試みは，蔵田周忠[22] にも認められ，欧米の近代建築運動と日本近代建築を横断的に叙述するが，明治初期の洋風建築については，堀越，稲垣の仕事を基本的に踏襲し

たものである。また，菊池重郎[23]は西洋建築の技術的な導入過程に力点を置き，近世の出島や日光東照宮の灯架，建築の訳語や建築書の翻訳まで多角的に分析するが，産業施設は洋式技術導入の場として扱っている。山口光臣[24]は菊池同様に近世以前，特に出島を中心に洋風建築の導入過程を論じ，その延長として長崎製鉄所の洋風建築について復元的に考究している[25]。

　第二次世界大戦後の日本近代建築史研究は，村松貞次郎編『日本の建築［明治大正昭和］』全10巻（昭和54（1979）年～57（1982）年刊）[26]により到達点を迎えるのだが[27]，幕末明治期の産業施設は国家が求めた洋式技術導入の嚆矢というこれまでの内容を継承する。また，この頃に前後して日本全国に残る洋風建築・近代建築の所在悉皆調査が行われ，日本建築学会編『日本近代建築総覧』（昭和55（1980）年刊）として結実する[28]。この『日本近代建築総覧』はその後，東アジアの近代建築の悉皆調査・研究へと拡がることになるが，この調査の中心にあった藤森照信は，全国の遺構調査や遺族へのインタビュー，資料の博捜をもとに，『日本の近代建築』を執筆した[29]。ここで藤森は幕末明治初期の洋風建築について，ベランダや下見板張りなど，地球規模での洋風建築伝播の過程を論じている。この藤森が打ち出した国際的な視点は，その後，アジアのコロニアル建築を論じた泉田英雄[30]，中国の近代建築を論じた村松伸[31]，日本統治期の東アジアの近代建築を論じた西澤泰彦[32]など，東アジアの近代建築史として，現在まで一つの流れを形成しており[33]，本書も大きく刺激を受けている。だが，洋式産業施設についていえば，藤森も工場建築の肝要は技術であると，煉瓦といった材料や小屋組の新奇性を強調する[34]。官の系譜として，洋風建築導入の嚆矢としての評価は，戦後の1950年代から現在に至るまで，ほぼ継承されているといってよい[35]。

　幕末明治初期の洋式産業施設が日本近代建築史の最初を飾るものでありながら，その評価が建築の技術・意匠の先駆性に集中していることは決して満足できる状況とは思えない。生産技術と空間との対応関係，社会経済面の技術への影響，そしてそれらの国際社会における位置づけと，多面的な評価を開拓する必要があろう。

　日本近代建築史における初期の洋式産業施設に対する評価が確立する一方で，1990年代以降，文化庁の主導による近代化遺産総合調査が各都道府県単位で実施される。これは，これまで文化庁の補助でなされた民家，近世社寺の一斉調査に続き，近代の建造物を対象としたもので，最初に報告書が発行されたのは平成4（1992）年，群馬県と秋田県からである[36]。結果，近代化遺産という言葉については当初からその定義について議論があったものの，これまで注目されることの少なかった土木施設や倉庫，工場といった産業施設も文化財として評価されるようになった。また，近代化遺産の評価ではシステムの概念が取り入れられ，例えば，水力発電所では発電機を収めた建屋だけでなく，取水堰，水路，ヘッドタンクなど，水力発電に必要な一連の構造物が評価される点に特徴がある。

　そして，1990年代頃から建築史の分野でも，近代の産業施設を対象とした研究成果が発表され，産業施設に対する評価の多様化が進んできた。特に，明治初期の洋式産業施設がまとまって建設された北海道では，駒木定正の幌内炭鉱・鉄道についての研究[37]，呉農による開拓使の

産業施設についての研究[38]があり，いずれも，生産のシステムと建築施設との関係が丁寧に説明されている。慶応元（1865）年頃に工事が開始された横須賀製鉄所については，近年，内外の資料を駆使した実証的な研究が，菊地勝広[39]，安池尋幸[40]により進められ，技術の導入・定着の過程が詳らかとなった。また，本書の対象からは時代的に少し下がるが，二村悟による茶産業にかかわる建築物の研究[41]，磯田桂史による明治時代の熊本の工場建築についての研究[42]，開田一博による八幡製鐵所の鉄骨造工場建築の研究[43]，山田智子による郡是製絲の製糸工場についての研究[44]と，近代の産業施設に対するまとまった成果が近年発表されている。さらにビルディングタイプに幅をもたせると，中野茂夫による企業城下町の研究[45]や社宅街を対象とした一連の研究[46]も近年の目立った業績といえよう[47]。これらの研究では，従来から産業施設の特色とされたトラス，鉄骨といった構造技術に注目し，その普及・伝播の過程について明瞭にすることに加え，近代化遺産として生産のシステムとそれを構成する建築物の関係，配置・平面計画への影響，機械技術者やメーカーの建築工事への関与，さらに，企業の経営戦略と都市開発といった新しい視点からの評価が加えられている。

　もう一つ，近年の研究の特徴として挙げられることが国際化である。1992年に出版されたD.フィンの *Meiji Revisited*[48]は日本人研究者へも影響を与えた著作だが[49]，2002年にはD. スチュワートの *The Making of a Modern Japanese Architecture* の新版が出版された（初版は1987年刊）[50]。本書ともかかわりの深いT. J. ウォートルスについても，N. ジャクソン[51]，M. ヴァイヴァーズ[52]による新しい研究成果が発表されている。日本側の研究成果を英語で海外に発信することに加え，国際的な枠組で幕末明治初期における建築の洋風化・近代化を評価する必要性は小さくないと考えられる[53]。

　さて，戦前，初期洋風建築の一例として紹介されるに過ぎなかった洋式産業施設を社会的な事情に目を配りつつ，通史的に叙述した建築史研究者の村松と稲垣だが，彼らが記述にあたって依拠したのは技術史の研究で，特に，三枝博音『技術史』[54]は，稲垣と村松がともに参照した著作である[55]。ここで三枝は，日本の近代技術の創始が国防の概念をもってはじめられたとし，反射炉や製鉄，造船，紡績など幕末の軍艦や大砲の製造に必要とされた技術の歴史を叙述する。村松自身述べているように[56]，建築技術導入の嚆矢としての横須賀製鉄所などへの着目はここによっている。また稲垣が引用した星野芳郎は，幕末明治初期の洋式技術導入を，官僚的，軍事的，植民地的と表現する[57]。ただし，星野の言う植民地的とは官僚的，軍事的同様の，ネガティブなイメージとしてである。

　三枝以降，山崎俊雄[58]，黒岩俊郎[59]など，いくつかの技術史の著作が出されたが，今日まで大きな影響を与えているのは中岡哲郎[60]であろう。中岡はここで，外圧による軍事工業の創始から始まる日本近代技術の形成が世界的に特殊なものという見方を否定し，それは西洋においても技術発展の一般的なルートであるとして説いた。そして，明治初期，日本人技術家が土着の技術に輸入技術とを結び付けた「混血技術」という概念を提示し，これが，輸入技術と共存

する形で明治初期の近代化を支えたとする。中岡を参照した具体例として，鈴木淳[61]，建築史では中谷礼仁[62]を挙げることができる。中岡からの直接的な影響は別として，在来的な技術の近代化への貢献，下からの近代化を重視する姿勢は，以後，多くの技術史研究に認められるようになる[63]。

　ところで，建築史であれ，技術史であれ，これまで確認してきたように洋式技術導入や産業施設建設の動機は為政者による外圧への対応と理解されていた。これを石塚裕通は「上からの近代化」と評価し，そのきっかけに外圧を定置した[64]。この「外圧」という存在だが，これまでの研究は日本側から見るばかりで，その内実はよく分かっていなかった。しかし，1980年代に外交史や社会経済史の研究者によって「外圧」の実態が解明されるようになる。外交史や経済史において19世紀中期の国際情勢，世界市場拡大から日本の開国を評価しようとする研究は比較的積み重ねられてきたが[65]，具体的な「外圧」の実情を詳らかにしたのが外交史では加藤祐三[66]，社会経済史では石井寛治[67]，杉山伸也[68]である。加藤はアメリカの議会文書等を丁寧に読み解き，開国のきっかけとなったペリーの来航は，満足な艦隊を用意できず，本国からは発砲を禁じられた状態にあったといい，これまで考えられていたような，ペリー艦隊の圧倒的な軍事的影響力を是正した。社会経済史の石井と杉山の成果は，茶輸出，製糖業など，各産業の国際的環境を考察し，本書の対象ともかかわりが深い。まず，石井は外圧の代表例として，横浜居留地のイギリス資本JM商会の貿易活動を同商会文書により分析し，絶大な経済力を有し，日本人商人の外敵のごとく思われていた欧米資本の姿を是正，それに対する日本人商人たちの対応を究明した。また，杉山はJM商会の文書に加え，イギリス領事報告，外務省文書も利用し，19世紀後期イギリスの対日政策が，政治的，経済的にも大きなものでなかったといい[69]，中国人商人の競合，代理店制度の非効率性，日本人側の対応により，欧米商人の貿易活動は限定的で不安定なものだったとする。欧米商人，中国人商人，そして日本人商人が並存する居留地貿易の実態を描き出した石井，杉山の業績は，19世紀中期の開国期の社会，日本の近代化の過程を空間的に拡大して評価する契機となる。実際，これに続いて，アジアの相対的自立性に注目した杉原薫[70]，近代アジアにおける華僑商人の広範な活動を評価した籠谷直人[71]などにより，日本の開国，近代化を一国のみ，あるいは日本対欧米という単純な構図に留まらない，アジアとの関係から読解した研究が今日まで次々と発表され，グローバルヒストリー，世界システム論，帝国主義論をも射程に入れた研究が切り拓かれている[72]。

　このように，洋式産業施設の契機となった外圧という存在の見直しが進み，19世紀中期東アジアの国際社会の歴史的評価が，一国史に留まらない，空間的に拡がりあるものとして，また，各国の商人が複雑に拮抗するものとして描かれている状況を見るとき，建築史の研究として学ぶべき点も多い。一方で，姿かたちある実像となるとその成果は限定的である。洋式技術の移転，産業施設の分析を通じつつ，国際的な拡がりを意識し，姿かたちある実像に即した具体性のある研究が必要であろう。

　最後に技術移転というテーマについての既往研究を確認する。「技術移転という視角のもっ

とも基本的な文献」[73] とされる小林達也[74] は，近代日本における西洋からの技術移転を近代化部門と土着部門の二段階に分けて説明した。近代化部門とは政府が主導する洋式技術の導入で，土着部門とは新技術が近代化部門から波及し，定着する過程をさす。ただし，この技術移転は単純に線的なものではなく，伝統的技術，慣習等の摩擦の上に成立することが特徴と説いている。内田星美は技術の移転を7つの型に分類し，幕末明治初期の個々の産業施設を具体的にあてはめている[75]。本書が扱う鹿児島紡績所は技術供与者が工場建設に際する技術移転を保証するターンキー契約，小菅修船場は合弁事業，大阪造幣寮は技術供与者への経営の委託と分類される。技術供与者を，機械メーカーのような技術を製作・創造しうる立場と，グラバー商会のように単に技術を手配する立場とに区別する必要があるように思われる。

第3節　研究の方法・資料と本書の構成

すでに多くの先行研究が触れてきたとはいえ，幕末明治初期の産業施設は日本近代建築史の最初のページを飾る建築物であるにもかかわらず，一体どのようなものが建設されたのか，未だよくわからない施設も少なくない。特に本書が扱う施設には開業後数年で廃業したものもあり，着工や竣工の年月，設計者，建築規模といった基本的情報も曖昧である。そこで，本書はグラバー商会の関与の仕方を考察することを目的としつつも，同時に，対象となる洋式産業施設の基本的情報や技術的実体を丁寧に復元することも目指したい。

したがって本書では，それぞれの産業施設について，沿革の把握，操業当初期の形態復元という基礎的な研究と，対象とする施設の国際的な性能分析という2つの工程を経た上で，歴史的評価を考察するということを繰り返し，最後に総括において，各個別研究に立脚した横断的な整理・考察をおこなうという構成をとる。個別研究の対象となる施設は，長崎居留地に営まれた茶再製場，奄美大島の製糖工場，鹿児島紡績所，長崎の小菅修船場，そして大阪造幣寮鋳造場である。以下，利用する資料にも触れつつ，各工程の内容を説明する。

最初の工程では，各施設の建設経緯を詳らかにしつつ，建設年や外国人技術者等の基礎的な事柄のほか，洋式技術導入を巡る日本側の背景，グラバー商会の関与とその仕方を検討する。特に本書では，既往の研究が典拠とした日本側の諸文献，資料を再び読み直し，整理することに加え，ジャーディン・マセソン商会文書（英国ケンブリッジ大学図書館所蔵，以下，JM商会文書）を積極的に利用する。JM商会文書は，JM商会の各店や代理店との間で交わされた書簡群と帳簿等を主な資料とする企業文書である。グラバー商会はJM商会の代理店をしていたので，JM商会文書には，幕末明治初期の洋式産業施設にかかわるグラバー商会，JM商会側の情報が含まれている。これにより，機材や技術者の直接的，間接的な手配の有無やその方法など，日本側の文献では不明であった歴史的経緯の補完や国内側の資料の検証をすることができる。さらに，洋式技術の移転に対するグラバー商会，JM商会の意図を彼ら自身の言葉から読み取る

ことができるという特長も含んでいる。本書は，国内の文献を読み解くと同時に，JM商会文書をはじめとして，イギリス領事報告や英字新聞といったイギリス側の資料を加えて，内容を深め，補完するという資料利用上の特色がある。

　施設内容の復元にあたっては，現存する建物，鉄柱や煉瓦といった建築に関連する遺物の実測をはじめ，図面，古写真，文献等を博捜的に調べ，当時の姿かたちを考察する。

　以上の基礎的な復元作業に立脚し，国際的な視点から産業施設の性能を検証するため，技術の輸入元であるイギリスやイギリスの植民地，関連ある地域の同種の施設を比較する。この時，技術移入の経緯や性格，すなわち，ある特定の国や地域から技術を移入，参照したことや，ある特定の施設を複製的に移植したことが明確な場合は，比較検討の対象は特定される。一方，技術の移入，参照元が特定されない場合は，イギリスやイギリスに関連のある国々（植民地など）の施設全体が対象となる。いずれの場合にせよ，比較対象となる施設は国外，しかもほぼ同じ時代に建設された事例に求められる。そこで本書では，19世紀の中頃を中心とした時期にイギリス等で出版された専門技術書，つまり製糖工場であれば製糖業，紡績工場であれば紡績業に関する技術専門書やハンドブック，メーカーのカタログ，修船施設であれば船級協会の造船施設の目録といった技術洋書を情報源として活用している。この，性能の検証や比較分析のために，同時代に出版された技術洋書を利用することが，資料利用上の二つ目の特色である。ただし，香港造幣局という特定の施設を複製的に移植したことが明確な大阪造幣寮鋳造場では，主に両者のみで比較検討を行っている。このような空間的な比較考察によって得られた性能検証の結果に，建設の経緯において確認しえたグラバー商会の関与の仕方を照合し，洋式産業施設の建設に対するグラバー商会の関与の意図を考察，さらに関与の意図がある程度捉えられた場合には，空間的な性能とグラバー商会の関与との対応関係について考察を重ねたい。

　以上のスタディを1860年代の初頭から末期の約10年間にわたる5つの洋式産業施設を対象に重ねる。最後に結論において，グラバー商会の洋式技術移転への関与の仕方，洋式技術を受け入れた日本人側の考え方，これらの関係や推移を素描する。また，イギリス商人が関与した洋式技術移転の構造について，各スタディの内容を振り返りながら整理する。そして，19世紀後期の国際的な技術の移転という問題をめぐる，幕末明治初期の日本における，グラバー商会の関与した幕末明治初期産業施設の国際的な評価を考察する。

　以下，本書を構成する各章の具体的な課題をまとめておく。なお，各章の間には重複する部分があるが，本書では各章の独立性を重視し，調整は施していない。

　第1章では幕末の長崎居留地に営まれた茶再製場の建築を取り扱う。当時，日本からの主要な輸出品だった日本製緑茶を輸出用に再加工・梱包するために，作業場や倉庫からなる専用の施設が外国人居留地に建設されていた。グラバー商会も設立後間もない文久元（1861）年頃から施設を営み，慶応3（1867）年頃まで大浦居留地の茶再製場の操業に苦心している。ここでは，JM商会文書を活用し，資料に乏しいグラバー商会の茶再製場の操業の経緯，技術的な実態

を丁寧に復元する。加えて，横浜，神戸，長崎各居留地の茶再製場の姿を，古写真等を頼りに捉え，技術の輸入元である中国，また，技術的に好対照とされたインドの茶工場と空間的な比較分析をする。これらの内容をグラバー商会の茶再製場の実情と照合したい。

　第2章では慶応元（1865）年から明治3（1870）年頃に奄美大島に営まれた薩摩藩の製糖工場を取り扱う。ここでは，諸先達が参照した基本文献である『大島代官記』等の日本語文献を再整理し，製糖工場の建設年，外国人技術者などの基礎情報を詳らかにするとともに，洋式技術導入へのグラバー商会の関与を捉えたい。そして，JM商会文書を通じ，奄美大島の製糖工場の建設に対するグラバー商会の関与の仕方を考察する。加えて，当時の工場労働者への聞き取り調査によってまとめられた文献をもとにし，また，製糖業にかかわる技術洋書や海外の諸事例と比較しながら，施設の内容を復元的に考察し，奄美大島製糖工場の技術的な性格を把握する。さらに，工場の立地計画，現地に残る煉瓦等の遺物の分析や，慶応年間の洋式製糖工場以前と以後の奄美大島の製糖業と比較を行うことで，技術的な考察を補強し，グラバー商会の関与の意図との照合を考察する。

　第3章では鹿児島紡績所（慶応3（1867）年完成）を議論する。結論を先取りすると，この工場へのグラバー商会の関与は限定的である。まず，国内の諸文献に英文資料を加えながら工場の建設の経緯をたどり，紡績工場の建設に対する薩摩藩側の事情，グラバー商会の関与の実態を把握する。次に，鹿児島紡績所の建築に関連する遺物や資料を調べ，当時の建物の平面構成，断面構成を復元的に考察する。そして，青写真に描かれた鹿児島紡績所の建築や形式を，同時代のイギリスや植民地に建設された紡績工場の形式と類型的に比較し，鹿児島紡績所の性能の国際的な位置づけを考察する。最後にこれらの検討を踏まえ，建設の経緯から考察しえたグラバー商会の関与，さらに，鹿児島紡績所の設計図を作成したプラット・ブラザーズ社の意図等を推察する。

　第4章では慶応4（1868）年に完成した長崎の小菅修船場を考察する。最初に，小菅修船場の建設の経緯を振り返る。また，引揚げ機小屋に比べ，既往研究ではあまり触れられていない操業開始当初の施設配置，諸施設の仕様を復元する。小菅修船場で採用された修船施設は，パテントスリップと当時呼ばれた形式で，19世紀初期にスコットランドで実用化された。このことから本書では，明治時代の日本のパテントスリップの仕様，世界的なパテントスリップの分布を踏まえ，全長や引揚げ能力といった規模的な位置付けを確認した後，パテントスリップの立地状況を主眼にして，本国イギリスと日本とを比較，技術上の特徴を浮き上がらせる。以上の技術的な考察を踏まえつつ，小菅修船場に対するグラバー商会の考え方を推察したい。

　第5章では明治4（1871）年に開業した大阪造幣寮の建設におけるグラバー商会，JM商会の関与を議論する。グラバー商会とJM商会は1868年頃から大阪造幣寮の企画に参加し，直前に廃止された香港造幣局の旧機材を大阪へ輸出，また地金の納入を試みている。ここではまず，香港から大阪への機材輸出等の経緯を確認した上で，既往研究が手薄な外国人技術者ウォートルスの雇用の問題を中心に議論する。特に大阪造幣寮は多くの先達によって論考されているた

め，まず先学が利用した日本側の文献の原典をなるべく参照し，外国人技術者雇用の経緯を把握する。そして，JM商会文書から，グラバー商会，JM商会の外国人技術者の就職に対する意図を理解する。また，大阪造幣寮鋳造場の祖型となった香港造幣局工場の建築を英語文献，資料により調査し，大阪造幣寮鋳造場の平面構成と比較，技術移転の特徴を捉える。これに香港造幣局の機材輸出，外国人技術者雇用を巡るグラバー商会，JM商会の意図と照合する。

　結論では以上のスタディを総括しつつ，幕末明治初期の技術移転に対するグラバー商会の関与について整理，考察する。

　なお，グラバー商会が関与した産業施設に高島炭坑があるが，本書では大きく取り扱っていない。それは，施設の配置図，平面図など，建築史的な考察に必要な資料を欠いているという理由が大きい。ただし，幕末から明治初期の炭鉱開発の近代技術導入では巻上げ機と坑内の排水ポンプの利用がいずれも強調されているように[76]，建築史を主とする空間的な分析では，炭鉱の採掘技術そのものの評価は難しい。よって，巻上げ櫓や選炭場等の建屋，石炭の輸送システムなどを含めて総合的に判断しないと，炭鉱開発を空間的に評価することは困難と考えられたが，グラバー商会が関与していた当時の高島炭坑は開発初期のため，生産や輸送の規模も小さく，また繰り返しになるがその資料も乏しい。本書では結論において5つの洋式産業施設の分析を整理する過程で，高島炭坑の状況を関連研究で調べ，齟齬がないか確かめることにしたい。

注

1）用語について注記する。本書では製糖工場のような工場のほか，修船場のような複合的な施設も議論するため，産業施設という表現を用いることとする。また，ギリシア神殿風のファサードやアーチ窓，トラスや煉瓦のようなものよりも，日本に持ち込まれた技術，建物の平面構成と機能との関係など，システムを主に議論する立場から，「洋風」ではなく，「洋式」という語を用いることとしたい。

2）川勝平太『文明の海洋史観』（中央公論新社（中公叢書），1997年）。

3）藤森照信『日本の近代建築（上）幕末・明治篇』（岩波書店（岩波新書），1993年）。また，村松伸・西澤泰彦編『東アジアの近代建築』（村松貞次郎先生退官記念会，1985年），藤森照信・汪坦他『全調査東アジア近代の都市と建築』（筑摩書房，1996年）も参照。

4）内田星美『産業技術史入門』（日本経済新聞社，1974年）73頁。

5）例えば，長崎製鉄所の構想をめぐるオランダ側とのやり取りに際して，日本側では製鉄から機械修理まで一貫した設備を希望したのに対し，オランダ側は製鉄を欠いた設備を用意してきた。その理由として鉄材供給の掌握による貿易の維持というオランダ側の思惑が推測されている（楠本寿一『長崎製鉄所』中央公論社（中公新書），1992年，17-21頁）。

6）杉山伸也『明治維新とイギリス商人―トマス・グラバーの生涯―』（岩波書店（岩波新書），1993年），アレキサンダー・マッケイ著，平岡緑訳『トーマス・グラバー伝』（中央公論社，1997年），内藤初穂『明治建国の洋商トーマス・B・グラバー始末』（アテネ書房，2001年），マイケル・ガーディナー著，村里好俊・杉浦裕子訳『トマス・グラバーの生涯　大英帝国の周縁にて』（岩波書店，2012年）。以下特記しない限り，グラバーの生涯やグラバー商会の来歴はこれらの文献による。

7）デ・ビー・グラバ「長薩英の関係」（『防長史談會雑誌』第27号，1912年）。

8）M. Keswick ed. *The Thistle and the Jade: A Celebration of 175 years of Jardine Matheson*, London: Francis Lincoln, 2008.

9）菱谷武平『長崎外国人居留地の研究』（九州大学出版会，1988年）48頁，宮本達夫『明治中期を中心とした長崎居留地の敷地および洋風住宅に関する研究』（九州大学博士論文，1986年）33-39頁。

10）後藤和雄・松本逸也編『甦る幕末　ライデン大学写真コレクションより』（朝日新聞社，1987年）写真番

号 129, 154。時代が下るが, 長崎大学附属図書館編『明治七年の古写真集　長崎・熊本・鹿児島』（長崎文献社, 2007 年）40 頁掲載の写真から外観の細部を知ることができる。

11)『重要文化財旧グラバー住宅修理工事報告書』（長崎市, 1968 年）。

12) ケンブリッジ大学図書館所蔵ジャーディン・マセソン商会文書, 請求番号 B10/ 4/ 348, W. ケズィック宛 T. B. グラバー書簡, 1865 年 8 月 23 日長崎付。以下, 次のように表記する。JM B10/ 4/ 348 T. B. Glover to W. Keswick, Nagasaki, 23 August, 1865.

The advantage of the arrangement is that I secure the friendship of the Satzuma who is daily becoming a large trader... ... Many of the princes both here & at Yokohama are anxious to take the trade... and a great deal of after good may be done by lending them a helping hand at starting.

薩摩藩への傾倒は, 1865 年から 1866 年中の他の書簡にも確認される。JM B10/4/379 T. B. Glover to W. Keswick, Nagasaki, 1 February 1866. JM B10 /4/ 383 T. B. Glover to W. Keswick, Nagasaki, 10 February 1866.

13) 前掲杉山『明治維新とイギリス商人』7 頁。

14) ただし, 技術者の雇用や設備の手配など, グラバーが技術的な関与をこのビール会社にした形跡はないようである（前掲内藤『明治建国の洋商トーマス・B・グラバー始末』392-411 頁）。

15)『明治工業史　建築篇』（工学会, 1927 年）。

16) 堀越三郎『明治初期の洋風建築』（丸善, 1929 年）。ここでは, 南洋堂の復刻版（1973 年刊）による。

17) 戦前の洋風建築研究を振り返る最後に一つ, 技術史と建築史の隣接的な仕事である, 東京科学博物館編『江戸時代の科学』（博文堂, 1934 年）に触れておこう。東京科学博物館（現在の国立科学博物館）では, 昭和 8（1933）年 11 月の開館一周年を記念し, 江戸時代の科学技術について特別展示を行い, その図録を『江戸時代の科学』として出版した。この中で江戸時代の建築について, 帝国大学所蔵の古社寺模型などが展示されたが, 明治初期の洋風建築も古写真と解説を収載し, 産業施設として造幣寮と新橋停車場が取り上げられている。解説の執筆は堀越三郎である。

18) 稲垣栄三『日本の近代建築―その成立過程―』（丸善, 1959 年）。ここでは, SD 選書復刻版（鹿島出版会, 1979 年）, 鈴木博之編『稲垣栄三著作集第 5 巻　日本の近代建築―その成立過程―』（中央公論美術出版, 2009 年）による。

19) 村松貞次郎『日本建築技術史』（地人書館, 1959 年）。また, 村松貞次郎「日本建築近代化過程の技術史的研究」（『東京大学生産技術研究所研究報告』第 10 巻第 7 号, 1961 年）, 同『日本近代建築技術史』（彰国社, 1976 年）も参照。

20) 村松貞次郎『日本近代建築の歴史』（日本放送出版協会, 1977 年）。

21) 桐敷真次郎『明治前期建築における洋風技法の研究』（東京大学博士論文, 1961 年）。また, 同『明治の建築（復刻版）』（本の友社, 2001 年）も参照。

22) 蔵田周忠『近代建築史―国際環境における日本近代建築の史的考察―』（相模書房, 1965 年）。

23) 菊池重郎『日本に於ける洋式建築の初期導入過程の研究』（東京工業大学博士論文, 1962 年）。

24) 山口光臣『日本における洋風建築導入過程の研究』（東京大学博士論文, 1969 年）。また, 山口光臣『長崎の洋風建築』（長崎市教育委員会, 1967 年）も参照。

25) この他, 産業施設を扱った個別論文として, 関野克・伊藤鄭爾・村松貞次郎「富岡製糸場とその機能的伝統」（『日本建築学会論文報告集』第 63 号, 1959 年）, 伊藤三千雄「工部省品川硝子製造所の建築について」（『日本建築学会論文報告集』第 69 号, 1961 年）などがあげられる。

26) 村松貞次郎編『日本の建築［明治大正昭和］』全 10 巻（三省堂, 1979 年〜 1982 年）。幕末明治初期の産業施設は, 越野武『第一巻　開化のかたち』（1979 年刊）が扱っている。

27)『日本の建築［明治大正昭和］』を到達点の一つとする見方は, 例えば, 藤岡洋保「（学界展望）日本近代建築史」（『建築史学』第 2 号, 1984 年）でも述べられている。

28) 日本建築学会編『日本近代建築総覧』（技報堂出版, 1980 年）。

29) 前掲藤森『日本の近代建築（上）幕末・明治篇』。

30) 泉田英雄『アジアのコロニアル建築に関する研究』（東京大学博士論文, 1991 年）。

31) 村松伸『上海・都市と建築：1842 − 1949』（パルコ出版, 1991 年）。

32) 西澤泰彦『日本植民地建築論』（名古屋大学出版会, 2008 年）。

33) これに続く世代の成果として, 谷川竜一『日本植民地とその境界における建造物に関する歴史的研究―1867 年〜 1953 年の日本と朝鮮半島を中心として―』（東京大学博士論文, 2008 年）, 陳雲蓮『上海租界の都市形成に関する研究―イギリス人と日本人による都市開発の実態から―』（京都府立大学博士論文, 2010 年）など。

34）この他，倉庫や工場など，産業建築を比較的議論した著作として，堀勇良『日本における鉄筋コンクリート建築成立過程の構造技術史的研究』（東京大学博士論文，1982 年），水野信太郎『日本煉瓦史の研究』（法政大学出版局，1999 年）があるが，タイトルが示すように構造や技術的な評価に主眼が置かれている。

35）例えば，山口廣「日本の近代・現代」『新建築学大系 5　近代・現代建築史』（彰国社，1993 年）。また，石田潤一郎・中川理編『近代建築史』（昭和堂，1998 年），五十嵐太郎・横手義洋『近代建築史』（市ヶ谷出版社，2009 年），藤岡洋保『近代建築史』（森北出版，2011 年）等も日本人の西洋建築の学習過程の最初として評価する。

36）群馬県教育委員会文化財保護課編『群馬県近代化遺産総合調査報告書』（群馬県文化財保護協会，1992 年），秋田県教育委員会編『秋田県の近代化遺産―日本近代化遺産総合調査報告書―』（秋田県文化財保護協会，1992 年）。なお，群馬県の近代化遺産総合調査の調査委員長は村松貞次郎である。

37）駒木定正『明治前期の官営幌内炭鉱と幌内鉄道の建築に関する歴史的研究』（北海道大学博士論文，1999 年）。

38）呉農『明治前期北海道における官営工場の建築施設に関する研究』（北海道大学博士論文，2000 年）。

39）菊地勝広『横須賀製鉄所・造船所とその後身施設における近代建築技術の導入およびその技術史的展開に関する研究』（工学院大学博士論文，2005 年）。

40）安池尋幸『幕末維新期横須賀製鉄所建築・土木施設の総合研究―西洋技術導入の実証的研究―』（私家版，2012 年）。

41）二村悟『茶産業の発展と建築の近代化に関する研究：静岡県を事例として』（東京大学博士論文，2004 年）。

42）磯田桂史『明治期熊本における近代工業建築の研究』（熊本大学博士論文，2009 年）。

43）開田一博『日本における鉄骨構造建築の導入と発展過程に関する研究：官営八幡製鐵所の創設期から昭和初期における工場建築の設計と建設』（九州大学博士論文，2009 年）。

44）山田智子『郡是製絲株式會社における製糸工場の形成と近代化過程に関する建築史研究』（京都府立大学博士論文，2011 年）。

45）中野茂夫『企業城下町の都市計画：野田・倉敷・日立の企業戦略』（筑波大学出版会，2009 年）。

46）社宅研究会編『社宅街：企業が育んだ住宅地』（学芸出版社，2009 年）。

47）以上の他，1990 年代以降に産業施設を扱った個別論文として，小寺武久「木曽川桃山水力発電所の建築について」（『日本建築学会計画系論文集』第 427 号，1991 年），清水慶一・中島久男・湯本桂「「内務省勧業寮屑糸紡績所」主屋の現存状況について」（『日本建築学会計画系論文集』第 604 号，2006 年），平井直樹「鐘淵紡績洲本支店の工場建物について」（『第 4 回シンポジウム「日本の技術革新―経験蓄積と知識基盤化―」研究論文発表会論文集』2008 年），中野茂夫・斎藤英俊・中島伸「シャトーカミヤの建設経緯と建築的特徴」（『日本建築学会計画系論文集』第 629 号，2008 年），井上暁子「興業社と品川硝子（1）―建築と設立背景をめぐって」（『GLASS』第 53 号，2009 年）などを挙げることができる。

48）D. Finn, *Meiji Revisited: The Sites of Victorian Japan*, New York: Weatherhill, 1995.

49）藤岡洋保「〔書評〕Dallas Finn, "Meiji Revisited-The Sites of Victorian Japan"」（『建築史学』第 28 号，1997 年），池上重康『明治初期日本政府蒐集舶載建築書の研究』（北海道大学出版会，2011 年）。

50）D. B. Stewart, *The Making of a Modern Japanese Architecture: From the Founder to Shinohara and Isozaki*, Tokyo: Kodansha International. 2002.

51）N. Jackson, 'Thomas James Waters (1842-98): Bibles and Bricks in Bakumatsu and Early-Meiji Japan', in H. Cortazzi ed., *Britain and Japan: Biographical Portraits*, Vol.7, Kent: Global Oriental, 2010.

52）M. Vivers, *An Irish Engineer: The Extraordinary Achievements of Thomas J Waters and Family in Early Meiji Japan and Beyond*, Brisbane: Copyright Publishing, 2013.

53）ごく最近まとめられた，堀田典裕「（学界展望）日本近現代建築史」（『建築史学』第 66 号，2016 年）においても同様のことが指摘されている。

54）三枝博音『技術史』（東洋経済新報社，1940 年）。ここでは，『三枝博音著作集』第 10 巻（中央公論社，1973 年）による。

55）前掲稲垣『日本の近代建築』SD 選書版の上巻 31 頁。前掲村松『日本建築技術史』は明記していないが，『日本近代建築技術史』の「付録　日本近代建築技術史文献」の筆頭に，前掲三枝『技術史』をあげている。

56）前掲村松『日本近代建築技術史』204-205 頁。

57）星野芳郎『現代日本技術史概説』（大日本図書，1956 年）。ここでは，『星野芳郎著作集 4　技術史Ⅱ』（勁草書房，1977 年）による。

58) 山崎俊雄『技術史』（東洋経済新報社，1961 年）。また，同『日本技術史・産業考古学研究論』（水曜社，1997 年）も参照。

59) 黒岩俊郎『日本技術論　資源開発利用の技術史的分析』（東洋経済新報社，1976 年）。

60) 中岡哲郎「技術史の視点から見た日本の経験」（中岡哲郎・石井正・内田星美『近代日本の技術と技術政策』国際連合大学，1986 年）。また，中岡哲郎『日本近代技術の形成　伝統と近代のダイナミクス』（朝日新聞社（朝日選書），2006 年）も参照。

61) 鈴木淳『明治の機械工業―その成立と展開―』（ミネルヴァ書房，1996 年）。

62) 中谷礼仁「幕末・明治規矩術の展開過程の研究」（中谷礼仁・中谷ゼミナール『近世建築論集』アセテート，2004 年）。同書で中谷は中岡の著作を引用していないが，平成 6 年に『建築雑誌』の文献抄録においてこの本を紹介し，「日本近代建築技術史を再び捉えてゆく際の，新しい視点を包含しているように思え……」と評価している（中谷礼仁「（文献抄録）近代日本の技術と技術政策」『建築雑誌』第 109 巻第 1335 号，1994 年）。

63) 例えば，清川雪彦『日本の経済発展と技術普及』（東洋経済新報社，1995 年），松浦利隆『在来技術改良の支えた近代化―富岡製糸場のパラドックスを超えて―』（岩田書院，2006 年）など。また，平成 15 年に国立科学博物館は前掲『江戸時代の科学』の平成版ともいえる江戸時代の科学技術についての展覧会を開催したが，そこでも，江戸時代の科学技術が近代以降の技術発展の母体となったことが述べられている（国立科学博物館編『江戸大博覧会―モノづくり日本』毎日新聞社，2003 年）。なお，清川は『近代製糸技術とアジア―技術導入の比較経済史―』（名古屋大学出版会，2009 年）において，西欧技術の定着過程について，製糸技術を事例に日本，中国，インドを事例に比較考察を行っている。

64) 石塚裕通『日本資本主義成立史研究』（吉川弘文館，1973 年）。

65) 例えば，石井孝『増訂明治維新の国際的環境』（吉川弘文館，1973 年），芝原拓自『日本近代化の世界史的位置』（岩波書店，1981 年）など。

66) 加藤祐三『黒船前後の世界』（岩波書店，1985 年）。

67) 石井寛治『近代日本とイギリス資本』（東京大学出版会，1984 年）。これに先行する，石井寛治・関口尚志編『世界市場と幕末開港』（東京大学出版会，1982 年）も研究状況を理解するのに役立つ。

68) S. Sugiyama, *Japan's Industrialization in the World Economy, 1859-1899: Exports Trade and Overseas Competition*, London: Athlone Press, 1988. また，杉山伸也「東アジアにおける「外圧」の構造」（『歴史学研究』第 560 号，1986 年），同「国際環境と外国貿易」（梅村又次・山本有造編『日本経済史 3　開港と維新』岩波書店，1989 年）も参照。

69) このようなイギリスの対日政策の性格に，多額の建設費がかかる領事館，公使館建築の造営を渋った姿も矛盾しないように思われる。東アジアのイギリス公館建築の状況は，泉田英雄「東アジアの初期イギリス公館建築の営繕について　その 1 」（『建築史学』第 15 号，1990 年）を参照。

70) 杉原薫『アジア間貿易の形成と構造』（ミネルヴァ書房，1996 年）。

71) 籠谷直人『アジア国際通商秩序と近代日本』（名古屋大学出版会，2000 年）。

72) 例えば，石井，杉山も参加している，浜下武志・川勝平太編『アジア交易圏と日本工業化』（リブロポート，1991 年，ここでは，2001 年，藤原書店刊の新版による。）や，杉山伸也・L. グローブ編『近代アジアの流通ネットワーク』（創文社，1999 年）の他，古田和子『上海ネットワークと近代東アジア』（東京大学出版会，2000 年）など。ごく最近では，村上衛『海の近代中国―福建人の活動とイギリス・清朝―』（名古屋大学出版会，2013 年），石川亮太『近代アジア市場と朝鮮―開港・華僑・帝国―』（名古屋大学出版会，2016 年）も石井，杉山を先行研究として扱っている。

73) 中岡哲郎・鈴木淳・堤一郎・宮地正人編『新体系日本史 11　産業技術史』（山川出版社，2001 年）巻末の参考文献紹介欄での解説。

74) 小林達也『技術移転　歴史からの考察・アメリカと日本』（文眞堂，1981 年）。

75) 内田星美「技術移転」（西川俊作・阿部武司編『日本経済史 4　産業化の時代　上』岩波書店，1990 年）。

76) 荒井政治・内田星美・鳥羽欽一郎『産業革命の技術』（有斐閣，1981 年）85-93 頁，前掲鈴木『明治の機械工業―その生成と展開―』84-89 頁，日本産業技術史学会編『日本産業技術史事典』（思文閣出版，2007 年）162-163 頁。

第1章 外国人居留地の茶再製場

は じ め に

文久元（1861）年に長崎居留地でK. R. マッケンジー（Kenneth Ross Mackenzie）からジャーディン・マセソン商会（Jardine, Matheson & Co., 以下，JM商会）の代理店を引き継ぎ，独立した商人として仕事をはじめたT. B. グラバー（Thomas Blake Glover）だが，最初にたずさわった業務の一つが日本製緑茶の輸出業である。本章はこの日本製緑茶の輸出に必要だった茶再製場について，グラバー商会（Glover & Co.）経営の施設を中心に考察する。

当時，茶はアジアから欧米へ輸出された世界商品であった[1]。開港後間もない日本からの輸出品も第1位は絹糸，第2位は緑茶が占めている。茶葉は最初イギリス経由で，のちに直接，アメリカ市場へ輸出されるのだが，外国人居留地に輸出用として持ち込まれる茶葉は乾燥が不十分だったため，外国人商人たちによって，長期間の船旅に耐えられるように再乾燥を施し，中国製緑茶を飲用していた外国人の好みに合うように着色し，風味を加え，鉛や錫が内側に張られた木製の茶箱に梱包して船積みされた。この日本製緑茶を再乾燥，着色する再製作業専用の施設が茶再製場である。これまでの外国人居留地の建築史研究では，茶再製場は洋式産業施設として積極的に取り上げられることは少なかった[2]。しかし，幕末期の日本で外国資本が直接経営に参入した施設のごく最初期の事例であり，また，桁行20mを超える三階建の建物や特殊な屋根形状などがいくつかの古写真に認められ，建築物そのものとしても看過できないと思われる。

本章の構成を記す。第1節では，資料のきわめて乏しいグラバー商会の茶再製場に肉迫するため，ジャーディン・マセソン商会文書（以下，JM商会文書）より操業の経緯を丁寧にたどりながら，その技術的実態を浮かびあがらせる。そして第2節では，古写真などを頼りに各地の茶再製場の作業空間・技術を復元的に比較しつつ，推論を確かなものとしたい。

ところで，本章の題材となる茶だが，いくつかの種類・製法がある。本章の内容上必要なことであるため，ここで簡単に触れておこう。日本人が普段口にする緑茶（日本茶）は煎茶と呼ばれ，茶畑から収穫された茶葉を蒸し，茶葉の酸化を防ぐ（殺青という）。そしてこの蒸した茶葉を揉み（揉捻），茶葉のうま味成分が析出しやすいようにする。これを乾燥させ，貯蔵に耐えるようにするとともに，香味を出させる（抹茶では揉む作業をせずに，乾燥させた茶葉を粉末化する）。なお，茶問屋に持ち込まれる以前，茶農家において乾燥まで経た茶のことを荒茶といい，

茶問屋はこの荒茶を再乾燥，選別，梱包し，販売用とする（茶問屋が再乾燥，選別をした販売用の茶葉を仕上茶という）。ちなみに，中国でも緑茶は飲用されるが，中国の緑茶は蒸す代わりに鍋釜で茶葉を炒ることで（釜炒り），茶葉の酸化を防いでいた。当時，欧米諸国で口にしていた緑茶は中国製である。一方の紅茶は製法の違いによるもので，原料となる茶葉は緑茶のそれと基本的に異ならない。緑茶が揉み工程の後すぐに乾燥させるのに対し，紅茶は揉んだ茶葉を一定時間放置し，発酵させる。紅茶独特の色と風味はこの時にできる。そして発酵させた茶葉を乾燥し，荒茶となる。外国人居留地に持ち込まれた茶葉は，煎茶用にできた仕上茶である。これを外国商人たちは再度乾燥し，風味を加え，中国製緑茶に代わるものとして生産していた。

第1節　長崎居留地における茶再製場の建設と操業の経緯

　本節では，長崎居留地でグラバー商会が営んだ茶再製場の操業の経緯と内容を取り扱う。方法として，JM 商会文書のうち，主に長崎，上海発の書簡よりグラバー商会の茶再製事業に関係する記述を拾い出し，日本語に要約，分量を圧縮して一覧表にまとめる（表 1-1）。対象は事業開始後まもない文久元（1861）年を上限にして，事業の行き詰まりがみえる慶応 3（1867）年一杯を下限にする[3]。この作業で得られた情報に加え，各年の長崎イギリス領事報告などの諸文献を加えながら，グラバー商会の茶再製事業の歴史的経緯と操業内容をたどる。加えて，歴史的な経緯の背後にひそむグラバー商会や JM 商会の意図と，技術的な背景を引き出すことを目指したい。なお，本節の表記上の注意点として，JM 商会文書を引用するときは，煩雑さや繰り返しを避けるため，一覧表左端の整理番号を用いて注釈と別に（書簡1），（書簡2）と記す。

1．操業の開始からイギリスへの出荷計画の失敗

　文久元（1861）年5月にマッケンジーから独立したグラバーは日本茶の再製，輸出業に取り組んだ。独立後間もない同年6月頃にはすでに日本茶の見本を少量ながら上海の JM 商会に送付している[書簡1]。

　グラバー商会が営む茶再製場の操業当初の経緯については，1862年3月19日（文久2年2月19日）付け JM 商会宛てグラバー商会発書簡[書簡28]にこれまでの苦心談が詳述される[4]。すなわち，1861年8月29日（文久元年7月24日）に日本人町の商人に属する建物の中で再製作業が開始されたが[5]，外国人による日本人町での再製作業は奉行当局の指導を受けたため，領事の命によって作業は11月12日に一旦停止，居留地に移動することとなった。作業が再開されたのは12月10日であった。しかし，年が明けた1862年1月18日（文久元年12月19日）にグラバー商会の茶再製に関わっていたマクリーンという人物が契約を破棄，再製場を立ち去るという事件がおきる。グラバー商会の再製場にはティーボーイと呼ばれる中国人[6]の専門職[7]がいたが，マクリーンが連れ去ったため，別の人物が同月27日に雇用された。なお，グラバー商会経営

図 1-1　横浜居留地の茶再製場（建物の奥が茶再製場の内部，手前左に積んであるのが茶葉を梱包する木箱，右側はバスケット・ファイヤリングと呼ばれた乾燥方法）（神奈川県立図書館所蔵，望斎秀月『皇国製茶図絵』1885年刊のうち，「第十八号　商館再焙の図」）

の再製場は小さいものだったため，別の建物を1ヶ月か6週間で建築する契約を結んだ。この建築計画や日本人町に属する建物という記述から判断すると，グラバー商会が当初，茶再製場としていたのは既存の土蔵や附属屋を利用したものだったのだろう。

　次に操業内容を見てみたい。再製場が居留地に移される前の1861（文久元）年8，9月に，グラバー商会は再製茶の見本を上海に送付し[書簡2, 4]，その上海における試験結果は好ましかったので，JM商会は11月に500ピクル注文，1万ドルを送金した[書簡5, 6]。この時グラバーは茶を火入，着色し，鉛の箱に梱包する経費は1ピクルあたり7ドルと報告した[書簡7]。そしてJM商会は長崎の再製茶をイギリスへ輸出するよう指示，運搬用にクイーンズベリー号を用意した[書簡16]。しかしながら，度重なるJM商会からの要求にもかかわらず[書簡13, 14]，グラバー商会は購入価格や量を明らかにしない。結局，1862（文久2）年1月末には200ピクルしかできていないことがグラバー自身の書簡によって判明した[書簡17]。JM商会はグラバー商会の茶再製事業に対するこれまでの経緯や発言を振り返った上で，強く非難，期待できないとし，クイーンズベリー号は神奈川へ送ることになった[書簡24, 27]。同時にJM商会は，グラバー商会送付の再製茶見本に対し着色過剰のため悪い評価を与えている。しかし，これを受けた長崎側は，上海からの指摘が遅かったという理由で，次回便までに着色過剰を訂正することができず[書簡30]，結局，JM商会注文の200パッケージは3月5日に至っても出荷されなかった[書簡25]。

　このように操業当初のグラバー商会の茶再製場の経営は順調でなかったし，期待通りの生産はできなかった。品質の面でも着色過剰という問題点を抱えていた。

20

２．再製場の設備拡充とＪＭ商会の支援

　クイーンズベリー号による再製茶出荷の失敗以降，グラバー商会は茶再製場の設備や人員の改善，増設に取り組むことになる。まずグラバー商会が取り組んだのが，茶再製装置とティーボーイを上海から呼び寄せることである。1862 年 3 月 19 日（文久 2 年 2 月 19 日）の JM 商会宛書簡[書簡 28]でグラバー商会は今後の着色過剰を訂正することと，そのために再製場を監督するティーボーイの手配を要求した。上海から到着するという内容から判断してやはり，このティーボーイは中国人と考えられる[8]。加えて新茶の季節に向けて上海より茶鑑定人の派遣を 5月 14 日に依頼した[書簡 34]。長崎からの依頼に対し，JM 商会は 6 月末にティーボーイと茶再製装置を手配した[書簡 41, 42]。ティーボーイと再製装置は上海より一旦横浜へ回送され，横浜を 7 月 10日に出発[書簡 44]，8 月 14 日前には長崎へ到着した。しかし，グラバー商会はすでに別のティーボーイを確保していた様子で，このティーボーイは送り返すという[書簡 50]。再製装置の代金は 130 ドルであった。また，グラバー商会が同時に依頼した茶鑑定人は上海へ到着しなかったため，長崎へ送られることはなかった[書簡 40]。

　グラバー商会は茶再製場の設備や人員を改善すると同時に茶再製場の規模拡大を進めていった。再製場を大きくすることが有利との考えに基づき[書簡 39]，1862 年 7 月 21 日（文久 2 年 6 月 25日）には茶鑑定人の到着，新茶の流通を見越して再製場の規模を拡大，450 から 500 基の鍋を稼動させる予定という[書簡 46]。翌 1863（文久 3）年 6 月には同じく新茶の季節にあわせて，鍋を100 基増加，1,000 から 1,200 ピクルの茶再製能力を得た[書簡 68]。1864（元治元）年 12 月には 600基の鍋が稼動する[書簡 86]。

　一方の JM 商会はグラバー商会の茶再製場をどのように考えていたであろうか。1862 年 6 月24 日（文久 2 年 5 月 27 日）[書簡 40]にはグラバー商会が現在までに送付した茶葉は不満足なもので，着色は不統一，莫大な損失を被ると厳しい意見をつける一方で，その前 5 月 28 日にはグラバー商会の要請に応じ，茶再製のために 5,000 ドルを送金した[書簡 37]。その直後には前述のようにティーボーイと再製装置を手配し，今後さらなる送金の用意も伝えている[書簡 45]。1862（文久 2）年 11 月には 300 ないし 500 ピクルの再製茶を注文[書簡 54]，翌 1863（文久 3）年 3 月にも 500 ピクルのヤングヒソン種を注文した[書簡 61]。このように，JM 商会はグラバー商会の茶再製業に対して厳しく意見をつける一方で，その操業自体には期待，支援したことを認めうるし，注文を継続した[9]。

　JM 商会からの指摘に対し，その直後の 1862 年 7 月 10 日（文久 2 年 6 月 14 日）にグラバー商会は再製場が好調に稼動中で，経費削減が間もないと弁明する[書簡 43]。しかし，この当時グラバー商会の再製場は，設備改良や拡大の一方で，有能な労働者の不足に直面していた。クイーンズベリー号出荷計画の失敗以降，天然痘や麻疹の流行により日本人労働者が不足した状態が続き[書簡 35, 36]，中国人にも，日本人に十分な技術指導を施せる人材が少なかった[書簡 47]。先に説明があったようにこの有能な中国人，すなわちティーボーイの不在が着色過剰という結果を招いた。また茶鑑定人の不在も問題という[書簡 38]。これらの人材不足については 7 月 25 日に中国人，

日本人とも有能な職員を確保し，人材面の改良が進み，経費削減が間もないことを強調した[書簡47]。結局，翌年の春になっても経費削減はできず[書簡64, 65]，1863（文久3）年9月に至っても土地代を払える程度の利益をもたらすのみで，それにもかかわらず，労働者が作業を覚えれば経費は削減できると，約1年前と相変わらずの弁明を繰り返すだけだった[書簡74]。

　ここまでみてきたように，グラバー商会の茶再製場における有能なティーボーイの確保，設備の改良や増設といった一連の動きは，生産量の増加による利益拡大はもちろんとして，品質改善や経費削減という目的があった[10]。そしてJM商会もグラバー商会の取組みに一定の期待を寄せていた。しかし，その結果は成功したといい難いものだった。

　ところで，1862（文久2）年頃の長崎居留地における茶再製場を概観すると，同年の長崎イギリス領事報告では当地に大きな茶再製場が3から4ヶ所ほどあり，数百人の日本人を雇用していたという[11]。また，長崎港を訪問したイギリス人軍医 D. F. レニー（David Field Rennie）は同年8月7日（文久2年7月12日）にグラバー商会経営の茶再製場を訪ね，1,000人以上の日本人人夫や女工が働いていること，また，この種の施設がごく最近はじめられ，長い間中国で大規模に行われていたシステムを単に移転したものと書き残す[12]。いずれにせよ，長崎居留地の茶再製場は大規模な雇用を生み出す産業に成長していたことを認めうる。

3．内外の市場動向と再製場の操業

　JM商会の支援を受けつつ，設備や人員改善に取り組んだグラバー商会は引き続き日本茶の再製，出荷を継続した。1863（文久3）年5月には政治的問題（攘夷運動の激化）により，貿易が停止するというトラブルが一時的にあったものの[書簡67]，同年1月には978ボックスの茶をロン

図1-2　長崎大浦居留地の海岸通りの現況（グラバーが走行させた蒸気機関車を記念する石碑などが並ぶ。グラバー商会の茶再製場はこの海岸通りから一本山側に入った通り沿いに建っていた）（2015年9月　筆者撮影）

ドン向けに用意[書簡58]，あるいは同年2月，338ボックスの茶を同じくロンドンへ出荷した[書簡60]。7月には昨年に比べて良質の茶葉が大量に，1割ほど低価格で流通し[書簡69]，グラバー商会は早速JM商会向けに450パッケージの茶葉を購入[書簡70]，12月に864.5パッケージ出荷，さらに338パッケージの茶葉を購入したという[書簡75]。翌1864（元治元）年8月にも日本茶をロンドンへ出荷している[書簡77]。だが，長崎の再製茶は後にロンドン市場において大きな重量損失が報告されている[書簡101]。なお，長崎より出荷された再製茶は一度イギリスへ輸出された後，米国へ再輸出されていた[13]。ただしグラバー商会の場合，1865（慶応元）年以降になるといくつか米国へ再製茶を直接出荷している[書簡97, 114]。

　グラバー商会が再製茶をロンドンへ出荷する一方で，現地ロンドンの茶市場は流動的であった。本国の茶市場が悪化したという理由で，1864年9月19日（元治元年8月19日）にJM商会は茶葉購入停止を指示する[書簡79, 80]。だが，茶市場が好転したためか，次週9月24日には1,800ハーフチェストの無着色日本茶，1,300ハーフチェストの着色日本茶を長崎へ注文，20,200ドルを送金している[書簡82]。ところがその3ヶ月後の12月にはこの注文を取止め[書簡87]，とJM商会の指示は二転する。

　1865年以降になると，米国市場向けに茶葉が高値に取引されるようになる[書簡88, 94, 96]。このため，グラバー商会の在庫は少ない[書簡90]。年が明けた1866（慶応2）年に至っても茶葉は非常に高い。米国人も茶再製場を止めているという[書簡99]。5月には薩摩藩から借入金の返済として納入された茶葉を再製するけれども[書簡103, 104]，ロンドンへ出荷するよう注文を受けた500トンは用意できそうにない[書簡106, 107]。また8，12月には茶葉が一時的に安くなるものの[書簡109, 118]，やはり在庫が確保できていないし，再製量も少ない[書簡111, 120]。茶葉は物々交換で購入，中国人も茶葉を購入しているという[書簡122]。1868（明治元）年の長崎イギリス領事報告は中国人商人が上海向けに大量に茶葉を輸出するため，いくつかの茶再製場が閉鎖されたとしている[14]。

　すでにJM商会は1866年9月17日（慶応2年8月7日）に，長崎の茶再製事業を諦めたのか，長崎の茶葉を上海で販売，再製するといい[書簡110]，また，1867年2月12日（慶応3年1月8日）にはグラバー商会の茶再製事業への投資について懐疑的な意見を付している[書簡119]。

　なお，1867（慶応3）年3月にグラバー商会がJM商会へ提出した不動産台帳には，連続する大浦21番，大浦山手15番に茶再製場（Tea firing shed）のほか，梱包用倉庫（Package godown），中国人住居（Dwelling house for Chinese）の建物名がみえている[15]。

　1860年代の前半，グラバー商会の茶再製場では人員や設備の改良が施され，あるいは試みられたけれども，それ以降，事業は市場動向の影響や中国人商人との競合から，安定した操業を継続することは難しかった。

4．機械式茶再製の試み

　国際的な市場変動等によって茶再製事業が進展しない一方で，グラバー商会は1867（慶応3）年，新式の茶再製用機械を導入した。同年の長崎イギリス領事報告は，グラバー商会により蒸

気力を利用して茶葉をふるいにかける機械が長崎で製造され，利用に供されたこと，さらに高性能機械が本国より送られてくること，その機械の記事が英文雑誌『エンジニアリング（*Engineering*)』に掲載されたこと，そしてこの機械が単純な手作業の大幅な節約になると報告している[16]。

そこで，領事報告が指す『エンジニアリング』1868年1月3日（慶応3年12月9日）号を参照すると，「茶再製機械（Tea Preparing Machinery)」と題した記事とその図面が掲載されている[17]。すなわち，この茶再製機械は領事報告の通り，ロンドン市内ハマースミスの鉄工所ジョン・ヘンリー・グウィン社（Mess. John and Henry Gwynne）で日本向けに製造されていた。この茶再製機械は造幣寮や銀座煉瓦街の建築で高名なトーマス・J. ウォートルス（Thomas James Waters）の設計になり[18]，A. ロビンソン（Albert Robinson）によってロンドンの鉄工所に発注されたもので，茶葉を分類する機械，火入する機械，着色する機械と梱包を除く再製場での一連の作業を全て機械化したものであった。そして記事は最後に，手作業を大きく取り除くことになるであろうと，領事報告と同様な見解を述べている。なお，ジョン・ヘンリー・グウィン社はトーマスの弟 J. H. E. ウォートルス（John Henry Ernest Waters）が修行をした鉄工所であり[19]，機械を発注した人物もトーマスが懇意にした叔父 A. ロビンソンが推定される[20]。

結局，慶応3 (1867) 年末から明治元 (1868) 年以降，グラバー商会が茶再製業において多大な成功を収めたという記事はJM商会文書，領事報告に見当たらない。経営的な理由か，技術上の理由かここでは判断できないが，ウォートルス設計の機械式茶再製は成功しなかったと考察される。結局，このグウィン社製の製茶機械はグラバー商会が破産するまで所有されたらしく，1872 (明治5) 年4月にオークションにかけられている[21]。なお，グラバー商会は1869 (明治2) 年頃に，神戸の茶再製場でも機械式の製茶作業を試みたらしく，労働力の削減になると評価されている[22]。

ところで，このような機械式茶再製の試みと前後して，グラバー商会は薩摩藩の製糖工場 (1866 (慶応2) 年以降竣工)，大阪造幣寮 (1868 (明治元) 年着工) と，蒸気機関稼動の輸入機械を装備した産業施設設立に参加している。加えて，この2つの事例にはいずれも T. J. ウォートルスが関与する。この2点と年代の近接性を総合して考えるとき，1867年以降の機械式茶再製の試みは，慶応年間以降にグラバー商会が関与した洋式工場と同一の系譜上に位置するといえよう。

ここまで長崎居留地におけるグラバー商会の茶再製場の操業経緯をみてきたが，長崎居留地でも最大級の規模を持ち，機械式の茶再製を試みるなど，少し特殊な性格を持つと思われるグラバー商会の茶再製場は，どのような姿かたちをしていて，技術，空間の面からどのように評価できるのだろうか。また，そもそも茶再製場とはどのような建築物だったのかという点も含めつつ，次節において考察してみたい。

表 1-1　JM 商会文書書簡群におけるグラバー商会の茶再製場関係の記事一覧（1861-1867 年）

番号	年月日	発信	受信	請求番号	内　　　容
1	61/6/19	JMCo	TBG	C49/1 pp.99-100	グラバーが送付した茶の見本は少量のため，評価を出すことは難しい。
2	61/8/30	TBG	JMCo	B10/4/96	すでに 2 日間茶再製場が稼動しており，数日後には再製茶の見本を送付予定。
3	61/9/10	JMCo	TBG	C49/1 p.106	グラバーが送付した茶の見本はかび臭いので，評価を出すことが難しい。重量損失や経費を計算した上で，最初の状態の茶と火入れ後の茶を送付してほしい。
4	61/9/18	TBG	JMCo	B10/4/97	現在は禁止されている再製場での中国人の雇用が許可されたので，直に再製着色茶の見本を送付したい。
5	61/11/1	JMCo	TBG	C49/1 pp.113-114	再製茶は好ましい結果であったので，500 ピクル早く送付してほしい。
6	61/11/27	JMCo	TBG	C49/1 pp.115-116	茶葉購入資金として 10,000 ドルを送金する。茶はロンドンへ送付してほしい。
7	61/10/9	TBG	JMCo	B10/4/100	今回グラバー社の再製場で火入れ，箱詰めした，重量損失 5％ と 6％，2 種類の茶の見本を送付する。英本国向けに火入れ，着色，鉛箱への梱包の経費はピクルあたり 7 ドルである。
8	61/12/3	JLG	JMCo	B10/4/105	JM 社の長崎茶送付の希望を承知した。
9	61/12/9	JLG	JMCo	B10/4/105	JM 社勘定で引き続き茶葉を購入予定。
10	61/12/11	JMCo	TBG	C49/1 p.116	英国へ茶を送付してほしい。同時にサンプルを上海へ送付してほしい。
11	61/12/19	JLG	JMCo	B10/4/106	年末が近く商人たちが現金化を急ぐので茶葉をより安価で購入できるだろう。現在倉庫に 400 ピクル保管，明日さらに 200 ピクル追加予定だ。
12	62/1/4	JMCo	TBG	B10/4/106	茶を早く受け取り試験したい，良い結果ならばさらに注文を拡大する。
13	62/1/11	JMCo	TBG	C49/1 pp.120-121	茶葉を購入するのはよいが，価格を知らせてほしい。
14	62/1/17	JMCo	TBG	C49/1 p.121	茶葉購入価格を知らせてほしい。英国出荷用に船を用意する。
15	62/1/24	TBG	JMCo	B10/4/109	今月中 50,000 ドル相当の茶葉を 1 トン当たりの運賃 6 ドルで上海向けに購入した。
16	62/1/28	JMCo	TBG	B10/4/109, C49/1 pp.124-125	グラバー社が購入した茶葉の価格を教えてほしい。またできるだけ早い機会に茶を送付してほしい。英国出荷用にクイーンズベリー号を用意する。
17	62/1/30	TBG	JMCo	B10/4/109	英本国に茶を送付する運賃は 1 トンあたり 4 から 5 ポンドとなるだろう。1 月末には JM 社向けの茶を少なくとも 200 ピクル出荷用意できる。再製場が稼動するよう奮闘中で，これまで多くの障害があったけれども全て順調に克服し，以前よりも多くの量を出荷できるだろう。今回 2 つの茶見本を送付する。
18	62/2/4	JMCo	TBG	B10/4/109, C49/1 p.125	英国と米国の間で戦争の恐れがあるので，茶葉の購入は停止してほしい。JM 社向けに用意した茶は容器に 'JM & Co' と印をしてクイーンズベリー号で送付してほしい。
19	62/2/6	JMCo	TBG	B10/4/109	先月 30 日に長崎より送付された茶見本のうち 1 つは大変好ましく，購入したい。しかしもう 1 つは大変劣っている。
20	62/2/6	JMCo	TBG	C49/1 p.127	グラバー社が 4 ヶ月間で用意できた茶が 200 ピクルしかないことに驚かざるをえない。
21	62/2/14	GCo	JMCo	B10/4/111	JM 社の指示通り 'JM&Co' と印をしてクイーンズベリー号に茶を乗せる予定。2 月 6 日付けの茶が少量という報告は残念に思う。けれども前回お伝えしたように再製場を操業するにあたって，私たちが直面している困難を理解していただけるものと信用する。
22	62/2/20	JMCo	GCo	C49/1 p.128	200 ピクルしか用意できていないならば，クイーンズベリー号を送るかどうか決められない。
23	62/2/22	GCo	JMCo	B10/4/112	現在茶は再製中であり，今月末には用意できる。
24	62/2/28	JMCo	GCo	C49/1 pp.129-132	グラバー社が送付した見本は着色過剰のため評価は悪い。グラバー社はこれまで価格や量を正確に伝えないまま，茶葉を購入し続け，JM 社の送金は計 20,000 ドルに及ぶ。グラバー社の再製場は 8 月 28 日頃に操業を開始し，9 月に止まったあと，11 月に再開した。それ以降 3 ヶ月の結果が 200 ピクルである。クイーンズベリー号は神奈川へ送るだろう。
25	62/3/5	GCo	JMCo	B10/4/113	先月末に出荷できると報告した 200 パッケージの茶は現在梱包中で直に出荷予定。さらに 100 パッケージまもなく用意できる。
26	62/3/13	GCo	JMCo	B10/4/115	英国向け 198 ボックスの茶が用意できている。
27	62/3/17	JMCo	GCo	C49/1 pp.133-134	長崎の茶は少ないのでクイーンズベリー号は横浜に送る。
28	62/3/19	GCo	JMCo	B10/4/116	グラバー社送付の茶の過剰着色について，それを克服するため上海より操業を監督するティーボーイの到着を望んでいる。グラバー社がこれまで茶の内容や見本を全て送付しなかったことをお詫びする。今回の便で全ての JM 社

番号	年月日	発信	受信	請求番号	内　　容
					勘定の茶の見本と詳細を送付する。今回十分な説明をして状況を改善できるよう努めるとともに，将来見本や購入詳細を定期的にお伝えしたい。 グラバー社が再製を開始したのは 8 月 29 日のことで，日本人町にある日本人の建物で 11 月 12 日か 13 日まで行い，上海からの注文分とマクリーン氏の個人勘定分 179.13 ピクルを再製した。奉行の命を受けた領事の指示によって 11 月 12 日には事業を止めて再製場を居留地へ移動した。このため，大幅な遅れと出費を要し，新しい再製場が完成したのは 12 月 9 日だった。10 日には火入を再開し，30 日までに上海からの注文分残り 51.49 ピクルを終わらせた。1 月 2 日に JM 商会の注文分を開始したが，18 日にマクリーン氏が再製場の監督を辞めた。というのも彼が自身勘定分の再製を行う一方で，グラバー氏の分を後回しにして，口論となったためである。その時マクリーン氏は再製場の監督をしていたティーボーイを連れて行った。よって，大きな困難を強いられたが，グラバー氏は別のティーボーイを探し出し，貴社の分を再開した。我々の再製場はとても窮屈だったけれども，英国からの知らせは好ましくなかったので，工場の新築，拡張は決められなかった。しかし，今は米国との関係が友好的なので，建物の建築を契約し，1 ヶ月か 6 週間で完成の予定である。その時までにはティーマンが到着し，より多くかつ満足のいく状態で再製できるだろう。
29	62/3/23	JMCo	GCo	C49/1 p.135	茶の見本は届いたがまだ試験していない。
30	62/3/27	GCo	JMCo	B10/4/116	着色過剰の指摘が遅すぎたため，次回出荷の茶に訂正を施すことはできない。
31	62/4/10	GCo	JMCo	B10/4/117	JM 社からのさらなる茶の注文を待っている。
32	62/4/14	GCo	JMCo	B10/4/118	230 ピクルの茶再製見本を早い機会に送付したい。
33	62/5/14	JMCo	GCo	B10/4/120, C49/1 pp.141-142	茶は英国へ送るのでなく，上海宛に送付してほしい。
34	62/5/14	GCo	JMCo	B10/4/121	新茶の季節が近いので茶鑑定人をよこしてほしい。
35	62/5/23	GCo	JMCo	B10/4/121	新しい茶再製場を準備中である。現在のところ麻疹や天然痘が流行しており，作業人員の不足が問題である。少量ながら新茶が届きつつある。
36	62/5/28	GCo	JMCo	B10/4/122	今月末には 600 から 700 ピクルの茶が用意できる。人手不足は未だ続いている。
37	62/5/28	JMCo	GCo	C49/1 p.144	茶再製と購入のため 5,000 ドル送金する。
38	62/6/5	GCo	JMCo	B10/4/122	今月末には JM 社向けの茶再製が終わるだろう。だが茶鑑定人が居ないため作業は遅れている。まもなく大きな再製場が完成し 300 から 400 の鍋が稼動する。今の問題は人手不足である。JM 社が送付した茶箱用の鉛板と籐について，鉛板には特異な油が塗装してあり，はんだ付けすることができないので，ここでは使用不可能である。
39	62/6/18	GCo	JMCo	B10/4/123	グラバー社は再製場を大きくすることが有利と考えている。
40	62/6/24	JMCo	GCo	B10/4/123, C49/1 pp. 146-148	送付された新茶見本は少量のため，試験できない。グラバー社の請求に従ってティーボーイと再製装置を送る予定である。これまでグラバー社送付の茶はきわめて不満足で火入，着色は統一されていない不完全なもの。膨大な損失を被ると予想される。再製経費は極めて高く，私たちの予想をはるかに超えている。また重量損失が 9.25 から 14% と各々著しく異なることも理解できない。こちらから指示あるまで茶葉の購入は止めていただきたい。グラバー社に送付予定だった茶鑑定人はこちらに到着しなかったため，当分の間，送ることはできない。
41	62/6/28	JMCo	GCo	B10/4/123, C49/1 p.148	ティーボーイと再製装置を送付するよう手配する予定である。
42	62/7/7	JMCo	GCo	B10/4/124 C49/1 p.150	今回ティーボーイを月給 20 ドルと旅費負担でグラバー社に送る。
43	62/7/10	GCo	JMCo	B10/4/124	ティーボーイ，再製装置の手配にお礼申し上げたい。JM 社の指摘通り茶再製コストは高く，利益を残さない，あるいは赤字となっているが，現在は再製場が順調に操業し出しており，損失を少なくすることができると思う。
44	62/7/10	SJG	JMCo	B10/9/172	グラバー社が茶再製鍋を送付するよう要求したように，セントルイス号で送付した。
45	62/7/16	JMCo	GCo	B10/4/124, C49/1 pp.150-151	ティーボーイはヤンツィー号に乗り遅れたので，セントルイス号で送ることになる。同時に再製装置も同号で送付する。もし必要ならば茶再製のための送金をする用意はある。
46	62/7/21	GCo	JMCo	B10/4/125	ティーボーイと再製装置がヤンツィー号に乗り遅れたことは承知した。茶鑑定人がそちらから届かないのは残念である。彼の到着を見込んで再製場を大

番号	年月日	発信	受信	請求番号	内　　容
					きくしていたところだった。必要に応じて近く 450 から 500 の鍋を稼動させる予定だ。
47	62/7/25	GCo	JMCo	B10/4/125	1 ピクルあたり 7 ドルの再製経費は支出をカバーするだけである。というのも，鍋を稼動させるために必要以上の，あるいは日本人への教育が困難な中国人がいたからである。しかし現在では中国人，日本人とも有能なスタッフを抱えており，じきに経費を減らせるだろう。
48	62/7/29	JMCo	GCo	B10/4/125, C49/1 pp.152-153	今回の便でティーボーイと茶再製装置がグラバー社のもとへ出発する。
49	62/8/4	JMCo	SJG	C49/1 pp.153-154	貴殿のグラバー社向けの鍋送付に関わる取引を記録した。
50	62/8/14	GCo	JMCo	B10/4/130	茶再製装置とティーボーイについてお礼申し上げたい。茶再製装置は到着し，価格は 113.93 ドルであった。同時に送られてきたティーボーイはほとんど役に立たないので早いうちに送り返す。
51	62/8/21	JMCo	GCo	B10/4/130, C49/1 pp.155-156	神奈川より転送された再製装置の代金 130 ドルが帳簿の貸方で省略されていた。
52	62/8/27	GCo	JMCo	B10/4/132	JM 社指摘の茶再製鍋 130 ドルの経費は横浜のガワー氏の貸方に記載した。必要あれば変更する。
53	62/9/12	SJG	JMCo	B10/9/180	JM 社が 4 月 3 日の書簡で触れていた特許の茶箱用鉛は中国製鉛より強いが，表面の色が変わり，滑らかなので，利用し難い。結果的に中国製鉛に比べると一定時間で半数ほどの茶箱しか作れない。
54	62/11/26	GCo	JMCo	B10/4/146	300 ないし 500 ピクルのさらなる茶の注文にお礼申し上げたい。
55	62/12/3	GCo	JMCo	B10/4/150	前回お知らせした 864 パッケージの茶はすでに再製場で火入れされじきに出荷できる。
56	63/1/5	GCo	JMCo	B10/4/163	茶葉をこれ以上購入しないという JM 社の希望を受理。
57	63/1/10	GCo	JMCo	B10/4/163	茶再製見本を送付するので，その着色，火入れについてレポートをほしい。
58	63/1/15	GCo	JMCo	B10/4/163	978 ボックスの茶がロンドン向けに用意中である。その貨物取扱はオルト商会によって請求されたが，50 フィート立法の 1 トンあたり 4 ポンドでグラバー商会もこれは高いと思い，減額するよう努力したが実現しなかった。この件については同封されているオルト商会の手紙を参照されたい。
59	63/1/29	GCo	JMCo	B10/4/164	JM 社の要求に従って茶はロンドンへ出荷する。
60	63/2/25	GCo	JMCo	B10/4/169	上海から来るダンモア号によって 338 ボックスの茶をロンドンへ出荷する。
61	63/3/4	JMCo	GCo	C49/1 p.183	無着色日本産ヤングヒソンを 500 ピクルしっかり火入れし，内側を鉛で囲ったハーフチェストに入れて送付してほしい。
62	63/3/14	GCo	JMCo	B10/4/171	500 ピクルの日本産無着色ヤングヒソン種について JM 社の注文を受理。現在グラバー社は再製場で 200 ピクルの無着色茶を準備中であり，見本をできるだけ早いうちに送付する。
63	63/3/16	JMCo	GCo	C49/1 pp.184-185	グラバー社が 338 ボックスの茶をロンドンへ送付することは承知した。
64	63/3/23	JMCo	GCo	C49/1 p.187	グラバー社は茶再製場を常時稼動させたら，再製経費を削減できるというが，現在までのところそれができていない。
65	63/4/2	GCo	JMCo	B10/4/173	JM 社の鑑定人は報告中，茶の着色について再製前に着色されたと難点を示したが，グラバー社は茶葉が届いた後に着色を行っている。茶再製経費の削減は未だできていない。
66	63/5/6	GCo	JMCo	B10/4/180	JM 社向けに日本産紅茶の見本を送付するので，それについてレポートをいただきたい。
67	63/5/26	GCo	JMCo	B10/4/181	政治的問題のため貿易はほとんど完全に停止している。新茶について確実な契約を結ぶことができない。
68	63/6/17	GCo	JMCo	B10/4/183	新茶の到着が大きく見込まれるので，再製場を大きくするところだ。鍋を 100 基増加して 1,000 から 1,200 ピクルの茶再製を期待している。JM 社が望むならば，新茶の入荷後，JM 社の利益となるように外国出荷用茶の再製を行いたい。
69	63//7/10	GCo	JMCo	B10/4/185	昨年より良質と思われる茶葉が大量に届いている。昨年に比べて価格は 12% から 15% 低いが，戦争に対する不安が緩和されたので，現地の商人は換金を急ぎ，価格を刺激している。
70	63/7/30	GCo	JMCo	B10/4/185	JM 社向けにすでに 450 パッケージの茶葉を購入して再製場で加工する予定である。
71	63/8/5	GCo	JMCo	C49/1 p.208	先のグラバー社による茶葉の購入は承知し，その価格は適正である。同じ条件で再製場を稼動できるように 1,000 ピクルまで再製を続けてほしい。
72	63/8/15	GCo	JMCo	C49/1 pp.210-211	茶箱に以前のようにグラバー社の名前を入れるのは控えてほしい。
73	63/8/27	GCo	JMCo	B10/4/193	今回は JM 社向けの茶見本は用意できていないので一部しか送付できない。

番号	年月日	発信	受信	請求番号	内　　容
74	63/9/14	GCo	JMCo	B10/4/197	茶再製経費削減は未だできていない。現在までのところ何ら利益をもたらさない，かろうじて土地代を払えるだけの利益しか残らない。けれどもいずれ現地の使用人が操作を覚えるだろうから，経費は削減できるだろう。
75	63/12/14	GCo	JMCo	B10/4/211	864.5 パッケージの茶が用意できて出荷できる。また 338 パッケージの茶を 9,370.50 ドルで購入した。エクセルシオール号で出荷するのに十分な時間がある。
76	64/7/14	JMCo	GCo	C49/1 p.278	英国市場は紅茶について前向きである。ニューヨークでは税金が上げられたこともあって，緑茶はいくつか英国へ返されている。この点を十分考慮して茶葉購入にあたってほしい。
77	64/8/24	GCo	JMCo	B10/4/264	ロンドンへ日本製の茶を発送。再製製場は昼夜とも活動中である。
78	64/8/25	JMCo	GCo	C49/1 pp.283-284	長崎の茶葉価格の下落を期待する。英国の茶市場は非常に悪いので十分注意してほしい。
79	64/9/10	JMCo	GCo	C49/1 pp.286-287	本国の茶市場は悪いので茶葉の購入は再製場の稼動を維持できる程度にして，十分注意してほしい。
80	64/9/19	JMCo	GCo	C49/1 p.290	本国の茶市場は悪いので茶葉の購入は停止すること。依頼のあった茶箱用鉛は長崎へ送られるだろう。
81	64/9/23	JMCo	GCo	C49/1 p.291	ロンドンの茶市場は悪いので，価格が下がるまでは我々は茶の取引を停止したい。
82	64/9/24	JMCo	GCo	C49/1 pp.291-292	1,800 ハーフチェストの無着色日本茶，1,300 ハーフチェストの着色日本茶を注文。購入資金として 20,200 ドル相当の金塊を送付する。
83	64/10/5	GCo	JMCo	B10/4/277	JM 社からの茶葉購入停止の指示は了承した。
84	64/10/5	JMCo	GCo	C49/1 pp.295-296	茶葉購入リミットを減額する。本国の茶市場からは再び悪い連絡が届いた。
85	64/11/9	GCo	JMCo	B10/4/296	茶の品質が低いため，重量損失は避けられない。JM 社向けの茶が再製中であり，早いうちに出荷されるだろう。
86	64/12/22	TBG	WK	B10/4/297	明日には 600 の鍋を稼動させる予定である。
87	64/12/22	GCo	JMCo	B10/4/309	JM 社が 9 月 24 日に出した計 3,100 ハーフチェストの茶の注文を取り止めることは承知した。
88	65/3/13	RH	JMCo	B10/4/325	米国市場向けに茶は高値で取引されているので，価格が上昇している。
89	65/3/30	JMCo	GCo	B10/4/327	上海市場向けに低品質の茶葉を購入している。
90	65/3/30	TBG	WK	B10/4/328	業者たちは取引に参加しないので，グラバー社の茶の在庫は少ない。2 ヶ月後には新茶が入荷される。
91	65/4/15	GCo	JMCo	B10/4/333	JM 社より指摘された出荷した茶の重量が誤っていた点について再製場への入荷前に日本人によって数回火入れがなされるので，正確な重量を把握することはとても難しかった。グラバー社の茶の在庫はほとんど無くなっており，新茶の到着を待ち望んでいる。
92	65/5/20	JMCo	GCo	C49/1 p.354	グラバー社が送付した 990 パッケージの茶は非常に悪い試験報告だった。
93	65/8/23	TBG	WK	B10/4/348	茶再製場はあらゆる品質の茶を製造できるよう稼動している。茶再製場を稼動させ続けるために茶葉の購入を継続している。
94	65/8/24	GCo	JMCo	B10/4/350	茶葉の値段は大変上昇しており，グラバー社は細心の注意を払いながら購入している。
95	65/8/25	JMCo	GCo	C49/1 p.376	英国からの連絡は好ましくなく，我々も低価格を望むので緑茶の再製は十分注意してほしい。
96	65/9/23	GCo	JMCo	B10/4/360	ここ数日間で茶葉の価格は急激に上昇し，購入をほとんど止めている。
97	65/10/21	JMCo	GCc	C49/1 pp.387-388	前回の茶の注文に関して，運賃が安ければ長崎より直接ニューヨークへ送付してほしい。
98	66/1/9	JJS	JMCo	B10/4/377	茶葉の値段は高いので購入できない状況にある。
99	66/2/1	TBG	WK	B10/4/379	茶の値段は非常に高いので，JM 社より受けた 100 トンの茶再製はできていない。近隣の米国人も高値のため再製場をストップさせている。
100	66/2/21	GCo	JMCo	B10/4/385	茶の値段は若干下がったとはいえ，極めて高値なので購入，再製できていない。
101	66/4/7	JMCo	GCo	C49/1 pp.417-418	実のところ，ロンドンではわずかに複数の茶葉を混ぜた物が好まれている。この手の販売で利益を上げることができるならば，そうしてほしいが，長崎の茶はロンドンで平均 8% という大きな重量損失が報告されていることを気に留めてほしい。
102	66/4/30	JJS	JMCo	B10/4/402	新茶の入荷が 50 日後に見込まれる。
103	66/5/10	TBG	WK	B10/4/407	グラバー社の再製場は薩摩によって持ち込まれた 500 から 600 梱の茶を再製している。
104	66/5/17	GCo	JMCo	B10/4/409	薩摩より借入金の返済として 4,000 ドル相当の茶が納められた。再製場で再

番号	年月日	発信	受信	請求番号	内　　　容
					製する。
105	66/6/16	JMCo	GCo	C49/1 pp.432-433	グラバー社がチャンティクリア号で送付した987パッケージの茶販売の見積を送付する。しかし，手数料計算を除き，3%の重量損失を割引いても，経費をカバーするだけである。当方の鑑定人は実際の販売見本に基づくと評価価格はとても低いものというが，貴社の評価はそれと異なり，とても高いものである。貴社の茶葉購入を見直していただきたい。チャンティクリア号の経費より15%減少しなければ，再製は続けるべきでないと考える。
106	66/6/18	GCo	JMCo	B10/4/416	ロンドン向けにジョージ号に茶を載せるという貴社の指示は承知したが，現在の茶市場では，残った日にちでこのような大きな船に茶の積荷を満載できそうにない。
107	66/6/19	TBG	WK	B10/4/418	現在茶は200トンしか用意できていない。昼夜再製場を稼動させてもジョージ号出発までの35日間で500トン用意することはできない。茶葉を購入し続けること，再製場を稼動させ続けることで安価に茶を購入することができる。
108	66/7/22	TBG	WK	B10/4/422	JM社よりグラバー社送付の茶の鑑定が不満足な結果であったことに対して，再発防止に全力を注ぎたい。茶鑑定人に購入についての貴社の注意はよく伝えた。リンガー氏は自身の評価を見直したが，彼はロンドンの評価が誤ったものであり，グラバー商会の茶葉購入は過剰評価されたものではないと不満をもらしている。
109	66/8/30	TBG	EW	B10/4/435	諸侯の支払いはドルではなく，現地通貨である。けれども，もしこれがないならば，価格の安い現在に茶葉を自由に購入することはできないだろう。
110	66/9/17	JMCo	GCo	C49/1 p.448	試みとして500ピクルの茶葉をこちらに早いうちに送付してほしい。そのまま当地で販売するか当方で再製する。
111	66/10/4	GCo	FBJ	B10/4/443	10,000ドル相当あると見積もっていた再製用茶葉在庫は約6,000ドル程度しか確保できていない。
112	66/10/11	JMCo	GCo	C49/1 pp.452-454	これまでの茶輸出について重量損失だけでなく，投資の不満足な結果についても注意を払ってほしい。
113	66/11/3	GCo	JMCo	B10/4/445	市場では最近，茶葉が注意深く取引されるため，あまり活発でない。
114	66/11/21	GCo	JMCo	B10/4/451	茶葉は全てクリスチャンランケン号でニューヨーク向けに出荷される。運賃はトンあたり2ポンド10シリングである。
115	66/12/7	TBG	EW	B10/4/456	できるだけ多くの茶をニューヨークに送る。今回の便で在庫の茶葉の再製が全て終わった。
116	66/12/7	JMCo	GCo	C49/1 pp.461-462	価格が安くなければ，着色茶には関心を持てない。しかし，もし用意できるならば，ニューヨーク向けの無着色茶については注意を払い続けてほしい。
117	66/12/12	TBG	EW	B10/4/457	貴殿が望むように茶は無着色で再製され，必要ならば米国に送られるだろう。
118	66/12/19	TBG	EW	B10/4/460	買手がいないことと，新年が近いので茶葉は安くなっている。
119	67/2/12	JMCo	GCo	C49/1 pp.472-473	毎月月末締めで帳簿を定期的に送付してほしい。というのも貴社への貸方は非常に大きく，茶に投資されていないものと思われる。
120	67/3/1	GCo	JMCo	B10/4/472	現在再製中の唯一の茶葉は1月18日に購入した481梱だけで，価格は6,844.47ドルである。貴社の指示に従ってそれ以来茶葉購入は何も行っていない。
121	67/7/12	GCo	JMCo	B10/4/488	今年の茶は茶葉が大きく，再製が難しい。産地からのレポートでは収穫高は昨年と同じという。唯一の取引は中止された。というのも，原葉の保有者が昨年の価格を維持したのと，購入しても両替時に昨年より10%低い損失を被るからである。日本人業者は次の2ヶ月間は購入を控えるよういい，その時までには生産者が市場に茶葉を持込み，大きく値を下げるという。
122	67/8/2	GCo	JMCo	B10/4/492	外国商館から綿製品と物々交換で約300ピクルの新茶を入手した。中国商館もまた上海向けに200ピクル手に入れている。
123	67/9/7	GCo	JMCo	B10/4/502	茶については現在高値なので，何もできていない。売り手はとても手堅い。
124	67/10/17	GCo	JMCo	B10/4/505	当地に送られてくる茶箱用鉛の重量の特徴についてお礼申し上げたい。

【凡例】 JMCo：Jardine Matheson & Co (Shanghai)，TBG：Thomas B. Glover (Nagasaki)，JLG：James L. Glover for Glover & Co (Nagasaki)，GCo：Glover & Co (Nagasaki)，SJG：S. J. Gower (Yokohama)，WK：William Keswick (Shanghai)，RH：Ryle Holme for Glover & Co (Nagasaki)，JJS：J. J. Statchbury for Glover & Co (Nagasaki)，FBJ：Francis B. Johnson (Shanghai)，EW：Edward Whittall (Shanghai)

第2節　茶再製場の建築と再製装置

1．外国人居留地の茶再製場

初期長崎居留地の茶再製場の建物と配置

　比較的初期の段階における長崎居留地の宅地利用を示した資料に，「リスト・オブ・フォーレン・ホンズ・アンド・レジデンス（List of Foreign Hongs and Residents）」がある[23]。すでに先学も利用したこの資料は，宅地番号が付された地図と，宅地ごとに面積，利用者と用途を記した一覧表がつく。資料右下の脚注より1867（慶応3）年に上海で印刷されたことがわかる。茶再製場は大浦居留地周辺に集中し，グラバー商会は平坦な埋立地である大浦山手15番（561坪），大浦21番（614坪），同28番（493.5坪）に設けていた。隣接した大浦19番（614坪），20番（614坪）にオルト商会（Alt & Co.）が，同26番A（648坪）にウォルシュ商会（Walsh & Co.），同23番（614坪）にマルトビー商会（Maltby & Co.）が茶再製場を営む。

　明治3（1870）から4（1871）年頃の姿を描いたとされる「梅ヶ崎大浦下り松居留地図」（デンマーク国立博物館所蔵）[24]にはグラバー商会があった大浦山手15番，大浦21番に漆喰塗建物（Mud dwelling house）3棟[25]，木造建物（Wood）2棟を描く（図1-3）。隣接する19番，20番の茶再製場には漆喰塗建物2棟，漆喰塗倉庫（Mud godown）が2棟，石造倉庫（Stone godown）1棟，

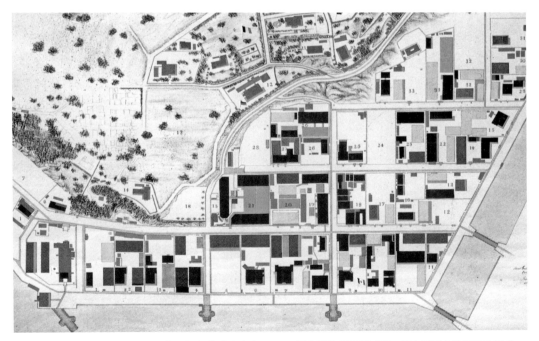

図1-3　明治3～4年頃の大浦居留地平面図（デンマーク国立博物館所蔵「梅ヶ崎大浦下り松居留地図」）
（岡林隆敏・林一馬編『長崎古写真集―居留地篇―』長崎市教育委員会，1997年より転載）

木造建物1棟が建つ。なお，28番は明治30年頃まで空地である[26]。慶応2（1866）年頃に南山手から大浦居留地を眺めたパノラマ写真（F. ベアト（Felice Beato）撮影，図1-4）や，明治元（1868）年頃に星取山から大浦居留地を撮影した写真（図1-6）によって確認すると，撮影地点より最も奥まった大浦山手15番に二階建の長大な寄棟造がある[27]。その手前21番地には長い越屋根を載せた木造平屋建が2棟並ぶ。左手の街路に面して寄棟造の倉庫2棟が並び，最も手前，19番地に寄棟造二階建，山側の街路沿21番には屋根上小窓を開けた切妻造建物，同じ並び20番に寄棟造平屋建，19番に切妻造二階建がある。

別の地所に目を転じると，大浦26番Aには前掲「梅ヶ崎大浦下り松居留地図」より漆喰塗建物1棟，木造建物1棟のほか，漆喰塗倉庫等があったことがわかる。上述のベアト撮影のパノラマ写真（図1-5）や東山手の丘から見下ろした古写真（図1-7）によって確認すると，漆喰塗建物は桟瓦葺三階建で，柱間を漆喰壁とした真壁造の外壁に窓を規則的に開けた建物であった[28]。一方の木造建物は切妻造平屋建で，長い越屋根を載せた建物だった。

大浦23番には漆喰塗建物，石造倉庫，そして漆喰塗倉庫があった。明治9（1876）年にフランスの軍人L. クルトマン（Louis Kreitmann）が撮影した写真（図1-8）によると[29]，漆喰塗建物は寄棟造二階建，大浦26番A等と同じく，木造真壁で窓を規則的に並べている。また地図で漆喰塗倉庫とされた敷地中央の建物は越屋根を載せた寄棟造平屋建だった[30]。また，この大浦23

図1-4　大浦山手15番，大浦19〜21番遠望（図1-6と連続したパノラマ写真，中央右寄りの長い建物がある箇所）（横浜開港資料館所蔵）

第 1 章　外国人居留地の茶再製場

番には前述の「梅ヶ崎大浦下り松居留地図」より 7 年から 8 年ほど時代が遡るが，1864 年 11 月 3 日（元治元年 10 月 4 日）付けの茶再製場の建築拡張工事契約書が残されている。前掲の「リスト・オブ・フォーレン・ホンズ・アンド・レジデンス」の記載通り，施主はマルトビー商会で，施工は日本人大工である。それによると，拡張部分の規模は幅・長さともに 18ft，既存の建物同様に木造プラスター塗，瓦葺き，建物の長手方向全部にわたる開口（aperture）を屋根の頂上に設け，屋根を被せた噴出口（spout）とし，換気（airing purpose）を目的とするという[31]。

　ここまで長崎居留地の茶再製場を見てきたが，各地所に共通した建物をいくつか確かめえた。複数階建で，上階半間幅，下階一間幅窓を並べた真壁の建物，石造ないしは漆喰塗倉庫，そして越屋根を載せた平屋建である[32]。これらの建物がどのような機能を有していたか，古写真や地図からは知りえないが，前節にみたグラバー商会のように，茶再製場には多数の鍋が設置されていた。大浦 23 番の茶再製場の工事契約書にみたように，その重量，発熱を考慮すると，平屋建で屋根に越屋根を付けた建物が内部に再製鍋を収めた茶再製場と考えられる[33]。そして石造や漆喰塗倉庫は再製前後の茶葉保管用，漆喰塗複数階建は上階に規則的に窓を並べた造りからみると自然乾燥を目的とした施設と推測される。

　なお，各建物の大きさを現存する東山手十二番館と前掲「梅ヶ崎大浦下り松居留地図」上で計測した建物の大きさと比較することで算出してみると[34]，梁間は 11 m 以下で，8 m 前後が多

図 1-5　大浦 26 番 A 遠望（図 1-5 と連続したパノラマ写真，中央左寄りの崖下に三階建の建物がある箇所）（横浜開港資料館所蔵）

図1-6 大浦居留地遠望（中央右寄り付近にグラバー商会の茶再製場があった大浦山手15番の長大な寄棟造がみえる）（長崎大学附属図書館所蔵）

図1-7 右側の三階建が大浦26番A，空地の左側が大浦23番（出島研究会所蔵）

図1-8 大浦23番俯瞰（中央手前の二階建の大きな建物のある区画）

（Fonds Louis Kreitmann, Archives du College de France）

第 1 章　外国人居留地の茶再製場　　　　　　　　　　　　　　　　　　　　　　　　*33*

い。桁行は構造種別によって異なり，倉庫では 20 m 以下，漆喰塗複数階建では 30 m を超える
ものもある。

横浜居留地の茶再製場（再製装置と内部空間）
　横浜居留地ではいくつか再製場内部の様子を確認できる。
　H. グリブル（Henry Gribble）は 1883（明治 16）年 10 月 15 日に横浜で開催された日本アジア
協会において日本の茶産業について講演，外国人居留地の茶再製場について挿図とともに記録
を残した[35]。「ある外商の茶再製場（A Foreign Tea Firing Godown）」と表題を付された図版では小
屋組を露にした再製場内部に鍋をはめた竈が中央通路を挟んで数列にわたって並び，中国人監
督のもとで女工達が作業する（図 1-9）。柱の高さなどプロポーションを逸するものの，小屋組
はトラス構造で，越屋根を描く。内部に並ぶのは円形の鍋を煉瓦造の竈にはめ込んだもので，
鍋の直径は 21in，深さ 13in という。1 つの鍋につき 5 ポンドほどの茶葉を一斉に投入し，熱し
た鍋で 40 から 65 分，冷した鍋で 25 から 60 分間素手でかき混ぜて，水気を飛ばす。必要に応
じて鍋には着色料が入れられる。また，バスケット・ファイヤリング（Basket firing）と呼ぶ再
製法では鼓型の籠，中央のくびれた部分に茶葉を置く。底には木炭を敷いた鍋を置き，40 から
50 分間焙じるという。
　明治 18（1885）年，横浜の画工，大澤喜久造が出版した『皇国製茶図絵』のうち「第十八号
商館再焙の図」は再製場内部の様子を描く（図 1-1）。石造の建物内部に煉瓦造の竈が並び，女
工が作業する。円形の鍋がはめられた竈が並列し，小屋組を露にした作業空間はグリブルの報
告と同じである。建物の外壁は石造である。手前では鍋の上に置いた鼓型の籠で再製がなされ
ている。作業者の腕の位置より考えて，中央のくびれた付近に茶葉を置いたのであろう。グリ

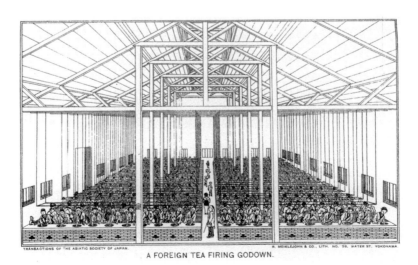

図 1-9　H. グリブルが描いた茶再製場の内部

(Source: H. Gribble, 'The Preparation of Japan's Tea', *Transaction of Asiatic Society of Japan*, Vol.12, 1885)

図 1-10　明治中期，横浜居留地の茶再製場（横浜開港資料館所蔵）

ブルがバスケット・ファイヤリングと呼んだものと同じである。

　明治中期頃，日下部金兵衛の撮影と推定される古写真（図 1-10）や，モース・コレクション中の古写真[36]に写された茶再製場の内部も，煉瓦造の竈が平行に並んだもので，監督の下で女工達が働く。トラスや和小屋組の屋根裏を露にした平屋建だった。前者は妻壁に窓をあけている。

　最後に，横浜居留地の茶再製場についての懐古談を調べてみると，西山逸堂は石造の平屋建に約 300 基の炉が並び，その上に直径約 2 尺の丸鍋が載っていたという。茶再製方法は「シナ式」で，これを「パン・ファイヤー」と呼び，中国人の現場監督がいたとする[37]。また，西村栄之助は幼少期の体験として，倉庫風の建物の内側で茶揉み女が歌いながら鍋をかき回していた様子を書き残す[38]。このように，横浜居留地の茶再製場は比較的共通した形態を有していたようだが，184 番ウォルシュ・ホール商会（Walsh Hall & Co.）の茶再製場は他と形態を異にする。右手には石造二階建，左手には小塔状に小屋根を載せた海鼠壁の二階建がある[39]。内部の状態等を知りえない現時点では例外とせざるをえない。

神戸居留地の茶再製場の建物と配置

　明治 28（1895）年の主要な外国茶商として紹介された[40]，神戸居留地 11 番メーシー商会（George H. Macy & Co.）は，ディレクトリーによると 1894（明治 27）年より同地に商館を構えている[41]。角地に面して二階建の商館があり（図 1-11），二階の窓には茶の検査に必要な拝見窓を設ける点からも同商会が茶再製業を営んでいたと理解できる。商館左手の建物は階高等の外観からみて倉庫と考えうる。一方，商館右手に寄棟屋根の上にガラリを巡らした越屋根を載せた

低層建物を構える。長崎の事例やグリブルの挿図も越屋根をのせる点からみて，この建物が再製場と判断できよう。

このメーシー商会をはじめとして，明治中期までの神戸居留地における主要な外国茶商に 3 番スミス・ベーカー商会（Smith Baker & Co.），7 番コーンス商会（Cornes & Co.），121 番デラカンプ・マクレガー商会（Delacamp Macgregor & Co.）[42] などがディレクトリーに茶商として確認されるが[43]，メーシー商会同様に越屋根を付した平屋建を確認することができる。スミス・ベーカー商会は 1871（明治 4）年のディレクトリーより居留地 3 番にあらわれる。海岸通りに面した同地には越屋根付寄棟造桟瓦葺の平屋建が確認される[44]。外壁は石造のように見え，その外観は 11 番メーシー商会の茶再製場とほぼ同一のものである。コーンス商会は 1878（明治 11）年より居留地 7 番に所在している。商館背面の角地に寄棟造二階建の石造倉庫がある。その両脇に寄棟造平屋建に越屋根を載せた建物が 2 棟描かれる（図 1-12）。121 番デラカンプ・マクレガー商会は 1879（明治 12）年より同地で営業する。商会背後に倉庫のほか，4 棟の越屋根付寄棟造平屋建を建てている（図 1-13）。

これらの商会が茶の輸出を手掛けたことや，長崎や横浜との類似点を考慮すると，神戸居留地にみる越屋根を付した寄棟造平屋建は内部に鍋を収めた再製場と判断される。神戸居留地の茶再製場は「茶蔵」と呼

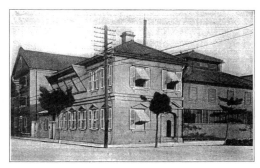

図 1-11　神戸居留地 11 番メーシー商会
(Source: W. H. Ukers, *All about Tea*, New York: The Tea and Coffee Trade Company, 1935, Vol.2)

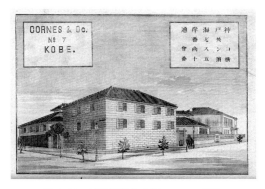

図 1-12　神戸居留地 7 番コーンス商会

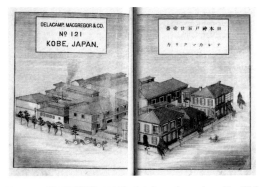

図 1-13　神戸居留地 121 番デラカンプ・マクレガー商会
（図 1-12, 図 1-13 ともに横浜市立図書館所蔵，佐々木茂一『日本絵入商人録』1886 年）

ばれており[45]，平屋建倉庫に越屋根を付したような構造だったのだろう[46]。その大きさを宅地規模や古写真上でのプロポーションから可能な限り推測すると梁間 10 m 強，桁行 20 から 30 m ほどである。また，これら茶再製場にどの程度設備規模があったか外観から知りえないが，

表1-2 古写真や版画等に見る外国人居留地の茶再製場建物一覧

商会名	所在地	宅地規模 (坪数)[*1]	屋根形状	建築規模（m）[*2]	階数	外壁仕様	推定用途	建設年代[*3]
オルト商会	大浦19番	614	寄棟	8.58 × 26.85	2	漆喰塗	－	元治1
			切妻	8.03 × 22.15	2	漆喰塗	－	
	大浦20番	614	寄棟	17.99 × 10.79	1	石造	倉庫	慶応1頃
			寄棟	13.85 × 11.08	1	漆喰塗	倉庫	
			-	17.99 × 6.92	-	木造	－	
			寄棟	22.15 × 11.08	1	漆喰塗	倉庫	
グラバー商会	大浦21番	614	寄棟	9.69 × 22.15	2	漆喰塗	－	元治1
			切妻屋根窓付	8.31 × 26.31	2	漆喰塗	－	
			切妻越屋根付	9.69 × 23.53	1	木造	再製場	
			切妻越屋根付	11.08 × 23.53	1	木造	再製場	
	大浦山手15番	561	寄棟	8.30 × 35.99	2	漆喰塗	－	慶応2
マルトビー商会	大浦23番	614	寄棟	8.58 × 22.43	2	漆喰塗	－	明治1以前
			寄棟越屋根付	8.86 × 14.34	1	漆喰塗	再製場	
			寄棟	8.58 × 13.57	1	石造	－	
ウォルシュ商会	大浦26番A	648	寄棟	8.58 × 24.92	3	漆喰塗	－	慶応2
			切妻越屋根付	8.30 × 22.15	1	木造	再製場	
			切妻	6.92 × 18.83	2	漆喰塗	－	
ウォルシュ・ ホール商会	横浜184番	437	寄棟	-	2	石造	－	明治11以降
			寄棟小塔付	-	2	海鼠壁	再製場？	
スミス・ベー カー商会	神戸3番	322.25	寄棟越屋根付	10×?	1	石造	再製場	明治4以降
コーンス商会	神戸7番	596.87	寄棟越屋根付	10 × 25	1	漆喰塗カ	再製場	明治12以降
			寄棟	15 × 20	2	漆喰塗	商館	
			寄棟越屋根付	13 × 28	1	漆喰塗カ	再製場	
			寄棟	11 × 33	2	石造	倉庫	
メーシー商会	神戸11番	562.5	切妻	15×?	3	煉瓦造	倉庫	明治27以降
			寄棟	10 × 13	2	漆喰塗カ	商館	
			寄棟越屋根付	15×?	1	石造	再製場	
デラカンプ・ マクレガー 商会	神戸119～121番	計900	寄棟越屋根付	-	1	木造カ	再製場	明治12以降
			寄棟	-	2	漆喰塗	倉庫	
			寄棟越屋根付	-	1	海鼠壁	再製場	
			寄棟	-	2	煉瓦造	倉庫	
			寄棟	-	-			
			寄棟	-	2	海鼠壁	倉庫	
			寄棟	-	2	漆喰塗	商館	
	神戸122～124番	計691	寄棟越屋根付	-	1	石造	再製場	明治12以降
			寄棟越屋根付	-	1	漆喰塗カ	再製場	
			寄棟	-	1	木造カ	倉庫？	
			寄棟（商館）	-	2	漆喰塗	商館	

*1 長崎の宅地規模は，List of Foreign Hongs and Residents により，横浜の宅地規模は，横浜開港資料館編『図説 横浜外国人居留地』（有隣堂，1998年）111頁，神戸の宅地規模は，『神戸市史 本編各説』（神戸市，1924年）653-664頁による。
*2 長崎居留地では居留地地図上の大きさと現存する東山手十二番館との比較により算出。神戸では宅地規模，古写真上の建物のプロポーションより可能な限り推定。
*3 長崎居留地では同一地所内全ての建物が出揃った時期を古写真の撮影年より推定。横浜，神戸ではディレクトリー掲載年より推定。

1872（明治5）年の神戸居留地には11の茶再製場があり，鍋の総数は1,500と報告される[47]。平均すると一再製場あたり130から140の鍋があったことになる。

各居留地における茶再製場の形態的共通点と相違点

　長崎，横浜，神戸各居留地における茶再製場の形態的共通点をまとめてみると（表1-2），長

崎居留地の茶再製場において見出した越屋根付平屋建と倉庫は神戸居留地においても確認された。ただし，長崎でいくつかあった規則的に窓を開けた複数階建は確認されない[48]。横浜居留地では外観を確かめえなかったが，グリブルの挿図等を見る限り，越屋根付平屋建という構造形式は共通したとみなされる。と同時に，鍋をはめた竈を並べて，中国人監督の下で日本人労働者が働く内部の作業空間も各地同様のものであったと考えられる。特に越屋根付平屋建という構造形式が釜炒り用の竈からの排熱と重量に関係すると考察できた点も確認しておきたい。木造と石造という違いはあるものの，内部に鍋を収めた越屋根付平屋建と倉庫が各居留地に共通した茶再製場の基本的な姿と考察される。

　一方，特に長崎と神戸に関して，茶再製場の形態や配置には若干の相違点も確認される。長崎の場合，商館とは別の地所に再製場が営まれるのに対し，神戸では商館と同一地所内に再製場，倉庫が建築される。また，神戸の茶再製場は越屋根を付した寄棟造平屋建で共通するのに対し，長崎では切妻造，寄棟造と地所によって異なる。1棟あたりの規模は長崎，神戸と大差無いものの，1商会あたりの棟数は神戸のほうが大きい。いずれの居留地も茶再製場は平坦地に建築される。宅地は矩形で共通するが，宅地規模や形状が建物規模や配置へ与えた影響や規則性は見出しがたい。以上，ここで取り上げた長崎居留地の茶再製場と神戸居留地の茶再製場には10年を越える年代差があるが，これらの相違点が年代差によるものか，長崎と神戸という地域的相違によるものか，ここでは決めがたい。なお，再製茶の出荷量は1868（明治元）年の長崎港が26,588ピクル，1879（明治10）年の神戸港が上質茶で73,322ピクルであった[49]。

　ところで，前節で取り扱ったグラバー商会の茶再製場では中国より再製装置を輸入し，中国人専門職を雇用していた。同じく，横浜の茶再製場でも中国人監督の下で，中国式の再製方法が用いられていた。また，日本の茶再製場はすべて日本人労働者の手作業によっていたが，茶再製場への機械導入について前述したグリブルは，両国の違いを強調しつつも，製茶機械を用い大規模な茶工場を営むインドからの訪問者が日本の居留地の茶再製場を見たら「時代遅れ」と笑うだろうと記す[50]。確かに，最初に述べたように，中国産緑茶やインド産紅茶と日本産緑茶は製法を異にする。だが，居留地の茶再製場で加工された日本産緑茶が，中国茶やインド産紅茶と同様に欧米各国へ流通したという歴史や，上に見た，設備や人材面での中国やインドとの関係を考慮すると，その空間的相違点を明確にすることは興味深い課題と思われる。やや乱暴かもしれないが，以下では建物とそこに収まった設備を含めた作業空間の視点から，日本の外国人居留地の茶再製場と19世紀後期の中国の伝統的な茶製造空間およびインドの茶工場とを比較考察してみたい。

2．諸外国の事例との比較

19世紀前半の中国における伝統的製茶空間

　幕末から明治初期の日本の開港場で茶再製場が営まれていた当時，またはそれを少し遡った頃の中国では，輸出用茶葉はどのように生産されていたのであろうか。

図1-14　中国における釜炒り風景
(Source: W. H. Ukers, *All About Tea*, New York: The Tea and Coffee Trade Company, 1935, Vol.1)

図1-15　中国における釜炒り風景 'Chinese Drying House'
(Source: *The History of Tea Plant*, London: London Genuine Tea Company, 1820)

実のところ，中国の開港場では日本のような集約化された，大規模な茶再製場は建設されなかったらしい[51]。茶葉は内陸の産地で，機械化されない伝統的な方法で加工，梱包され，開港場へ持ち込まれた。内地通商権のない欧米商人たちは，買弁を通じて茶葉の買い付けを行い，内陸の産地での加工や運送コストとして送金した[52]。このようにして様々な場所から開港場へ加工された茶葉が持ち込まれるため，品質に差があったり，中には不良品も混じり，欧米商人は茶葉の品質管理に苦心したとされる[53]。

そこで以下では，開港場に持ち込まれていた再製方法の原点である，中国の伝統的な製茶作業空間を調べてみたい。なお，中国の伝統的製茶では蒸しの代わりに，釜炒りによって茶葉の発酵を止め，揉捻，釜炒り乾燥によって荒茶（製品として販売する以前の仕上げ工程を経ていない茶葉）が製造される。

W. H. ウカー（William Harrison Ukers）は世界各国における茶の製造，文化について資料を博捜し，1935年にその成果を大著『オール・アバウト・ティー（*All About Tea*）』としてまとめたが[54]，その中で中国における初期の製法という18世紀の水彩画を引用している（図1-14）。中庭に面し前面が開放になった軒先空間に，円形の鍋がはまった竈が一列に並ぶ。釜毎に茶葉をかき混ぜる作業者が立ち，その反対側に薪の投入口がある。茶葉の発酵を止めるために火入れをする殺青工程か，仕上げのために茶葉の再乾燥を行う工程を描くのであろう。

1820年に刊行された『ヒストリー・オブ・ティー・プラント（*The History of Tea Plant*）』はその前書きよりロンドンの茶商が一般向け普及書として刊行したことがわかる[55]。その口絵には中国での製茶方法を工程毎に示した版画をのせる（図1-15）。図版には乾燥作業の様子が描かれ，主屋の軒先，中庭を囲む半屋外空間に竈が4つ並び，作業される。その光景はウカーが引用した水彩画と同一である[56]。この後茶葉は揉捻，再乾燥の工程を経る。特に再乾燥工程では竈は一基のみである。興味深いのが，主屋の軒先などでの少人数による作業規模の小ささとともに，各作業がそれぞれ別個に用意された空間でおこなわれ，工程毎に作業空間が分節している点である。

第 1 章　外国人居留地の茶再製場

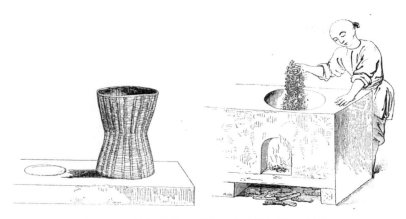

図 1-16　中国における茶葉の乾燥装置と釜炒り風景
(Source: S. Ball, *The Cultivation and Manufacture of Tea in China*: London: Longman, Brown, Green and Longman, 1848)

　東インド会社の茶鑑定人であった S. ボール（Samuel Ball）は 1804 年から 1826 年まで中国に滞在，同地の製茶方法について 1848 年に観察記録を残した（図 1-16）[57]。木炭の煙によって茶葉を焙じる際にはポイ・ロン（Poey Long）という籠が用いられる。高さ 2.5ft，直径 1.5ft で中央のくびれた箇所にワイヤーを張って茶葉を置くという。ヒソン茶を火入するクオ（Kuo）と呼ばれる鍋は鋳鉄製の円形で，直径 16in，深さ 10in という。これを竈の上にはめ込む。地面の竈との隙間に薪を置き，釜炒り作業者の反対側に薪の投入口がある。竈の仕様は前二者と同一である[58]。

　いくつかの記録にあるように，円形の鍋がはまった竈を並べて釜炒りする点，バスケット・ファイヤリングと呼ぶ鼓型の籠を利用した再製法[59]と日本の外国人居留地の茶再製場で用いられた装置は中国から移植したものとみなしうる。だが，作業空間という観点からみると，日本の茶再製場は中国の伝統的な製茶風景とは異なる。主屋の軒先などの半屋外空間に 4 から 5 基の竈を並べた中国の茶工場と異なり，日本の外国人居留地の茶再製場は越屋根という換気装置を装備し，壁で囲われた閉鎖的な内部空間に，多数の竈を並列させたものであった。日本の外国人居留地の茶再製場は中国の伝統的製茶方法のうち，釜炒り乾燥工程のみを移植し，それを集約化，大規模に展開したものだったといえよう。

19 世紀のインドにおける茶工場

　インドやセイロンにおける茶産業については前掲ウカーの他，P. グリフィス（Percival Griffiths）の著作があり，これら先学の蓄積を参照しつつまとめておく。インドやセイロン等において機械式製茶の導入以前の製茶方法は中国より移植したものといわれる[60]。また，日本で用いられた鼓型の籠はインドでも用いられている[61]。19 世紀中頃になると，1854 年の C. H. オリバー（Charles Henry Oliver）による茶葉乾燥装置，1873 年の W. ジャクソン（William Jackson）による揉捻機，と製茶機械の発明，導入が続き，工場の機械化が進んだ。以下参照できた事例を

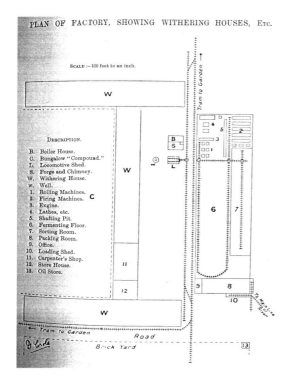

図1-17　D. クロルによる工場平面図
(Source: D. Crole, *Tea: a Text Book of Tea Planting and Manufacture*, London: Crosby Lockwood & Son, 1897)

もとに，建物と設備内容を検討してみたい。

アッサム地方の茶園や茶工場の支配人として勤務したD. クロル（David Crole）は1897年に刊行された著書の中で，摘み取った茶葉より紅茶を製造する工場の平面図を残す（図1-17）[62]。茶園へと導くトラムの左側に萎凋室（Withering house），右側に工場がある。工場内部には6台の揉捻機（Rolling machine），5台の乾燥機（Firing machine）といった機械類，その下は選別室（Sorting room），発酵室（Fermenting floor）となる。選別と発酵室に面積の大部分を割いて，乾燥工程は5台の機械でなされている。

製糖，製氷など各種機械のテキストブックを著したA. J. W. テイラー（Alexander James Wallis Taylor）は1900年に紅茶を製造する工場の計画図を残す（図1-18）[63]。茶園とを繋ぐトロッコ線が本館（A: Main building）の両側を走り，自然萎凋室（B: Natural withering house）が2棟並ぶ。工場本館は二階建で，1階の4分の1ほどに揉捻機（E: Rolling machine）6台，乾燥機（F: Tea drying machine）2台，乾燥機（F¹: Tea firing machine）4台等の機械が並ぶ。残る1階部分は発酵室（P: Fermenting floor），選別室（Q: Sorting room），2階は人工萎凋室（B¹: Artificial withering room），倉庫（A¹: Store stock）等となる。2階に人工萎凋室がある点で異なるが[64]，施設配置や内部構成はクロルの図面と同一である[65]。

両者の平面計画をまとめてみると，萎凋室とトラムを挟んで工場本館を建て，ここで製茶の主要作業がおこなわれる。揉捻，乾燥工程を担う製茶機械は工場本館全体の4分の1ほどの面積に集められ，残り4分の3ほどは発酵，選別工程に供される。茶園，そして鉄道本線や河川とはトラムによって接続，工場本館内部にも線路を敷設し，大量の原料，加工品を移動できた。萎凋や発酵工程には完全に機械導入されていないものの，機械や鉄道を積極的に活用し，必要部分に面積を割いて作業空間を配置した合理的な平面計画といえよう。これに対して，日本の茶再製場は最終乾燥の工程のみを，商館の隣接地あるいは同一地所に建つ作業場内部で，監督下にある日本人労働者の手作業に頼って製造していた。そして手作業に頼った竈からの排熱とその重量のために越屋根付平屋建となった日本の茶再製場は，機械や鉄道を活用した空間構成

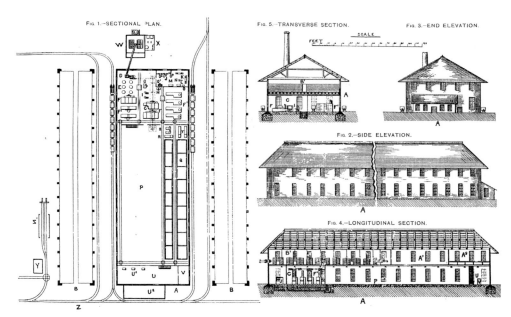

図1-18　A. J. W. テイラーによる工場平面図・断面図・立面図
（Source: A. J. Wallis Taylor, *Tea Machinery and Tea Factories*, London: Crosby Lockwood, 1900）

とするインドの製茶工場から見ると非合理的であろう。すなわち，インドの製茶工場からすると，日本の茶再製場は製茶機械導入という側面ばかりでなく，作業空間という観点においても「時代遅れ」な姿であったとみなされよう。

　まとめておくと，日本の外国人居留地の茶再製場は，各工程で分節された空間で作業がなされる中国の伝統的な製茶方法のうち，乾燥工程を日本へ移植，釜炒りに対応した専用建築を建て，多数の日本人労働者を駆使して集約化する一方，機械や鉄道を積極的に活用して合理的，大規模な平面構成をつくった南アジアの近代的製茶工場からすると，釜炒りという手作業に影響，制約された空間構成で，「時代遅れ」な姿であったといえよう。

3．グラバー商会の茶再製場の建築と再製装置

　さて，片方では工場制生産的，片方では家内工業的という外国人居留地の茶再製場のなかで，前節で扱ったグラバー商会の茶再製場はいかに位置づけられるのだろうか。最後に考察してみたい。前節で指摘しえたグラバー商会の茶再製場の特徴，すなわち，中国人監督の下での日本人職工による再製作業，中国からの再製装置輸入，中国の製茶方法の移植という軍医の評価，そして本節で指摘した再製場の外観や形状，これらからはグラバー商会の茶再製場が日本国内の外国人居留地に所在した茶再製場と共通した作業空間，内容であったとみなされる。一方で，横浜居留地では300，神戸では平均140ほどに対し，元治元（1864）年には600の鍋を稼動さ

せていたことや，他の再製場では確認されなかった機械式茶再製の導入，そして，他の長崎居留地の茶再製場が越屋根付平屋建を 1 棟のみ保有するのに対して，グラバー商会は桁行 20m 超を 2 棟保有し，2 つの地所にまたがる宅地規模も比較的大きいことは，グラバー商会の茶再製場が他より設備面で優位にあったことをうかがわせる。ただし，先に見たように，明治元（1868）年の長崎居留地の再製茶出荷量は，明治 10（1877）年の神戸居留地再製茶出荷量より少なく，また前節に見たようなグラバー商会の茶再製場における操業上の苦心の数々を考慮するとその成果が十分発揮されたとは言いがたい。以上を勘案すると，グラバー商会の茶再製場は設備面で優位にありながらも，それを十分活かしえていないという，実験的，投機的な段階にあったと推察される。

第 1 章において明らかにしえた点を要約する。

(1)　グラバー商会は文久元（1861）年 8 月から茶再製事業を開始し，同年 12 月より居留地内の茶再製場で作業を開始した。しかし初期の作業は順調でなかったし，品質や生産量も不満足なものだった。

(2)　文久 2（1862）年前半にグラバー商会は上海の JM 商会から再製設備を購入，ティーボーイと呼ばれる中国人再製工を呼び寄せ，さらに 3 年にわたって設備増強をはかり，最大時には 600 基の鍋，1,200 ピクルの再製能力があり，数百人の日本人職工を雇用していた。それは品質や生産量など操業当初の問題克服を目的とするグラバー商会，それを支援，期待する JM 商会の意図があった。

(3)　文久 3（1863）年以降，グラバー商会は再製茶をロンドン，慶応元（1865）年以降はニューヨークへも出荷するが，国際市場や価格の変動，中国人との競合などから安定操業を継続することは難しかった。

(4)　慶応 3（1867）年頃，T. J. ウォートルスの設計により機械式茶再製が試みられ，さらに本格的な機械がロンドンへ発注された。このことは慶応年間以降，グラバー商会による各地の洋式産業施設建設への参加と同一の系譜に位置づけられる。

(5)　幕末から明治初期の日本の外国人居留地の茶再製場は，各居留地において細部形態や配置を異にしつつも，越屋根の付いた平屋建建物と倉庫からなり，平屋建建物内部には鉄製丸鍋をはめた竈が多数配列されたもので，女工たちの手作業によって茶葉の再乾燥がされていた。越屋根付平屋建という構造形式は内部竈からの排熱，重量と関係すると考察される。

(6)　中国の伝統的製茶作業と比較した結果，日本の外国人居留地の茶再製場で用いられた再製装置は中国から移植したものだった。一方で作業空間という視点から見ると，日本の茶再製場は分節化された中国の伝統的製茶空間凹地，乾燥工程を移しつつも，越屋根付平屋建という専用建築において大規模化，集約化したものだった。

(7)　インドの製茶工場と日本の外国人居留地の茶再製場を作業空間という視点から比べた結果，インドの茶工場が近代以降に発明された製茶機械とトラムを積極的に活用し，必要な部

第1章 外国人居留地の茶再製場 *43*

分に面積を割いて，作業空間をうまく配置した合理的な平面構成としたのに対し，日本の茶
再製場は手作業に頼ったゆえに，竈からの排熱，重量の影響と制約を受けた越屋根付平屋建
という構造形式をとり，近代的工場とは呼び難いものだった。

(8)　外国人居留地の茶再製場のなかで，グラバー商会の茶再製場は特に大きな建築，設備，
人員規模を誇り，また積極的な機械導入をはかるなど，飛び抜けて工場制生産を志向したも
のだった。一方で経営や運転面では不調が続き，実験的，投機的な性格にあった。

注

1 ）角山栄『茶の世界史』（中央公論社（中公新書），1980 年）。
2 ）菱谷武平『長崎外国人居留地の研究』（九州大学出版会，1989 年，643-644 頁）は居留地台帳を用いてグ
　　ラバー商会，オルト商会，リンガー商会の茶再製場が大浦地区にあったことを述べている。また，文久 3
　　(1863) 年頃の内容を描いた List of Foreign Hongs and Residents などをもとに長崎居留地の土地利用について
　　研究をなした，山口光臣『長崎の洋風建築』（長崎市教育委員会，1966 年，66 頁），坂本勝比古『外国人居
　　留地建築の研究」』（東京大学博士論文，1966 年，11 頁），宮本達夫『明治中期を中心とした長崎居留地の
　　敷地および洋風住宅に関する研究』（九州大学博士論文，1986 年，53-54 頁）では大浦地区に茶再製場が多
　　かったことを指摘している。なお，横浜居留地の茶再製場に関連して二村悟は「日除け」という茶葉の検
　　査用の特殊な採光装置について論じているが，茶再製場の建築そのものについては積極的に述べていない
　　（二村悟・後藤治「横浜における静岡茶の輸出と日除けの発生について」『日本建築学会計画系論文集』第
　　558 号，2002 年）。
3 ）後述するが，1868（明治元）年の長崎イギリス領事報告は中国人による未再製茶の上海向け輸出が多い
　　ため，外国人経営の茶再製場はほとんど休業に追い込まれたという。Commercial Report for 1868, Nagasaki,
　　British Parliamentary Papers, Area Studies, Japan, Vol.4, Shannon: Irish University Press, 1972, p.374. (hereafter *BPP,*
　　Japan, Vol.4)
4 ）ケンブリッジ大学図書館所蔵ジャーディン・マセソン商会文書，請求番号 B10/4/116，ジャーディン・マ
　　セソン商会宛グラバー商会書簡，1862 年 3 月 19 日長崎付。以下，次のように表記する。JM B10/4/116 Glover
　　& Co. to JM & Co., Nagasaki 19 March 1862. 本書簡は複数の研究者が引用する重要な資料だが，原文の紹介は
　　されていないようなので，長文だが，ここで引用しておく。
　　　　It was first commenced on the 29" Aug. in buildings belonging to a native merchant situated in the Japanese town and
　　was carried on there until the 12" or 13" Nov., during which time pcl. 179.13 were fired in execution of orders
　　received from Shanghai & on Mr. Maclean's private A/C. On the 12" Nov. at the request of the Japanese authorities
　　H.B.M. Consul ordered the tea firing establishment to be given up altogether or removed into the foreign settlement,
　　this caused considerable delay and expense and it was not until the 9" Dec. that the new place was finished; on the
　　10" Dec. we commenced firing and by the 30" had completed pcl.51.49 the balance of our order from Shanghai. On
　　the 2" January your teas were commenced with. On the 18" Jan. Mr. Maclean threw up the management of the
　　concern, & cancelled his agreement with Mr. Glover in consequence of a dispute which arose by reason of Mr.
　　Maclean's purchasing & firing tea on his own account whilst orders from his constituents remained unexecuted a
　　course of proceeding to which Mr. Glover referred his consent.
　　　　When Mr. Maclean left, he took with him [ ] his tea boy/ who had charge of the tea firing establishment/ at a day
　　notice, leaving musters unmarked & account in great confusion & unclosed. Mr. Glover experienced considerable
　　difficulty in procuring a man capable of supplying [　　] place, he however succeeded in finding one on the 27" Jan.
　　since which date we have been steadily at work with your teas. Our establishment for tea firing is still much cramped
　　and owing to the recent unfavorable advices from England we have not felt ourselves justified in erecting larger &
　　more suitable building.
　　　　Now however that affairs with America are settled amiably we have contracted for the necessary building which we
　　hope to have completed in month or 6" weeks, by that time our tea man will have arrived & we shall be in a position
　　to carry out any future order in a prompter & more satisfactory manner.

5）この点は書簡2，書簡24によっても理解される。

6）'…the Japanese government have given their consent to our employing Chinaman in the tea firing establishment…' といい（書簡4），再製場に中国人が雇用されていたことが分かる。後述するように再製作業は日本人によってなされていたことや中国のシステムを移植したというD. F. レニーの記述から，この中国人はティーボーイを指すものと判断される。なお，ティーボーイ（Tea boy）と別にティーマン（Tea man）という職名を用いている（書簡28）。これは内容より推して再製場にいたマクリーンのような監督の欧米人，または茶鑑定人（Tea inspector）を指したものと考えられる。

7）ティーボーイ（Tea boy）を日本語に直訳すれば「茶夫」や「茶坊主」となるが，仕事内容が分かりにくいので，杉山伸也は「再製工」という言葉をあてている。ただ，これでは日本人職工との区別が曖昧である。グラバー商会とJM商会の書簡の内容からみて，ティーボーイは作業の監督，メンテナンス等を行うお雇い外国人のような技術的専門職と思われる。ここでは混乱を避けるため，ティーボーイのままで表現しておく。

8）なお，横浜居留地の再製場では監督に中国人があたっている。グラバー商会には明確な記述がないけれども，横浜同様，中国人職工がいたと見るべきであろう。W. H. Ukers, *All About Tea*, New York: The Tea and Coffee Trade Company, 1935, vol.2, p.214. また，次の文献も参照。『横浜茶業史』（横浜茶商組合，1958年）。ここでは，寺本益英編『日本茶業資料集成』第4冊（文生書院，2003年）として再刊，10頁による。

9）JM商会より送付された茶再製用の物品に関連して，上海より送られた特許取得済みという茶箱用鉛板は表面に特殊な物質が塗布されているため，長崎でははんだ付けできないという。同じ鉛板は横浜へも送付された様子で，長崎同様使用不可能とされている（書簡53）。

10）加えて推測すれば，グラバー商会の設備改善や熱心な拡充の背景に人材不足を高性能かつ大量の設備によって補うという意図があったように思われる。

11）Commercial Report for 1862, Nagasaki, *BPP, Japan*, Vol.4, p.64.

12）D. F. Rennie, *The British Arms in North China and Japan: Peking 1860, Kagoshima 1862*, London: John Murray, 1864, pp.373-374.

　　We found upwards of 1000 Japanese men and women at work. This establishment is the only one of the kind yet started in Japan, and it is merely the translation to that country of the system which has been long in operation on a great scale in China…The workers in the factory receive five tempos daily, equal to about eight pence sterling…

13）書簡76によって間接的に理解できる。

14）Commercial Report for 1868, Nagasaki, *BPP, Japan*, Vol.4, p.374.

15）JM A8/112/7 Memo of valuation of Glover & Co.'s house property at Nagasaki, under mortgage to Jardine Matheson & Co., Nagasaki, 16 March 1867. 資料中では，'Oura Lot No.21 and Hill lot No.23 (adjoining)' としているが，当時，大浦山手23番という地所は居留地内に存在しない。大浦21番に接するのは，大浦山手15番か大浦20番である。また，資料では各建物の員数や規模も記載しているようだが，資料の状態が悪く，判読できない。

16）Commercial Report for 1867, Nagasaki, *BPP, Japan*, Vol.4, p.309.

　　A novelty in the tea firing way has been introduced by Mess. Glover & Co, one of the principal British mercantile firms established at this port. They have recently erected on their premise a machine which is so constructed as to enable them sift tea by aid of steam machinery, This was invented and made on the spot… A better constructed and finished machine is now on the way from England, a notice of which appeared in 'Engineering' paper of the 3rd January… It is a great saving in the way of manual labor…

17）'Tea Preparing Machinery', *Engineering*, Vol.5, 3 January 1868.

　　We lately had an opportunity of inspecting, at the works of Mess. John and Henry Gwynne, of the Hammersmith Ironwork, a very complete set of machinery for preparing tea which has just been completed by that firm for the use in Japan. The machinery in question, of which we give engravings on the next page was designed by Mr. Thomas Waters of Nagasaki, Japan, and it has been constructed by Messrs. Gwynne, to the order of Albert Robinson. The set includes machinery for sorting the tea, a "tea-firing" machine, and a coloring machine: and these machines we shall describe in the order in which they are used, referring for that purpose to the figures on the following pages. it is probable that it will very largely replace the hand labor.

18）T. J. ウォートルスは明治元（1868）年10月当時長崎にあり，ウォートルス設計とする記事には一応の信をおける（林野全孝「幕末におけるウォートルスの活躍」『重要文化財泉布観修理工事報告書』大阪市教育委員会，1964年，85-86頁）。

19）R. L. Harper, *Colorado Mines: a Souvenir of the New Mining Exchange Buildings*, Carson: Hurst & Harper, 1891, p. 44.

20）N. Jackson, 'Thomas James Waters, 1842-98: Bibles and Bricks in Bakumatsu and Early Meiji Japan' in H. Cortazzi ed., *Britain and Japan: Biographical Portraits*, Vol.7, Kent: Globe Oriental, 2010.

21）*The Nagasaki Express*, Vol.3, No.123, 18 May 1872.

22）*The Hiogo & Osaka Herald*, Vol.2, No.82, 24 July 1869.

23）この資料は次の文献に巻末の附録として掲載される。M. P. Smith, *Western Barbarians in Japan and Formosa in Tokugawa Days*, Kobe: J. L. Tompson & Co., 1930.

24）岡林隆敏・林一馬編『長崎古写真集―居留地篇―』（長崎市教育委員会，1997 年）16-17 頁。

25）建物は構造種別毎に色分けされている。地図の右下に凡例があって，Mud dwelling house は紺色，Wood は緑色，Mud godown は黄色，Stone godown は紫色である。和訳について Mud dwelling house は漆喰塗住居になるが，商館等にも使用されているので漆喰塗建物程度が適当と思われる。この地図は，実際は石造であるオルト住宅（慶応元年頃）を Wood dwelling house とするなど，構造種別については厳密でない点がある。

26）明治 10 年頃作成と推定される「大浦東山手梅香崎外国居留地図」（長崎県立図書館所蔵），明治 10 年代後半作成と推定される「長崎市内小曽根地域地割図」（長崎県立図書館所蔵），そして明治 30 年代初期作成と推定される 'Map of Nagasaki Foreign Settlement, No.1'（馬淵家所蔵）（以上全て，前掲岡林・林『長崎古写真集―居留地篇―』18-25 頁所収による），いずれも，大浦 28 番地は山沿いに小規模建物を建てる程度の空地として描かれている。

27）ベアト撮影の長崎居留地のパノラマ写真撮影年は前掲岡林・林『長崎古写真集―居留地篇―』136 頁による。

28）これと類似した外観を有した遺例に旧羅典神学校がある。旧羅典神学校は明治 8（1875）年 10 月完成。木骨煉瓦造三階建（一部地下階），長い越屋根を載せた切妻造桟瓦葺の屋根をかける。窓を規則的に並べ，真壁造の柱間は白漆喰で塗る。ただし，学校と茶再製場で用途が全く異なる。

29）撮影年等は，中武香奈美「フランス士官が見た明治のニッポン―L．クレットマン・コレクションから」（『開港のひろば』第 68 号，2000 年）による。

30）明治元（1868）年撮影の古写真（前掲岡林・林『長崎古写真集―居留地篇―』93 頁）によると，この建物は越屋根付の切妻造である。明治 4（1871）年までに屋根改造がされたか，改築されたと考えられる。だが，同一地所内の他の建物が長崎居留地の茶再製場に見られる特徴を有することよりみて，大浦 23 番は茶再製場として利用され続けていたと考えうる。

31）長崎市所蔵小山秀文書，Pan Firing Building 拡張工事契約書，1864 年 11 月 3 日。該当箇所を引用する。
Doory askie engages to enlarge the present Tea Firing House situate on Lot "23" as follows, viz. 18 feet in width & in length exactly the same size as the Building already erected, to be built of wood & plaster & tiled, the same as the one now in use. When the new building joins the old one, a spout for carrying off the rain is to be put together with an aperture at the top, the entire length of the House for airing purpose, as per plan.

32）もちろん，3 種類の建物が必ずしも各地所に配されていたわけではない。グラバー商会の茶再製場には石造，漆喰塗倉庫は無かった。同商会の別の地所にあったのかもしれない。またオルト商会の茶再製場には越屋根付平屋建を確認しえないが，写真中にみえない 20 番地中央，建物に囲まれた木造建物がそうだったのかもしれない。あるいは 19 番地山側の切妻造二階建が一部機能を有していたのかもしれない。

33）同時代の記録ではないが，長崎のホーム・リンガー商会の茶再製場の建物について，次のような描写がある（H. S. Williams, *The Story of Holme Ringer & Co. Ltd. in Western Japan, 1868-1968*, Tokyo: Charles E. Tuttle, 1968, p.26）。
They were low wooden shed-like structures, soot stained, and with ventilators in the roof through which poured forth smoke, the fragrance of burnt tea, and the unmelodious songs of the works.

34）東山手十二番館は明治元（1868）年頃建築，梁間 17.7m，桁行 18.1m。

35）H. Gribble, 'The Preparation of Japan's Tea', *Transaction of Asiatic Society of Japan*, Vol.12, 1885, pp.1-32.

36）小西四郎・岡秀行『モース・コレクション写真編　百年前の日本』（小学館，1983 年）103 頁。

37）西山逸堂「お茶への執着」（前掲『横浜茶業誌』103-105 頁）。

38）西村栄之助「女工の哀歌に明けくれたお茶場」（前掲『横浜茶業誌』95-97 頁）。

39）横浜開港資料館編『図説　横浜外国人居留地』（有隣堂，1998 年）111 頁。

40）萩田長太郎編『日本茶貿易概観』（茶業組合中央会議所，1935 年）。ここでは，寺本益英編『日本茶業資料集成』第 23 冊（文生書院，2004 年）として再刊，132-133 頁による。

41）*The Japan Directory for the Year 1895*, Yokohama: Office for the Japan Gazette, January 1895. ここでは，立脇和夫編『幕末明治初期在日外国人・機関名鑑―ジャパン・ディレクトリー―』全48巻（ゆまに書房，1996-1997年）による。 1895年版のディレクトリーより神戸居留地11番に記載される。同商会は1901（明治34）年以降のディレクトリーで Tea merchants とされる。なお，*All About Tea* には位置まで記されないが，別の居留地風景写真（荒尾親成編『ふるさとの想い出写真集　明治大正昭和　神戸』国書刊行会，1979年，40頁）より83番 JM 商会と道を挟んだ角地に所在したことがわかる。この場所に該当するのは11番となる。また，商館内部の写真は『写真集　神戸の100年』（神戸市，1989年，21頁）に掲載。

42）ただし，同商会の建物は近辺の119番から124番までひろがる。その宅地総計は1,592坪。

43）前掲萩田『日本茶貿易概観』130-134頁，岡野重三郎「明治初期の神戸貿易」（『歴史と神戸』第2巻3号，1963年）6頁。

44）『横浜・神戸開花物語』（神戸市立博物館，1999年）19頁掲載の古写真による。

45）具岸百岬「英人具理日夢小伝」（『歴史と神戸』第2巻3号，1963年）8-14頁。

46）パウル・ハイネマン商会（Paul Heinemann & Co.）は1876（明治9）年より神戸居留地8番（596.87坪）に所在する。文献では茶商として紹介されていないものの，明治12（1879）年頃撮影とされる神戸居留地パノラマ写真（坂本勝比古『明治の異人館』朝日新聞社，1965年，185頁）には地所内に越屋根付寄棟造平屋建が3棟確認される。このように神戸居留地内には越屋根付寄棟造平屋建がいくつか確認される。

47）1873（明治6）年にイギリス本国の議会へ提出された報告書 'Reports on the Production of Tea in Japan' 所収の兵庫大阪副領事 H. S. ウィルキンソン（H. S. Wilkinson）の1872（明治5）年10月11日付報告。'There are now eleven tea-firings godowns in Hiogo containing about 1500 pans.' とみえる（*BPP, Japan*, Vol.3, p.113）。

48）当該建物は規模も大きく，その実態解明は興味深いが，資料を欠く現時点では推測しかできない。茶葉の自然乾燥を行う施設とした場合，萎凋工程を含むことになる。確かにグラバー商会は1863（文久3）年5月に紅茶の見本を上海あて送付するが，一回のみであり，即断できない。この他，工程には選別や梱包作業も含まれるが，これらの作業空間も明確にし難い。神戸居留地92番ヘリヤ商会（Hellyer & Co.）は中庭で選別，梱包作業をする（『神戸・横浜開花物語』神戸市博物館，1999年，53頁，前掲荒尾『ふるさとの想い出写真集　明治大正昭和　神戸』21頁）。長崎では複数階建の1階や，倉庫等，多目的な兼用があったと推測される。なお，古写真よりグラバー商会保有の大浦山手15番の二階建は先に写真右側（東側）を完成させ，後に写真左側半分（西側）を建築，そして和小屋組だったことが分かる（前掲岡林・林『長崎古写真集―居留地篇―』51頁，『写真集　甦る幕末―オランダに保存されていた800枚の写真から』朝日新聞社，1986年，9頁）。

49）Commercial Report for Nagasaki, 1868, *BPP, Japan*, Vol.4, p.322; Commercial Report for Kobe, 1879, *BPP, Japan*, Vol.6, p.439. なお，各商会の茶輸出量，あるいは原料運搬の経路，稼動率がどれほどであったか興味深いが，資料的制約からそれを詳細にすることは難しい。各年の領事報告も港全体の輸出量しか掲出していない。

50）H. Gribble, op. cit., pp.17-18.

When witnessing our system of preparing and firing tea, visitors from India are inclined to put us down as being "behind the age", and to refer with pride to the enterprise of their planters in adopting machines... It must be remembered, however, that the circumstances of the two countries are widely different, and that the tea itself when it comes into foreign merchant's hands is quite a different article to that handled by Indian Planter.

51）茶輸出港として著名な福建省の開港場，福州の1891年の地図をみると，磚茶工場（Brick tea factory）はあるが，茶再製場はみあたらない。英国ナショナルアーカイブ所蔵外務省文書 FO 228/1225 Map of Foochow, 1891.

52）陳慈玉『近代中國茶業的發展與世界市場』（台北：中央研究院經濟研究所，1982年）340-341頁，R. Gardella, *Harvesting Montains: Fujian and the China Tea Trade, 1757-1937*, Berkley and Los Angeles: University of California Press, 1994, pp.55-56.

53）村上衛『海の近代中国』（名古屋大学出版会，2013年）310頁。

54）ウカーは日本の茶再製業についても外国語文献を含みながらまとめている（W. H. Ukers, *All about Tea*, 2 vols., New York: The Tea and Coffee Trade Company, 1935, Vol.2, pp.211-230）。だが，幕末以降を通史的に叙述し，再製場の建物を含めた個別事例の検証は少ない。

55）*The History of Tea Plant*, London: London Genuine Tea Company, 1820.

56）この2つの版画と絵画は酷似しているように思える。どちらかを写したのかもしれない。

57）S. Ball, *An Account on the Cultivation and Manufacture of Tea in China*, London: Longman, Brown, Green and

Longman, 1848.

58）なお，旧グラバー住宅（文久3年）背後の納屋には製茶用と伝える鉄鍋を置いた煉瓦造竈を残す（年代不詳）。鍋を手前に傾ける点はS. ボールが紹介するトワンキー（Twankay）茶用の鍋と類似している。

59）ただし中国の場合，籠を鍋の上でなく，台の上に置いている。

60）P. Griffiths, *The History of Indian Tea Industry*, London: Weidenfeld and Nicolson, 1967, p.500. このほか比較的よくまとまった19世紀の文献に，E. Money, *The Cultivation and Manufacture of Tea* (London: W.B. Whittingham & Co., 1878) があるが，工場の図版等は含まれていない。

61）P. Griffiths, op. cit., pp.464 & 470. 以下インドの茶産業についてはウカーやグリフィスの著作による。

62）D. Crole, *Tea: a Text Book of Tea Planting and Manufacture*, London: Crosby Lockwood & Son, 1897.

63）A. J. Wallis-Taylor, *Tea Machinery and Tea Factories*, London: Crosby Lockwood, 1900.

64）上階に萎凋室を置くのはジャワやセイロンに多いという（W. H. Ukers, op. cit., p.281）。

65）この2つの工場図面の内容も酷似している。テイラーがクロルの図面を見本にして作成した可能性は排除されない。

第 2 章　奄美大島製糖工場

はじめに

　外国人居留地の茶再製場の操業に苦心し，機械式の茶再製を試みた時期を少し遡る慶応初年頃に，グラバー商会（Glover & Co.）は薩摩藩が奄美大島の 4 ヶ所に造営した製糖工場のプロジェクトに参加している。それは，お雇い外国人技術者の監督のもと，煉瓦造の工場に蒸気機関で駆動する製糖機械を配備した施設で，白砂糖の製造を目的としていた。工場は 4 ヶ所それぞれに建設され，いずれも慶応 2（1866）年から同 3 年頃に操業をはじめたが，数年で廃業した。工場の廃止後，建物は朽ちるままに放置されたらしく，材料の煉瓦や石材の大半は近隣の宅地へ転用された[1]。

　この慶応年間に奄美大島に営まれた製糖工場については，古いものでは，南峰都成植義『奄美史談』[2]や昇曙夢，坂口徳太郎[3]をはじめ，近年では松下志朗[4]といった郷土史家が扱っている。また，『鹿児島縣史』（昭和 16 年刊）や『名瀬市誌』など[5]で工場の沿革が取り上げられている。製糖史の立場では，古くは樋口弘[6]，近年では萩原茂[7]による農業経済史研究，植村正治[8]の製糖技術史が充実する。植村は，昭和 10（1935）年に地元の古老への聞取りによりまとめられた『慶応年間　大島郡に於ける白糖の製造』[9]（以下，『白糖の製造』と略記）を利用し，洋式製糖工場の設備や性能について詳細な検討を加えている。ただし，製糖技術史の研究なので，個々の機械の分析は詳細にわたるが，工場建物の構造や平面形式と機械設備のレイアウト，また，工場の立地環境など，建築や空間的な分析は十分でないように思われる。

　建築史の分野では，高名なお雇い技術者 T. J. ウォートルス（Thomas James Waters）の事績として，また，最初期の建築用赤煉瓦の事例としてこの工場が取り上げられてきた。建築史の研究では，林野全孝が前掲樋口弘の著書や『鹿児島縣史』を引用し，奄美大島製糖工場におけるウォートルスの関与をはじめて明らかにした[10]。その後，藤森照信[11]の他，五代友厚関係文書，「上野景範履歴」，『大島代官記書抜』を利用した木村寿夫[12]や堀勇良[13]が奄美大島製糖工場におけるウォートルスの動静，さらにグラバー商会との関係について知見を加えてきている。

　このように奄美大島製糖工場については，主に工場の沿革を中心に様々な分野の研究が錯綜するため，ここでは『鹿児島縣史』をはじめとする戦前の研究の原資料を紐解き，その後の研究の成果を加え，工場の建設年や廃止年などの基本情報やグラバー商会の関与という視点から再整理する。ここにジャーディン・マセソン商会文書（以下，JM 商会文書）に含まれる製糖工

場関連の新資料を加え，建設の経緯，薩摩藩やグラバー商会の参加の意図といった歴史的な諸点を明確にする。また，既往研究は外国人技術者や沿革に傾注する一方で，工場それ自体についての分析は，植村正治の技術史研究を除くと，ほとんどなされていない。イギリス人商人の関与やその仕方を明らかにしつつ，その結果できた工場の性能がいかなるもので，どのように彼らの意図を反映しているか，ハードとソフトの両面から検討してみたい。特に図面や古写真を欠く奄美大島製糖工場の技術的分析にあたっては，工場の作業空間の推定復元と評価に加え，4工場の立地計画，建築材料，そして在来的な製糖技術や作業空間との比較からみた洋式工場の位置付けと，多角的な分析を重ね，推論を確かなものとする。

第1節　設立の経緯と顛末

1．慶応年間以前における薩摩藩製糖略史

　奄美大島における砂糖製造の草創については，これまで慶長年間（1596〜1615）に直川智が中国福建省より砂糖蔗を持ち込み，奄美大島大和浜において栽培したのがはじまりとされてきたが[14]，近年の研究はその時期は元禄（1688〜1704）の頃まで下るという[15]。それはともかく，砂糖生産は江戸時代を通じ，奄美大島の主要な産業の一つであった。天保年間には，奄美大島を領地とする薩摩藩は，調所広郷の指揮のもとで大幅な財政改革に取り組むのだが，このなかで，奄美の砂糖による収入は藩の重要財源となる。南西諸島各地を管理する薩摩藩代官が奄美大島に常駐し，総買入制をはじめとする厳しい砂糖の取立が行われた。この結果，薩摩藩の財政は大きく回復した。しかしながら，奄美から産出される砂糖は黒糖であり，技術的には本土の方が優れていた。特に讃岐では上質の砂糖を製造しており，19世紀初めには奄美でも讃岐式の白糖製造を試みている[16]。このように近世以来，奄美大島は薩摩藩の砂糖生産・南西諸島支配の拠点であり，慶応年間の洋式製糖技術の移植にあたってもここに工場が建設されることになったのであろう。

　嘉永4（1851）年，薩摩藩主となった島津斉彬は洋式機械導入事業を興し，鹿児島城下，磯の別邸の付近に工場群を建設し，安政4（1857）年にはそれらを「集成館」と命名し，そこでは各種の生産活動が行われた。この「集成館」で行われた事業にさらに，鹿児島城下や大隅，奄美など幕末・明治初期に薩摩藩領内で行われた近代事業を総称して「集成館事業」と呼んでいる[17]。斉彬は特に「砂糖ハ御国産ノ産一ナル者ナレドモ，其製粗悪ニシテ價モ貴カラズ，且ツ世ノ開カルニ従テ黒糖ノ需用ハ減ジ必ズ白糖ニ帰スベシ」といい，集成館の中には「氷白砂糖製造所一ヶ所，漢洋両方」が建設された[18]。また，斉彬の側近として活躍した江夏十郎の文書中にも白砂糖から氷砂糖への製法を記し，図を添えて説明しており[19]，白砂糖や氷砂糖の製造に向けて取り組んでいたことが分かる。集成館以外では口之永良部島に安政5〜6（1858〜59）年頃，白糖製造所が建設され，イギリス人が居住した西洋館があったという[20]。斉彬をは

じめとする薩摩藩のこのような行動の背景には当時の上方市場における薩摩産黒糖の地位の低下があった。特に讃岐産白砂糖などの他国産の上質な砂糖が台頭してきたことが知られている[21]。このように洋式機械を導入した奄美での白砂糖製造は集成館での事業の延長上にあり，薩摩藩の財政基盤の強化策として同藩による一連の試みの中でも重要な位置を占めていたと考えられる。

2．奄美大島製糖工場建設の経緯

　管見の限り，奄美大島における機械式製糖の企画を知ることのできる最初の資料は，元治元（1864）年4月頃に提出された五代友厚の建白書と思われる。ここで五代は，藩内の農産物を上海で売却し，その利益で白糖製造機械を購入，さらに白糖販売による利益でイギリス・フランスへの留学生派遣と軍艦，銃砲，紡績機械，蒸気機関，鉱山機械を購入するという案を藩当局へ提出した。この中で五代は藩の主要産業である奄美大島の砂糖生産の製法が稚拙なため，利益を上げていないとし，西洋の機械技術を導入した利益の拡大を主張している[22]。長崎より回送予定の機械は1台あたり日産3トン，年俸洋銀3,000ドルの技術者を4名雇用するという。なお，この建白書が提出された約11ヶ月後の慶応元（1865）年3月，新納久信，松木弘安，五代友厚と15名の留学生，さらに通訳の堀孝之の計19名がイギリスに派遣されている[23]。五代らはイギリスのプラット・ブラザーズ社（Platt Brothers，以下，プラット社）等を訪問し，紡績工場の設計と技術者の派遣を依頼し[24]，鹿児島紡績所が慶応3（1867）年に完成操業した[25]。

　上述した五代の建白書が奄美大島製糖工場建設の直接の要因となったか確かではない。しか

図 2-1　奄美大島製糖工場のうち金久工場の跡地周辺
（中央付近，左手の丘が外国人技術者の宿舎があった蘭館山）（2005年3月　筆者撮影）

しながら，建白書中にある留学生派遣，紡績工場建設が実現していること，五代の建白書以外に近代的製糖業建設を促す提案が見当たらないこと，薩摩藩における製糖業の重要性を勘案するならば，五代の建白書を奄美大島製糖工場建設の契機の一つとすることが許されよう[26]。ちなみに，五代友厚ら薩摩藩士がイギリスに渡るにあたって尽力したのは長崎のイギリス商人 T. B. グラバー（Thomas Blake Glover）である。五代らは藩内串木野より一度長崎に渡り，グラバー商会所有のオースタイライエン号で出航した。一行にはグラバー商会の R. ホーム（Ryle Holme）が同行し，世話にあたっている[27]。

　一方の奄美大島の製糖工場の経緯を知ることのできる基本史料として，『鹿児島縣史』が参考文献として利用した，『大島代官記』を挙げることができる。この『大島代官記』慶応元（1865）年の条目には[28]，

　　一　慶応元丑年白糖製機械四組當島へ御取建相成賦ニテ，英人ワートルス並マキムタイラ両人御雇入，御用人松岡十太夫殿並御役方七人英通事上野敬介殿外ニ諸職人串木野夫迄都合百貳拾人余被差下，名瀬方へ英館壹軒夫居住木屋等取仕立相成，同所へ一機械御取建ニ付相成候，同所機械御成就同冬ヨリ白糖上品ニ製法相成候，……

とあって，同年中に「英人ワートルス並マキムタイラ」を雇い入れ，上野敬介（景範）に加え，「御用人」松岡十太夫（政人）ほか職人計 120 名が奄美へ下島したことがわかる。4 つの工場のうち最初に着手されたのは名瀬方金久（現在の奄美市名瀬金久町）の工場といい，ここへ機械を据え付け，「英館」と呼ばれる建物を作り，同じ年の冬より製造を開始した。工場の完成も慶応元年冬を大きく遡るものではないだろう。

　では，工場の着工はいつだろうか。ここで調べてみたい。工事を開始したのは慶応元（1865）年中なので，着工は慶応元年 1 月以降である。また，操業を開始した慶応元年の冬，すなわち工場の完成した時期について，年始の 1 月や 2 月では工事期間が 1 ヶ月や 2 ヶ月となり短すぎる。したがって，工場の完成は年末の 11 月や 12 月と考えられる。そこで他の史料に目を向けると，堀勇良が紹介したように，薩摩藩の英通事上野景範は「ウオートルス」の通弁として奄美大島白糖製造工場を担当し，慶応元年 3 月に製糖機械購入のために長崎へ出張している[29]。在長崎の外国商人を訪ねたのであろう。また，地元の間切横目（大島代官に準じる役職）である慶邦武が記した『慶家文書』は，この工場の工事に 9 ヶ月を要したとする[30]。したがって，金久工場の着工時期は，上野が洋式機械購入をなした直後，すなわち慶応元年の 3 月から 4 月頃と逆算される。

　さて，金久工場に続けて，『大島代官記』は[31]，

　　……夫ヨリ西方久慈村・宇検方須古村・龍郷方瀬花留部村へ都合四組同三卯年迄相済，同六月相良殿御初上國被成候，西方へ御取立ノ機械ハ阿蘭陀製，外三組ハ英國製ニテ候，尤ワー

トルスニハ機械取仕立方，マキンタイラニハ白糖製造人ニテ候，右御取建ニ付キテハ過労の
夫立ニテ島中苦労イタシ候，

という。製糖工場は奄美大島内の久慈（現在の瀬戸内町久慈），須古（宇検村須古），瀬留（龍郷町
瀬留）にも建設され，慶応3（1867）年までに完成した。4つの製糖工場の建設は，藩庁の指揮
下，島中の労働力を動員した大変な事業だった。なお，須古や久慈の現場へは，慶応2（1866）
年11月から翌年1月までの間に鹿児島から持ち込んだ石材や機械を運び入れたという[32]。

　また『大島代官記』は，工場の建設時期に加えて，製糖工場に配備された機械は1組がオラ
ンダ製，他3組がイギリス製，また，ワートルスは「機械取仕立方」，マキムタイラは「白糖製
造人」という。先学も指摘してきたように，ワートルスはT. J. ウォートルスが比定され，マキ
ムタイラはマッキンタイラーと呼称するのであろう。白糖製造工場を完成させたウォートルス
は，慶応3（1867）年6月に上野とともに鹿児島へ帰還しているので[33]，3つの工場は慶応3年
の前半には一応竣工したと考えられる。なお，『白糖の製造』は輸入された機械の価格を3組は
各3万円，1組は6万円，建築を含めた総経費を20万円とする。『大島代官記』の記述と対応
させるとイギリス製が3万円，オランダ製が6万円と比定される。

　ところで，この奄美大島の製糖工場の設立にあたり注目されることは，グラバー商会の関与
である。『大島代官記』の異本である『大島代官記書抜』には，

　　名瀬方に白糖製法後取建相成候ニ付下島，金久浜濱かね久に白糖製造場立造
　　　英人白糖機械掛　　ヲートるレ
　　　白糖製造人　　　　マギンたイラ
　　　詰合人　　　　　　ガラバ

とあり[34]，白糖製造工場建設にあたった2人のお雇い外国人と同時に，「詰合人」という職名で
グラバーの存在を確かめうる。これに，五代友厚の建白書の経緯や製糖機械を購入した長崎と
いう場所を勘案すると，同工場の設立にグラバー商会の協力を推定することができる。実際，
薩摩藩側の推進者であった五代友厚は，金久の工場が慶応元（1865）年末頃に完成した後，上
海にあり，町田久成へ製糖工場の完成を報告，グラバー商会のR. ホーム，F. グルーム（Francis
Groom）と祝杯をあげ喜んだという[35]。

　さて，慶応3（1867）年までに完成操業した奄美大島4ヶ所の製糖工場であったが，その運
営は多難であった。同年8月には早速，時化と洪水のために工場が破損し，機械の傷みが報告
されるのだが，金久工場は冬より生産を再開した[36]。ところが翌年7月にも機械の修繕をおこ
なった[37]。明治3（1870）年の夏から秋にかけて5回の台風と洪水があり，製糖機械や板壁の倉
庫が大破し，この後，工場が再建されなかったようである[38]。工場の廃止後，残された機械は
島外に持ち出されており，その際には長崎の「グレブル商会」が関与している[39]。

３．Ｔ.Ｊ. ウォートルス関与の意義

すでに確認したように，この製糖工場の建築技術者としてウォートルスの名前をあげること
ができる。『大島代官記』には「ワートルス」，『大島代官記書抜』には「ヲートるレ」とある。
また，『白糖の製造』には「総監督オートルス」（須古），「機械技師ワートルス」（金久），「機械
技師オートルス」（瀬留），「建築技師オート，ルース」（久慈）とあり[40]，E. サトウ（Ernest Satow）
の 1867 年 1 月 2 日（慶応 2 年 11 月 27 日）の日記には「ウォートルスは琉球で製糖工場を建設
している技術者の名である」と記す[41]。このように複数の異なる文献にウォートルスの名前が
記されていることから製糖工場はウォートルスの監督下で建設されたことが明確といえる。

奄美大島でのウォートルスの役割は「機械取仕立方」（大島代官記）や「白糖製造機械掛」（大
島代官記書抜）といった職名から機械関係の仕事に従事していたことがわかる。同行していた
マッキンタイラーは「白糖製造方」（大島代官記）や「白糖製造人」（大島代官記書抜）といい，
白糖製造の専門家であろう。したがって，マッキンタイラーが白糖製造に直接関係する機械操
作や整備を担当し，ウォートルスはボイラー，蒸気機関などを含む機械全般の設置や整備を担
当していたことになる。また，後年の活躍や，「建築技師」（『白糖の製造』の久慈）といった職
名からして建設工事にもウォートルスの関与があったと考えられる。さらに「総監督」（『白糖
の製造』の須古）といった職名や，いずれの文献も，2 人の外国人のうちウォートルスの名前を
先に記すことを考えると，総合的な技術者としての役割がウォートルスにあったものと推察さ
れる[42]。

なお，奄美大島の仕事の後，ウォートルスは大阪に渡り，明治に改元された翌年 11 月には
造幣寮の建設工事が着手されている。『造幣局沿革誌』には「建築の設計監督については英商ガ
ラバの推薦により英人ウォートルスを雇聘して之に一任せり」とあり[43]，ウォートルスの採用
にあたってグラバーの推薦があったことがわかる。一方の日本側で交渉にあたったのはグラ
バーと旧知の仲である五代友厚であり，ウォートルスと共に奄美に渡った上野景範はその後，
機械類購入のために香港に渡っている。先学からすでに指摘されている通り[44]，造幣寮の計画
が旧薩摩藩士とグラバーのパイプの上に成立したことを認めうる。

明治元（1868）年にはグラバー商会に所属していたこと，製糖工場建設の背景にグラバーの
活躍があったことから，造幣寮同様，奄美大島製糖工場に関しても薩摩藩とグラバーの結び付
きのもとにウォートルスの雇用が成立したものと考えられる。

４．奄美大島製糖工場の設立・経営とグラバー商会

先行研究の成果や国内の資料を調べた結果，奄美大島製糖工場の企画には，グラバー商会の
存在があり，洋式製糖機械と技術者の供給に関与することを推察しえた。そこで，グラバー商
会の商活動を知ることのできる JM 商会文書を参照しつつ，その事情を詳らかにし，イギリス
人商人の参加の意図を考察してみたい。

JM 商会文書のうち，奄美大島製糖工場についての記述は 1865 年 9 月 12 日（慶応元年 7 月 23

日）が初見で，ジャーディン・マセソン商会（Jardine, Matheson & Co., 以下，JM 商会）の上海店は長崎のグラバー商会へ，フィリピンのマニラに製糖機械があり，長崎で売却可能かどうか照会している。過去に長崎から製糖機械について照会があったという[45]。しかし，本件はすでに終了しており，グラバー商会はすでに別の製糖機械を現地人の友人（Native friends）へ売却していて，マニラの製糖機械は販売されることはなかった[46]。本件に先立つ 3 月に上野景範が長崎で製糖機械を求めたことを考慮すると，この製糖機械の顧客が薩摩藩であったことは想像に難くない。

　このように製糖機械や技術者はグラバー商会の手によって用意され，白糖製造工場の建設は進むのだが，1866 年 7 月 2 日（慶応 2 年 5 月 20 日）に長崎にいたグラバーは JM 商会香港本店の W. ケズィックに対し，奄美製の砂糖を上海へ輸出した旨を報告している[47]。

　琉球属島の一つ大島に，先般グルーム氏に対し貴殿が報告されたサンプルとよく似た砂糖が 1,500 ピクルございます。1 週間前に出航したエリザ・メアリー号にて上海へ発送しましたので，その売上げを JM 商会の薩摩藩勘定へ入れてください。今回の出荷は試みに過ぎず，そちらで良い値段がつくならば，大量の砂糖をお送りできるでしょう。来年には蒸気機関を備えた 4 つの工場が稼働するからです。

この砂糖輸出当時に完成していたのは金久工場だけなので，この 1,500 ピクル（約 90 トン）の砂糖は金久工場製とみられる。結果，同月 5 日にはグラバー商会の手により大島より直接上海へ 1,576 パーセルと 1,692 パッケージの砂糖が輸出されている[48]。この書簡より知ることのできる点をまとめておくと，金久工場製の砂糖は，慶応 2 年夏にグラバー商会によって上海市場へ JM 商会経由で輸出されたこと，今回の輸出は試験的なもので，4 工場完成後は大量の砂糖を定期的に輸出することの 2 つになる。薩摩藩では慶応元年末に北国新潟へ 4,000 挺，慶応 2 年には上方へ砂糖を出荷しているが[49]，グラバー商会を通じて国外へも輸出していた。そして，製糖工場の機械の調達，日本語文献に確認されたグラバー商会の関与や外国人技術者の手配をあわせて考えたとき，奄美大島の 4 つの製糖工場の建設は，高品位の砂糖生産により財源拡充を望む薩摩藩と，東アジア市場への砂糖輸出による利潤を企図するグラバー商会の合同のプロジェクトであったとみなされるのである[50]。

　奄美大島より出荷を受けた上海側ではいかに展開したであろうか。奄美製の砂糖は 7 月 20 日（6 月 9 日）までに上海へ到着したらしい[51]。砂糖は最高品位の 1 番から順に 2 番，3 番と 3 種類が用意され，1 番と 2 番は好ましいが乾燥が不十分と評され，3 番は好まれなかった。JM 商会によると長江上流の市場のほうが良い価格を得られるといい，試みに九江と鎮江へ転送するという。なお，一部の砂糖は桶（tub）に詰めて輸出されたが，この方法では受け入れられないので，袋に再梱包して出荷した[52]。結果，JM 商会が伝えた通り，奄美の砂糖は九江と鎮江で販売され，8 月 9 日にその量と単価をグラバー商会へ伝えている[53]。1 番は九江において 124 バッグ

売上げ，2番350バッグ，3番200バッグ，鎮江では2番と3番のみで，それぞれ100バッグと85バッグであった。エリザ・メアリー号で出荷した砂糖は1866（慶応2）年12月までにはすべて売却を終えている。この年以降，奄美大島では3つの工場が加わり，4つの機械式製糖工場が稼働を開始するのだが，JM商会文書を通覧する限り，当初の予定に反して，定期的な奄美からの砂糖納入は確認することができない。

　このように奄美大島製糖工場をめぐる薩摩藩とグラバー商会との結びつきは非常に密着したものだったが，一方で薩摩藩内には外国人商人との癒着に懐疑的な声も存在した。すでに元治元（1864）年3月，五代の建白書と時をほぼ同じくして，大島吉之助が南西諸島の砂糖生産へ外国人が手を着けることへの疑意を上申し[54]，慶応元（1865）年7月にも，グラバーから薩摩への大量の融資，琉球進出を憂慮する声があがっている[55]。次章に述べる鹿児島紡績所において，同じ五代たちが事業の先端に立ちながら，グラバーの関与は限定的で，モンブランのような他の外国人商人とも契約を結んでいたことを考えたとき，上述の藩内の反対意見は，五代，上野等，グラバーとの共同を推進する人々へも少なからず影響を与えたものと思われる。

　ここまで，奄美大島製糖工場の建設年，技術者の関与を明確にしつつ，グラバー商会の関与という視点から工場建設の経緯とその顛末をたどってきた。4つの機械式製糖工場の建設には，グラバー商会の技術面にかかる支援とともに，経営面においても東アジア市場への砂糖輸出を企図する同商会の積極的な関与を確かめることができる。一方で，グラバーとの急接近を憂慮する声も薩摩藩内には存在した。また，操業を開始した次の年から自然災害による一時的な操業停止や，その結果であろう，期待されていた砂糖の輸出が継続できなかったという不安定な面も確かめえた。次節以下では，このような歴史的背景を持つ奄美大島製糖工場が具体的にいかなる設備や性能を有していたのか，建築史的な視点から復元的に考察しつつ，その能力を検証してみたい。

第2節　奄美大島製糖工場の復元的考察

1.『白糖の製造』が伝える奄美大島製糖工場の実態

　前節では歴史的経緯を辿りながら，奄美大島製糖工場の建設にグラバー商会の活躍があったことを考察した。彼らにとってこの工場がどのような役割を持っていたか検証するためには，建築実態の把握が不可欠である。しかしながら幕末期の産業施設はその実態が未だ曖昧なものも多い。資料的な限界も認めざるをえないが，多少大胆な推測も交えつつ，設備や操業状態について考慮しながら考察する。

　奄美大島製糖工場の復元を行うにあたって，まず『白糖の製造』の内容を掲出し，これを基本史料とした。次に，当時イギリスで使用されていた砂糖製造の手引書に掲載されているモデル工場を取り上げ，内容をまとめる。そして両者を比較考察する。これによって『白糖の製造』

の内容から復元図を作成した。ただし，復元図の作成が目的ではなく，比較考察することが本節の主眼である。タイトルを「復元」とはせずに「復元的考察」としたこともこの理由による。また，各部の寸法を決定するにあたっては現存する煉瓦の大きさや旧集成館機械工場（慶応元年完成）の寸法を補完資料として用いた。

『白糖の製造』には4ヶ所の工場について経営・労務，建物，技術者，設備機械などの項目がそれぞれ記されている。その前書きには

> 今日此事［製糖工場のこと：筆者註］が僅かに数行の記録と，垣根に積まるる COWEN, STEPHENSON の刻字ある煉瓦に依り，其当時を彷彿するに過ぎぬ状態である。さらば今に於て，極力資料を収集し，補追するに非ざれば，遂に事實の煙滅するを恐れ，其土地の老齢者につき辿れる記憶に據り，其当時の實情を聴取し，以て糖業史の一端を補足することゝした。

とあり，聞取りに基づく文献であることがわかる。しかし，複数の人物から聴取するので，ある程度の信憑性もあり，内容も多岐におよぶ。『大島代官記』などの記録しかない現在においては貴重な史料である[56]。以下，『白糖の製造』の内容を工場建物・施設関係，技術者・労務関係，設備機械関係の項目に分けて整理する。

工場建物に関しては規模や材料，煙突，附属建物についてそれぞれ箇条書きで記されている。そのうち規模に関する記述の信憑性を検証するために，製糖方法とそれに必要な機械の大きさ，台数を確認し，海外の製糖手引書に描かれた工場と比較を行う。工場建物の材料や規模については須古と久慈の工場が充実している（表2-1）。一方，白糖の製法や機械類については須古と金久の工場が充実している（表2-3）。そこで，須古の工場に関する記述を主体に，他の工場の記述を考慮しながら，復元を進めていきたい。須古の工場における白糖の製造方法は以下のようにある。

一，煎煉方法（圧搾より製糖仕上迄）
圧搾場に運搬されたる蔗莖を二人の人夫が結解き圧搾機に投込搾出せられたる蔗汁を「樋」にて角鍋二個中の（角鍋を「バッテラ」と稱す）内「バッテラ」に導き石灰を加用し汚物を掬ひ取り之にて沈殿せしめ之より外「バッテラ」に移し此處にて煮詰更に上部に「バキユムパン」と稱する真鍮製の丸い高い鍋に移し之にて取上加減をなし之より下方の地上に据付たる「ジーカキバン」と稱する角鍋に移し冷却せしめて後フリ車に移し蜜分を分離なせりと云ふ（フリ車三箇）（註「フリ車」とは分蜜機のことならん）

この記述から白糖の製法は圧搾，清浄，加熱，集中（濃縮），冷却，分蜜という段階を踏んでおこなわれ，それぞれ圧搾機，バッテラ，バキユムパン，ジーカキバン，フリ車（分蜜機）とい

58

表 2-1 『白糖の製造』の内容（工場建物・施設関係）

所在	建設年	建築規模	材料・屋根	外人技師住居	その他の工場施設	工場用水
須古	自慶応元年丑年至慶応二年寅年二ヶ年間	間口三十間・奥行一〇間・高さ一丈五尺位平屋建	屋根はトタン葺，壁は煉瓦を使用	須古字の稲圍と云う人の屋敷を借受	製品倉庫は別棟平屋建にして屋根は普通の黒瓦を使用，煙突数一本，煉瓦で築き高さ百尺位，下部内經九尺角位，上部内經三尺角位	上の河川を二ヶ所に井框をなし約三百間の水路を通し用水場に煉瓦にて貯水池を築き之に貯水せり（約四坪深さ一丈）
金久	自慶応元年至仝二年	高層なる建物にして坪数等は不明	板壁亜鉛葺	現在の蘭館に瓦葺白ペンキ塗の宏壮なる建物を建設せり	煙突数二本（内蒸發汽鑵用の一本は殊に高かりしと云う）	井根川及腰又川より水路に依り引水し工場附近に貯水池を設け使用せり
久慈	自慶応二年至慶応三年	平屋と二階立とよりなり土台は煉瓦を以て左記の通り屋根＝トタン葺（波型トタンにて厚さ三分位断片は今尚あり），平屋の奥行＝五〇間，平屋の間口＝一五間，二階の奥行＝一六間，二階の間口＝五間，使用木材＝浦松		技師＝個人宅，其の他役員＝下宿しゐたるものゝ如し	煙突数七本，内一本……煉瓦造りにて　根元二間角位　先端二尺角　長さ二〇間，六本……根元五尺　先端一尺　一〇間	簡単なる樋仕掛けの水導を用ひたり
瀬留	自慶応二年至仝三年	（記載なし）	屋根　波型トタン／壁　板壁／柱，桁類　木材／土間　石敷	（記載なし）	煙突数一本　根元六尺位　高不明（途中にて破損し積直せり）	不明

表 2-2 『白糖の製造』の内容（技術者・労務関係）

所在	外国人技師	役人	廃止年度	職員関係	作業人夫	日給	勤務時間	通訳	聴取者
須古	外國人「オートロス」（總監督）「マツキンタヒラ」	宮原清助，他8名	明治二年（製造は元年迄）	機関者頭宮静，他12名	蔗莖挿入二人　蔗莖運搬一〇人　搾殻片付一〇人　火炊六人　薪運搬六人　内バッテリ二人　外バッテリ二人　バキュムパン二人　フリ車六人　荷造二〇人　蒸氣係二人	職員　玄米5合／人夫無給	圧搾は未明より夕刻まで，製糖は昼夜兼行（午前一時に始まり，正午交代）	上野敬助（40才位）	薪米儀志（85才），重高徳（80才），マリ（88才）
金久	機械技師「ワートルス」，製糖技師「マキムタイラ」	7名	明治元年	熟練工夫（郡外人）数十名，其他本島人を使役	甘蔗運搬八人　圧搾二人　搾殻運搬十人　薪運搬及火焚六人　分蜜三人　其他は不明	（記載無し）	圧搾は午前中，煎練は午後八時頃終われり	一名（長崎の人）	藤崎佐榮富（88才），上原ゲン子（82才）
久慈	建築技師　オート，ルース　製糖技師　マキン，タイラ	（記載無し）	明治四年	記載無し（大工　神田清福，池好富，其の他鹿児島より五〇人来れり）	火夫四人　圧搾掛六人　バカス運搬八人　機関士四人　不純物取り一人　煎練夫三人　斤量係五人　小使一五人	（記載無し）	製糖作業時間九時間	山儀志里他5名	勝實治（91才），昇清宜美（84才），西能庸（81才），引削イマ子（84才）
瀬留	機械技師　オートルス（三五才位），製糖技師　マキンタイラ（四五才位）	（記載無し）	不明，白糖は一ヶ年で中止	（記載無し）	夫役を徴発，具体的人数は不明	（記載無し）	圧搾は午前中，製糖は夕暮迄	坂本興一（鹿児島の人）	大山榮吉（82才）

第 2 章 奄美大島製糖工場

表 2-3 『白糖の製造』の内容（機械設備関係）

所在	圧搾機械	原動力	蒸発鍋・沈殿槽	結晶缶	分蜜機	1 日あたり製糖高
須古	一箇 三本ローラ，圍り 六尺位，幅 四尺位	蒸汽力にして汽鑵数 六箇（圧搾用 二箇，製糖用 四箇）	鍋は鋼鉄製の縦三間横三間深さ三尺五寸位の角鍋を二箇備付一方は石灰加用並沈殿槽に使用し一方を蒸発用に使用せるものゝ如し	バキユムパン	フリ車三箇	不明，製品は十斤の樽詰にして輸送
金久	模型三轉子一臺とす	蒸汽力にして汽鑵数は蒸発用として三組，圧搾機運轉用として一組備え付けり	数個の「タンク」（沈殿「タンク」の有無判明せず），板付舟のごとき長大な「タンク」（蒸気を通せる「パイプ」を配列せり）	真空結晶缶（バキユムパン）ポンプを以て押上げる	圓心分蜜機	不明
久慈	一個	動力の種類…蒸汽力，汽鑵の数…七個	蒸発鍋の構造 七，八石入の丸鍋十二／長鍋三（鉄製にて巾四尺長さ三間），取上 二階にありし由なるも詳細ならず／沈殿槽の構造 詳細判明せず	（記載無し）	（記載無し）	約三十二挺
瀬留	模型三轉子一組（長六尺位，徑二尺五寸位）	蒸氣力 汽鑵数 不明	不明	不明	不明	不明

う機械が使用されていたことが分かる。なお，金久の工場ではバキユムパンに移す前に蒸気を通すパイプを備えた長大なタンクに汚物を除去しつつ煮沸していたという。また，バキユムパンへはポンプをもって押上げたとある。

　須古の工場の生産量に記載がないが，久慈の工場では 1 日 32 挺の白糖を製造し，1 日 7 万斤の甘蔗を圧搾したという。ここで，挺という単位は樽の数をさすもののようだが[57]，1 挺あたりの量は不明である。そこで別の資料に目を向けると，明治 2（1869）年に鹿児島藩が藩内の産物の産量，価格等を整理した表には，砂糖の産量の項に「一挺百二十斤餘入」とあるので[58]，32 挺×120 斤＝ 3,840 斤，すなわち日産約 2.3 トンだったことになる[59]。

　なお，ここに見える製糖機械について注記しておくと，「バキユムパン」は真空結晶缶（バキユムパン（Vacuum pan））と呼ばれ，内部の圧力を人工的に調整した容器の中で黍汁を結晶化させるもので，E. C. ハワード（Edward Charles Howard）が原型となる特許を 1813 年に取得し，ウィーンの精製糖工場で使用された。分蜜機は金久工場で「圓心分蜜機」と呼んでおり，バスケットを回転させ，糖密を分離する遠心分蜜機（Centrifugal）であろう。1850 年代に製糖用の金属製分蜜機が用いられるようになった。金属製水平 3 本ローラーの圧搾機は 1794 年，イギリスの車軸メーカーの J. コリン（John Collinge）がはじめて製造している。なお，製糖技術の近代化としてバキユムパンと遠心分蜜機の登場は画期をなすとされる[60]。

２．19 世紀の技術英書等にみる製糖工場

　ここでは，『白糖の製造』の記載内容と比較し，工場建物の形状，設備機械のレイアウトの事例を得るために，19 世紀後半を中心にイギリスで発行された製糖技術書を参照する。

　まず，1888 年に発行された『シュガー（SUGAR）』は副題に「農園主と製糖家のための手引書

（A handbook for planters and refiners）」とあるように，奄美大島で白糖製造が試みられた当時から23年後に上梓された製糖に関する手引書である[61]。本文中には植民地政策としての製糖業についての記述があり，さらに，明治35（1902）年1月に操業を開始した臺灣製糖会社の橋仔頭工場の建設にあたってこの書物が参照されるなど[62]，東アジアにおける製糖工場を理解する上で重要な資料である。

同書には5つの工場の図面が掲載され，「砂糖工場の配置計画（Arrangement of Sugar Factory）」という題名の工場図面（図2-2）は，副題から1日2トンの砂糖生産が可能であることがわかる。スケールが記されていないが，圧搾機の大きさから工場の規模は桁行約95.4ft（29.1m），梁間約27.7ft（8.4m），軒高約22.2ft（6.7m）と推定しうる[63]。この工場ではまず蒸気機関が付いた3本ローラーの圧搾機（Cane mill）[64]に砂糖黍を投入し，円筒形の濾過器（Clarifier）が2台，角型の沈殿槽（Clear juice subsider tank）が4台と複数のタンクを使って石灰混入などの清浄をおこなっていた。そして円形の蒸発器（Evaporator）で加熱，蒸発させた後に，ウェッツェルパン（Wetzel pan）で濃縮させ，遠心分蜜機（Centrifugal）で結晶と糖蜜を分離し，白糖を製造していた。蒸気機関は圧搾機に1台，ウェッツェルパンと遠心分蜜機用に1台設置され，両者に動力を供給していた。建物の背面にはボイラーと煙突が立つ。図面の表現からみて建物の外壁は煉瓦造と推定され，小屋組は木造のキングポストトラスで換気用の越屋根がついていたことが分かる。また清浄の工程では，床面より高い場所に上下2段のステージを作り，タンクの設置高さを変えて順に上から下へとシロップを送っていたことがわかる。

イギリス，ノッティンガムのメーカー，マンロブ・アリオット社（Manlove & Alliott）が設計

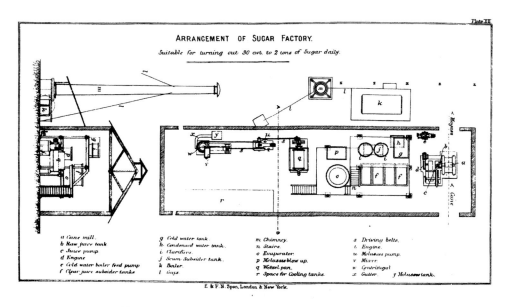

図2-2 『シュガー』に掲載された工場図面 'Arrangement of Sugar Factory'
(Source: C. G. W. Lock, B. E. R. Newland and J. A. R. Newland, *Sugar: a Handbook for Planters and Refiners*, London: E.&F. N. Spon, 1888.)

第 2 章　奄美大島製糖工場

した「完成した製糖工場（Complete Cane-sugar Factory）」では，切妻造の細長い建物に左端に圧搾機，離れた別棟にボイラーが置かれ，建物の端にある 2 台の圧搾機からコンベアで運ばれた搾殻を燃料に利用する（図 2-3）。この工場は当時最高の設備を持っていたという。各種のタンクは鉄骨で作られたステージの上に置かれ，バキュムパンが 2 台，その下に遠心分蜜機がおかれていた。圧搾機と反対端と側下屋には冷却用のタンクが並んでいる。工場建物は鉄骨造で本体部の梁間 3 スパン，桁行 24 スパン，圧搾機の大きさと比べた規模は約 22ft×128ft（6.6m×38.4m），軒高 19ft（5.8m）ほど，両側の下屋幅約 10ft（3.0m），上に越屋根を載せ，壁や屋根は波板鉄板でおおわれている。

『シュガー』からとった 2 つの工場に共通する点をまとめておくと，規模の大小の差はあるものの，工場建物は細長い切妻造で，必要に応じ，側下屋や別棟が附属し，煙突を立てる。細長い平面のどちらか一方の端に圧搾機を置き，反対側に遠心分蜜機を置いて，ちょうど建物の端から端へと作業工程がほぼ直線上に流れるように機械を配置している。また，バキュムパンや各種のタンク等は床上に高さを変えてつくったステージ上に置くことも共通する。このため，平屋建ながら軒高が 5m 超とやや高いように思われる。

奄美の金久工場が着工される 2 年前の 1863 年に発行された N. P. バー（Nicholas Procter Burgh）の著作は製糖機械の大判のプレートとその解説とともに，植民地に建てる製糖工場と本国に建設する精製糖工場の平面，断面図の事例も紹介する[65]。ここで描かれた工場の形態は『シュ

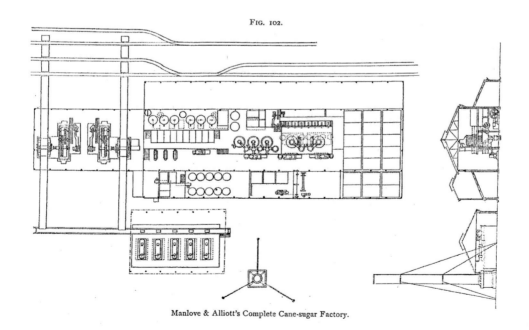

図 2-3　『シュガー』に掲載された工場図面 'Complete Cane-sugar Factory'
(Source: C. G. W. Lock, B. E. R. Newland and J. A. R. Newland, *Sugar: a Handbook for Planters and Refiners*, London: E.&F. N. Spon, 1888.)

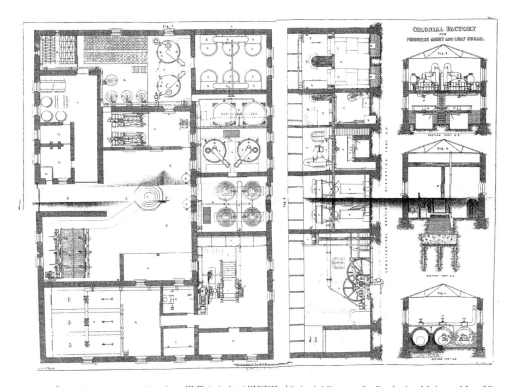

図 2-4 『シュガー・マシナリー』に掲載された工場図面 'Colonial Factory for Producing Moist and Loaf Sugar'
(Source: N. P. Burgh, *A Treatise on Sugar Machinery: including the process of producing sugar from the cane, refining moist and loaf sugar, home and colonial*, London: E.& F. N. Spon, 1863.)

ガー』掲載の図面と異なっている。すなわち，煙突の置かれた中庭を囲む平面形で，ボイラー，圧搾機，タンク，バキュムパンや遠心分密機が口字型に並ぶ（図2-4）。タンクやバキュムパンは上下2層になったステージ上に置かれている。工場建物の規模は間口123ft，奥行83ft，圧搾機やバキュムパンの入った棟の梁間29ft，軒高23.8ft，外壁，間仕切壁とも煉瓦造で，その上に鉄骨製の屋根をかける。一見するとこの工場の平面形状は先の2例と異なるが，製糖機械が工程に沿って連続した線上に並ぶという規則は踏襲されている。このような製糖機械の配置についてバーは，最良の工場の平面形は建物の端部に圧搾機が置かれ，もう一方の端の保管場所まで一連に並ぶものとする[66]。甘蔗は伐採後，すぐに品質が変化する[67]。それゆえ，速やかな加工を行える機械のレイアウトとそれを収めうる工場の平面形ができたことが理解される。

ところで，『シュガー』掲載の図面を基にした臺灣製糖会社橋仔頭工場の平面形状も切妻造の細長い建物の端に圧搾機を置き，製糖機械が一列に並んだものであった[68]。実のところ，このような切妻屋根をかけた細長い形状の製糖工場は19世紀後期から20世紀初期の世界各地の植民地に確認することができる。奄美の工場から時代が下がるが，『シュガー』の第2版など，1900年代に発行された技術書が紹介するモデル工場をはじめ[69]，アフリカの英領ナタールにあったティンレイ・マナー工場や（Tinley Manor，図2-5），南米ギアナの英領デメララの製糖工

第 2 章　奄美大島製糖工場

図 2-5　英領ナタール　ティンレイ・マナーの製糖工場
(Source: H. C. Prinsen Geerligs, *The World's Cane Sugar Industry: Past and Present*, Altrincham (Manchester): Norman Rodger, 1912.)

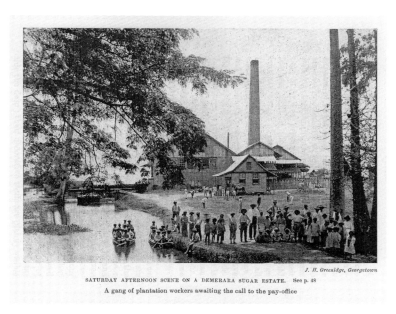

図 2-6　英領デメララの製糖工場
(Source: E. A. Browne, *Great World Industries: Sugar, Tea, Vegetable Oils*, London: A & C Black, 1927.)

場（図 2-6）は煉瓦造平屋建，切妻造の屋根をかけ，越屋根をのせる。側下屋をのばし，側面に煙突がある。ジャワのンジェロム・ミル（Ngelom Mill）は切妻造 3 棟を並べ，中央部は幅が大きい。桁行は長く，側面中央に事務室を兼ねたらしい玄関がみえ，反対の側面に煙突を立てて

いる[70]。細長い平屋建ての工場建物に，端から端へと工程に沿って線上に製糖機械を配置し，ボイラーや倉庫等を収めた側下屋や別棟を附属した工場の形態は植民地の製糖工場として広くみられる姿であったと考察される。

3．比較考察と復元

以上のような海外の製糖工場の形態的な特性を踏まえつつ，奄美大島の製糖工場をみてみたい。『白糖の製造』に記載された工場のうち，須古の工場の仕様は，『シュガー』に掲載された日産2トンの小規模な工場と比較的近いように思われる。ちなみに，五代友厚の建白書にあった製糖工場は日産3トンの計画だった。須古工場の建築規模は梁間10間，桁行30間なので，1間を1.8mとすると18m×54m，圧搾機をはじめとする機械の台数も比較的近く，これを比較対象とし，復元的考察をする。

まず，3本ローラー圧搾機1台は共通しているものの，清浄に至ると，タンクの数が大きく異なっている。『シュガー』に掲載された図面では7種類のタンクが3段の異なる高さに設置されている。これに対して須古の工場では上下のバッテラ2つ，金久では数個のタンク及び，長大なタンクという記述がある。金久の数個のタンクは須古の上下のバッテラに対応するもののようである[71]。すなわち，『白糖の記述』によれば，上バッテラ，下バッテラ，長大なタンクの3種がこの順に置かれていたことになる。

また，『シュガー』の工場では石灰を加えるタンクは一番高い位置にあり，『白糖の製造』では上下のバッテラという表現から，2つのバッテラは異なる高さに置かれていたと考えうる。

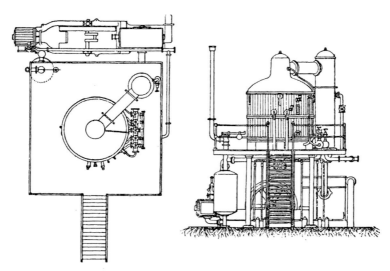

FIG. 66.—MANLOVE'S VERTICAL VACUUM PAN.

図2-7 『シュガー』に掲載されたバキュムパン

(Source: C. G. W. Lock, B. E. R. Newland and J. A. R. Newland, *Sugar: a Handbook for Planters and Refiners*, London: E.&F. N. Spon, 1888.)

第 2 章　奄美大島製糖工場

ただし，奄美の場合，1 個あたりのバッテラの大きさは『シュガー』に記された一用途のタンク数個分に相当し，容量は少なくないが個数についてはっきりしない。奄美の砂糖の製品は「やや黄味を帯ぶ」とあり（『白糖の製造』），未だ精製が十分でなかったらしい。須古の場合，種類が少なく，タンクの個数が少ないことが原因かもしれない。したがってここでは『白糖の製造』に記されているタンクが各 1 台設置されていたものとした。

これら浄化されたシロップは濃度を高め，結晶を析出するバキュムパンに投入される。『シュガー』の工場ではバキュムパンではなく，ウィッツェルパンが使用されているが，ほぼ同様の装置である。先にみたように，バキュムパンは床面よりも高い位置につくられたステージ上に設置され（図 2-7），『白糖の製造』の製造工程に関する記述から須古の工場においてバキュムパンが高い位置にあったということと矛盾しない[72]。

バキュムパンから出てきた濃縮シロップはジーカキバンという鍋で冷却されたというが，『シュガー』では記されていない。この後，蜜分と結晶を分離する遠心分蜜機は『シュガー』では 1 台記され，須古ではフリ車と呼ばれる装置が 3 台設置されていたという。

また蒸気機関については「汽鑵」（ボイラー）の個数は記されるが，機関数が汽鑵数と対応するかどうか判然としない。蒸気機関を必要とする機械が圧搾機，バキュムパン，分蜜機の 3 つであったことは『シュガー』などから理解できるので，ここではそれぞれ 1 台蒸気機関を備えていたものとした。

個々のタンクの大きさは『白糖の製造』に記されている寸法を採用し，大きさが記されていない機械は『シュガー』より圧搾機の大きさと比較しておよその大きさを算定した[73]。なお，バキュムパンはこの工場では使用されていないため，バキュムパンを装備した他の工場図面（Aba-ef-wakf Factory）より直径約 3m，床面より高さ約 6m と算定した[74]。

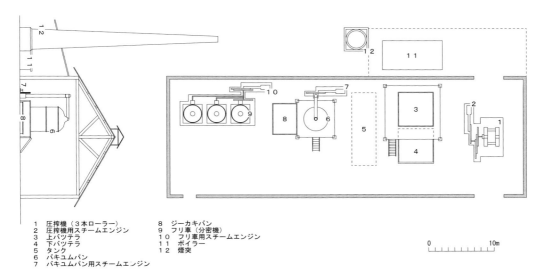

1　圧搾機（3 本ローラー）　　8　ジーカキバン
2　圧搾機用スチームエンジン　9　フリ車（分密機）
3　上バッテラ　　　　　　　10　フリ車用スチームエンジン
4　下バッテラ　　　　　　　11　ボイラー
5　タンク　　　　　　　　　12　煙突
6　バキュムパン
7　バキュムパン用スチームエンジン

図 2-8　須古の工場復元図（筆者作成）

以上の作業より，須古の機械の大きさと台数を押さえ，配列してみた（図2-8）。なお，これらの台数を設置する限りは30間×10間という大きさに収まったものの，高さ1丈5尺（4.55m）という記述通りでは，高さ約6mのバキュムパンが収まらない。同年代に完成した集成館機械工場は平屋建てで4.5mの壁高があり[75]，久慈の工場では2階建て，金久の工場では高層なる建物であったという。そこで，ここでは試みにバキュムパンを収めて不都合がなく，集成館機械工場の壁高の2倍にあたる高さ9mとした[76]。また壁厚については発掘した赤煉瓦の大きさ245×123×60mmより，2枚積み，縦目地幅9mmとして壁厚＝245×2＋9＝499mmとした。小屋組についてはすでに集成館機械工場が力学的に不十分ながらもキングポストトラスを採用しており，ウォートルスの関与を考慮すると，海外の事例と同様に，トラスを採用したものと考えた。

　なお，奄美大島4つの製糖工場のうち，ここでは，資料に恵まれ，規模や設備も最も充実していたと考えられる須古の工場のみを復元的に考察した。『白糖の製造』には，須古の工場では壁は煉瓦造，屋根はトタン葺きとあったが，他の工場では板壁亜鉛葺（金久），土台煉瓦造（久慈），板壁トタン波板葺（瀬留）など，煉瓦は腰壁のみで，木造板壁とした建物もあったようである。

４．労働者数の比較

　『シュガー』では生産技術に関わる記述ばかりでなく，必要人員やそれに関わるコストについて標準的な数値も記されている。それによると，工程上，29種の業務に84人の労働者数が示されている。この中には技術者のような高度な専門職員もいれば，補助員や小使なども含まれている。

　『白糖の製造』には機関者の氏名と夫役の人数が記されている。須古の工場では機関者頭1名の下に12名の機関者と58人の夫役がいた。その業務内容を観察すると，黍運搬には10人，薪運搬6人，荷造20人と直接生産に関わる箇所ではなく，そのバックヤードに多くの人数を割いている。生産設備に関わる労働者は半数に満たない。一方の『シュガー』では黍の運搬は列車を使用し，その運転手1人と荷解役，選別役それぞれ2人の計5名で事足りている。その他の黍殻処理，建物清掃といったバックヤードに関わる職員は20人で，これ以外の残り59人は生産設備に何らかの形でかかわっていた。

５．奄美大島白糖製造工場の技術的性能と役割

　最後に，以上の復元的考察の過程で得られた知見を改めて整理し，『シュガー』掲載の工場と奄美大島製糖工場の相違点を確認してみよう。なお，『シュガー』掲載の工場は奄美の工場よりも時代が下るため，簡単に相違点を列挙することは，厳密にいえば難点がある。しかし，先に見たように細長い工場建物の形状，線的な機械の配列など，『シュガー』に掲載された工場の姿は，19世紀後期から20世紀初頭の世界各地の製糖工場の形式と大きく異なるものではなかっ

た点も注記しておきたい。

　奄美大島製糖工場は洋式白糖製造工程上，必要な装置である圧搾機，バキユムパン，遠心分蜜機を一通り備えていた。工場建物も煉瓦造で，世界各地にあった近代的製糖工場の姿を整えていたといえよう。しかしながら，細かい部分，例えば，清浄工程でのタンクの種類の少なさや分蜜機が『シュガー』の工場では１台であったのに対し須古では３台設置されていた。分蜜機の性能が低かったのかもしれないし，必要以上の配備だったのかもしれない。また，労働者数を観察した結果，生産設備に携わる人物より運搬や荷造に従事する労働者が多く，運搬は列車を利用し，生産設備に多くの人員を割いた工場との違いを認めることができた。このように，奄美大島の白糖製造工場は近代的製糖工場としての姿を一応整えながらも，その内実は不完全・不安定な性能，運転状況にあったということができる。沿革において確認した，操業停止を繰り返し，数年で廃業するという不安定さもここに関連付けて理解されよう。

　以上検討した技術的性能に，第１節で扱った歴史的経緯を勘案したとき，奄美大島白糖製造工場は，主力産品の高品位化により財政拡充を目指す薩摩藩に，東アジア市場を巻き込んだ砂糖輸出による収益を目指すグラバー商会が技術・経営両面にわたって合同した，実験的，投機的なパイロットプロジェクトとしての性格を考慮すべきであろう。

第３節　４工場の立地環境と遺物の分析

１．４工場の立地と役割

各工場跡地の周辺地形

　４つの工場は明治初期に廃止され，建材は付近の住民が持ち帰って再利用した。現在，須古と久慈の工場跡はみかん畑，金久の工場跡は住宅や事務所，倉庫が建ち，瀬留の工場跡は畑や宅地として利用されており，地上には建物はおろか，基礎の痕跡すらうかがうことは難しい。そこで，現地の古老あるいは地元教育委員会を訪ね，工場跡と伝えられる場所を現在の地図上に記入するという作業を行った。その結果，各工場跡に共通する地理的条件を見出すことができた。ここではこの地理的条件を『白糖の製造』に記された操業状況や施設内容と照合しつつ検討を加えてみたい（図2-9から図2-11）。

　一つ目の条件として海岸に近接した場所に建つ点である。いずれの跡地も徒歩数分ほどで海岸に辿り着く。後年金久の工場跡では海岸の埋立てがおこなわれているので，当時はもっと近かった。この海岸に近い場所に建つことについて，『白糖の製造』には「（搾殻は）海岸に運び堆積放棄せり」（須古），「搾殻は女夫役十名にて海岸に放棄せり」（金久），「よく圧搾され一，二寸くらいの片々に粉砕されたるものにて之は製糖場前の海岸に捨てたるものなり」（久慈）とあり，工場は海岸に近く，圧搾した搾殻を海岸に捨てていたことがわかる。ただし前節までにみたように，海外の製糖工場では搾殻は燃料として再利用するのが一般的であり，奄美大島の各

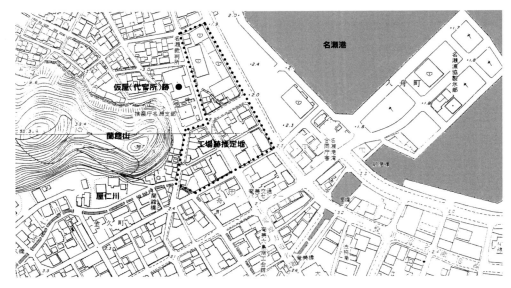

図 2-9　金久の工場跡周辺図
(弓削政己・岩多雅朗他『名瀬のまちいまむかし』(南方新社, 2012 年) の内容をもとに, 奄美市の都市地図を改変の上筆者作成)

工場が計画段階より搾殻廃棄のために海岸寄りに立地していたとは考えにくい。後述するが, 奄美の山がちな地形から, 原料や製品の運搬に海上交通を利用する予定であったのかもしれない。

次に, 背後に小高い山を控える点である。この理由として想定されるのが工場で燃料として使用する薪の採取である。『白糖の製造』には「……部落内ノ神山(ケンモン山)の木を伐採して納入せりと云ふ」(須古) などとあり, 付近の山々より薪を採取している。ただし,「薪の採取は夫役として(……中略……)全島に割当てられ(……中略……)各地より名瀬に入り込み伐採及運搬に当れり」(金久) ともあり, 必ずしも近接した山からのみ薪の採取を行っていたわけではないようである。さらに金久の工場では「数年の伐採により名瀬町付近の山林は禿山に変りしと云ふ」といい, 工場近辺の山のみでの薪採取は量的限界があったことがわかる。

三つ目に, 規模の大小の差はありながらも河川が付近に流れている点である。金久の工場跡は市街地に埋没しているが, 工場跡と推定される場所の南側には「屋仁川」と呼ばれる小河川が流れている[77]。『白糖の製造』には各工場の工場用水についての記述があり, そのうち, 須古の工場では「須古の上の河川を二ヶ所に井框をなし約三百間水路を通し用水場に煉瓦にて貯水池を築き之に貯水せり(約四坪深さ一丈)」とあり, 河川より工場用水を引水していた。他の工場においてもやはり,「樋仕掛け」の水路などを造って引水している。なお, 金久の工場跡の背後にある小高い山は「蘭館山」と呼ばれ, その山頂には「蘭館」と呼ばれた外国人技術者の住居が建っていたというが, 現在では公園となり, その痕跡は全く残っていない。

最後に, 集落に隣接した平坦地に建つという点である。工場では原料, 製品, 燃料の運搬,

第 2 章　奄美大島製糖工場

図 2-10　久慈の工場跡周辺図

図 2-11　須古の工場跡周辺図

図 2-12　瀬留の工場跡周辺図
（図 2-10 から図 2-12 ともに国土地理院発行二千五百分の一
地形図を改変の上筆者作成）

機械操作の補助に近隣の集落より役夫を徴用していた。瀬留の工場での役夫の数は不明ながらも須古の工場では 66 人，金久の工場では 29 人以上，久慈の工場では 46 人と『白糖の製造』にはある。

　このように各工場は工場用水確保における河川の利用，薪の確保，海岸への圧搾殻投棄と周辺地形と密接に関係した操業環境にあったとみられる。だが他方では，燃料として再利用可能な圧搾殻を利用しなかった点やそれと関係する周辺山地からの薪の不足といった点には経営的未熟さを認めることができる。

ところで金久の工場の場合，工場跡推定地の隣地は裁判所や検察庁の敷地となっているが，それは仮屋（大島代官所）の跡地とされる[78]。すなわち，工場があった金久集落は元来より大島における政治的拠点の一つであった。外国人技術者を雇用した新式製糖工場の建設にあたって管理上の理由などから政治的拠点としての金久集落が選定されたものとみられる。他方，金久以外の工場は同じく一時期大島代官所が置かれた赤木名集落（現笠利町）といった拠点的な集落ではなく，須古，久慈，瀬留に建設された。ただしなぜこの3つの集落が工場建設地に選定されたのか，産糖量によるものか，交通上の理由によるものか，その理由は明確ではない[79]。

4つの工場のうち，金久工場が最も早く完成した点，他の工場には無かった「蘭館」と呼ばれた外国人技術者専用の「瓦葺白ペンキ塗の宏壮なる建物」（『白糖の製造』）が建設されたという点，金久集落の政治的拠点としての性格を考えると4つの白糖製造工場のなかで金久工場が管理拠点としての役割をもっていたと推定できよう。

他方，奄美大島南部に位置する須古，久慈の両工場は先に記したように役夫の数が他工場より多く，かつ3年から5年と他工場より長い期間操業している。よって他工場と比べると良好な操業状態にあったと思われる。すなわち，須古と久慈の工場は4工場のなかで主力的な工場であったと推察されよう。

奄美大島における4工場の立地

ここでは視点を大きくして奄美大島全体における4工場の位置関係について考察してみたい。奄美大島は島内最高峰の湯湾岳（標高694m）を中心に高い山々が海岸近くまで迫り，平地は湾に面してわずかに広がるのみである。湾へと流れ込む河川がデルタを形成し，そこに集落と耕地が拓かれる。奄美大島における耕地率は約6％と全国平均17％の半分に満たない[80]。現在では海沿いにトンネルが掘られ，道幅が拡幅されつつあるものの，それは国道などの主要道路のみで，海岸沿いの集落と集落とを繋ぐ道路は高低差のある海沿いを何度も急カーブしながら走る。このように奄美大島内の集落と集落の往来には海岸沿いの険しい山々を越えなければならず，交通の便は悪い。

この点を念頭におきつつ，工場が設置された集落を地図上にプロットすると，工場と工場との境には標高200mから300mの山々が連なっていることが分かる（図2-13）。特に顕著なのが久慈の工場跡と須古の工場跡で，両者の直線距離は2～3kmである。しかし，その境には200m超の峠を挟み，両者の連絡は困難である。久慈の場合は南側の湾，須古の場合は北側の湾に面した地域との方が連絡しやすい。同様のことは金久と瀬留についてもいえ，両者は南北に走る分水嶺を境に西と東に位置している。すなわち，奄美の山がちな地形は集約的大規模工場の建設をはばみ，結果として4組の機械を4ヶ所に分散して工場を建設することになったと推察される。この4工場のなかで金久の工場は代官所に隣接した管理拠点として，須古と久慈の2工場は主力工場としての役割を有していたと考えられる。

このような分散立地の理由として推定されるのが前項において記した原料や燃料の調達であ

第 2 章　奄美大島製糖工場

ろう。すなわち，燃料や原料調達は全て夫役に頼っていた。近代的製糖工場における砂糖の大量生産にはそれに見合うだけの原料と燃料を供給しなければならない。供給を支えるに足る交通網が未整備の段階ではその供給量は限られてくる。時代は下がるが，明治35（1902）年完成の臺灣製糖会社の橋仔頭工場では建設地選定の条件として工場用水源と鉄道の存在が考慮され，さらに明治40（1907）年には工場専用鉄道が敷設されている[81]。これを奄美の場合，夫役を課して克服を試みており，原料の供給等に関しては前近代的なものといわざるをえない。

2．建築関連遺物の検討

工場建物に関する遺物として布基礎などとして使われていたとみられる直方体の石材，赤煉瓦，刻印の記された白色ないしは褐色の煉瓦2種類を確認している。それらのうちいくつかは

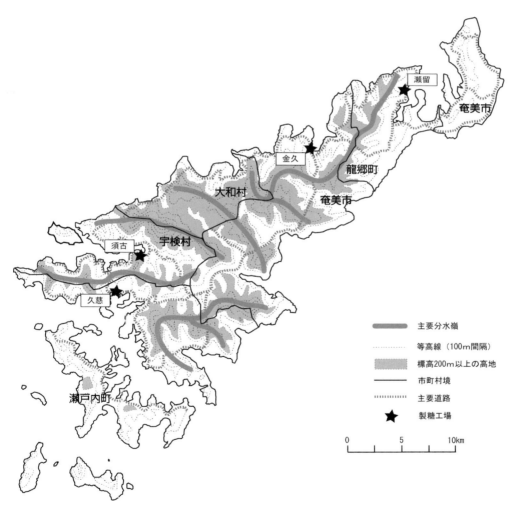

図2-13　奄美大島における4工場の位置（筆者作成）

工場跡地から発掘されたり，周辺の民家より寄贈されたりして地元の奄美博物館や瀬戸内町郷土館が所蔵している。また，いくつかは工場跡地より近隣の民家に持ち帰られ，現在でも再利用されている。

遺物のうち白色および褐色の煉瓦の表面は固く，比重も赤色の煉瓦に比して大きいことから耐火煉瓦であることがわかる（表2-4）。耐火煉瓦にはその平面(ひらめん)にいずれも製造所を示すと思われる印刻があり，奄美大島の製糖工

図 2-14　白糖石（瀬戸内町伊目，2003年3月　筆者撮影）

場の位置付けを考察するにあたって重要な資料となる可能性がある。そこで，この耐火煉瓦については別途考察し，まずは石材と赤色の煉瓦について検討を加えてみたい。

工場跡地から発掘された石材は周辺の集落の家々で塀や石垣などとして用いられている（図2-14）。地元では「白糖石」と呼ばれ，他の石とは区別されている。奄美大島では民家等の石塀は自然石を乱積みし，切石積の塀はあまり見られない。材質は珊瑚が風化した石灰岩の類と思われるが，一部には凝灰岩と思われるものもある。瀬戸内町伊目集落の民家において塀として用いられていた白糖石の大きさは1,070×327×364mmであった。その重量を考えると，にわかには信じ難いが，先述のように，久慈や須古の工場ではこの石材を船に載せて鹿児島から運び込んでいた。

赤色の煉瓦は建築用煉瓦と推定される（図2-15）。それには両平面(ひらめん)が凹んだものと，片側の平面のみが凹んだものがある。大きさは245×123×80mmで現在のJIS規格（210×100×60mm）よりも大きい。凹みの大きさは190×68mmの隅丸方形で深さは18mmある。重量は2,945g，比重は1.782であった。色調は橙色で表面はもろく，角が欠けているものが多い。長い間地中に埋まっていたためか変色しているものもある。肉眼でも粒子や小石が確認でき，品質的には低いものである。色調や品質，大きさから考えて慶応年間の製糖工場で使用された建築用赤煉瓦と判断できる。『白糖の製造』には「大工，石工，煉瓦製造に内地人百人来島せり」「耐火煉瓦以外の普通煉瓦は當町［名瀬町：筆者註］にても製造せしと云ふ」とあり，白糖製造工場建設にあたって現地で製造された煉瓦であることがわかる[82]。

この赤煉瓦の最も興味を引かれる点は平面の凹みであろう。煉瓦の平面をこのように凹ませる煉瓦は菅島灯台附属官舎使用の煉瓦（239×115×53mm），神戸のハンター製造煉瓦（238×114

表2-4　奄美大島製糖工場の煉瓦の性質

煉瓦の種類	大きさ（mm）	重量（g）	比重
赤煉瓦	245×123×80	2,945	1.782
COWEN	232×110×67	3,385	2.218
STEPHENSON	229×112×59	3,100	2.326

第 2 章　奄美大島製糖工場

図 2-15　凹みのある赤煉瓦
（奄美博物館所蔵，2016 年 10 月　筆者撮影）

図 2-16　耐火煉瓦 'COWEN'
（奄美博物館所蔵，2016 年 10 月　筆者撮影）

×62mm）などが確認され，奄美大島製糖工場の凹み煉瓦も同種のものとして扱われている。これらの凹みの理由は積み上げていく工程でモルタルを載せ易くするためにあるといい，さらにヨーロッパでは元来一般的で明治初期の煉瓦に特徴的であるという[83]。この指摘に従うならば，奄美大島製糖工場の赤煉瓦は技術者ウォートルスの指導のもとで，奄美大島において接着力強化のために凹み煉瓦を製造したということになる。

図 2-17　耐火煉瓦 'STEPHENSON'
（奄美博物館所蔵，2016 年 10 月　筆者撮影）

　耐火煉瓦の平面にはそれぞれ印刻があり，COWEN と STEPHENSON の二種がある（図 2-16，図 2-17）。印刻は片側のみに記されている。COWEN の煉瓦は白褐色を呈し，大きさは 232×110×67mm である。中央に刻印が記され，文字は手彫のようである。この耐火煉瓦は，同一の刻印をもった煉瓦がイングランド北部で耐火煉瓦メーカーとして成功した J. コーウェン社（Joseph Cowen）製造のものに確認され，同社の製造になると考えられる[84]。STEPHENSON は印刻の位置が一定せず，斜めに記されたものや隅に記されたものもある。色はやや茶褐色で粒子が粗い。COWEN に比して品質的に低いもののようにみえる。大きさは 229×112×59mm である。表面の風食具合は慶応年間頃のものとして問題無い。英語読みができることからして，イギリスやイギリスの植民地で製造されたものと考えられるが，製造会社は判明しない。

　以上のように，奄美大島製糖工場は片方で輸入耐火煉瓦を使用しながらも，品質の低い建築赤煉瓦で構築されるという状況にあったと考察される。

第4節　在来式の製糖技術からみた洋式製糖工場の考察

1．慶応年間以前における奄美大島の製糖技術

慶応年間に洋式製糖工場が建設される以前から，奄美大島は薩摩藩の重要な財源となる砂糖生産の拠点であった。そこでは，天保年間の第二次総買入制など，藩当局の強力な統制のもと，厳しい砂糖の取立がおこなわれていた。

このような慶応年間以前の奄美大島で，どのようにして砂糖の製造がおこなわれていたか興味を持たれるが，それを伝える技術史的資料はきわめて数少ない。そのなかにあって具体的な描写による挿絵を入れた書物として注目されるのが『南島雑話』である[85]。この『南島雑話』は奄美大島に滞在した薩摩藩士，名越左源太によって製作された民俗誌で，「大嶋窃覧」「大嶋便覧」「大嶋漫筆」「南島雑記」「南島雑話」の5篇より構成される。『南島雑話』の書誌学的検討については，古くは永井亀彦，東洋文庫本刊行にあたって校本，解説を行った國分直一，恵良宏の著作に詳しい[86]。この『南島雑話』の執筆者である名越左源太は薩摩藩の御家騒動に連座したことにより遠刑に処され，嘉永3（1850）年3月より安政2（1855）年4月まで大島名瀬小宿村に滞在した。それは慶応元（1865）年の洋式製糖工場建設より10年前のことであり，藩の奄美大島製糖業への介入が最も行われた時期と重なる。また，本書を構成する内容の大分は奄美滞在中に見聞したものを名越自身が挿絵を含め著したものといい，その内容には一定の信をおくことができる。

このうち「大嶋漫筆」には製糖技術に関わる挿絵として桶や杓といった諸道具[87]，馬を動力とし，砂糖黍を搾る転子（ローラ）を垂直に3つ並べた垂直三転子型圧搾機，水車動力で転子を水平に寝かせて3つ並べた水平三転子型圧搾機，そして黍汁を加熱する釜場の様子の4つ挿絵を載せる。「南島雑話」には「沙糖製ノ図」と題して製糖竈を据えた製糖小屋の様子と馬による圧搾機が描かれている[88]。

家畜動力による圧搾の場合，作業は屋外でおこなわれる（図2-18，図2-21）。すぐ脇には砂糖黍畑があり，そこで黍を刈り取る人物が描かれる。刈り取った黍をすぐさま畑近くの土地を作業場として圧搾していた。圧搾機を構成する部材は木製とみられるが，「大嶋漫筆」に描かれた家畜動力型圧搾機は圧搾部分を黒く塗りつぶしていることから，この部分は鉄板を巻き付けたものと考えられる。これは柏有度が文化年間に発明した「金輪車」と呼ばれる圧搾機で，現存する[89]。

水車動力の場合は圧搾作業が建物内でおこなわれる。棟持柱で棟木を支え，草葺き屋根とし，両側には壁を作る（図2-19）。脇に設置した水車より回転軸が壁を貫通して，内部に設置した圧搾機に接続する。このような水車動力型の圧搾機は享保年間，竜佐運によってはじめられたもので，復元された圧搾機がある[90]。それは全て木製である。

黍汁を加熱する製糖小屋は柱を立てて屋根をかける（図2-20）。「大嶋漫筆」に掲載された「砂

第 2 章　奄美大島製糖工場

図 2-18　家畜動力による圧搾（「大嶠漫筆」）

図 2-19　水車動力による圧搾（「大嶠漫筆」）

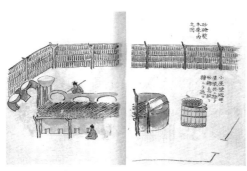

図 2-20　「砂糖煎小屋ノ内之図」（「大嶠漫筆」）

図 2-21　「沙糖製ノ図」（「南島雑話」）

（図 2-18 から図 2-21 ともに奄美博物館所蔵）

糖煎小屋ノ内之図」では屋根に覆われた空間に 4 連の竈が描かれ，そこに丸鍋をはめ込む[91]。その脇には屋根のない 2 連の竈もある。ここでは周囲を塀で囲った敷地に覆屋が建つ。それは壁を設けず，四周を吹き放ちにした造りであった。さらに建物は「小屋壁廻並に屋根共惣て砂糖黍搾り糟にて造る」という。この場合，黍殻だけでは荷重を支えきれないから，別に木製の柱や梁を用いていたであろう。挿図には搾り糟と見られる壁材や屋根葺材を支える柱や梁が描かれている。また「南島雑話」に描かれた製糖小屋も同様に壁を設けず，屋根だけを柱によって支えた造りである。竈は一連で周囲に塀を巡らさず，より仮設的な空間となっている。

　洋式工場建設以前の奄美大島の製糖業を総合すると，圧搾作業は屋外でおこなわれていた[92]。また，水車動力の圧搾作業や煎作業では常設的な建築が用意されていたものの，壁を設けない施設もあり，屋根葺材や壁材は黍殻を再利用したものであった。さらに工程毎に空間が細分され，巨大な煉瓦造工場内に圧搾から分蜜までセットになった洋式製糖工場とは大きく異なる。使用される圧搾機は金属板を巻きつけた金輪車を除いて，部材は木製で，動力源は家畜，水車に頼ったものであった。すなわち，名越が訪れた時の奄美大島の製糖技術は建物と設備に関してはその 10 年後に建設された洋式製糖工場と比して断絶的な技術段階にあったと認めなければならない。

２．明治以降の奄美大島の製糖技術

明治以降における奄美大島製糖史の概略

　明治維新に伴い，これまでの藩に代わって新たに鹿児島県庁の管轄下に置かれた奄美大島であったが，糖業政策に関しては藩政期と変わらないものであった。すなわち県庁は明治５（1872）年に「大島商社」なる保護会社を設立し，「総買入制」は明治６（1873）年に廃止されたものの，藩政期同様，奄美産砂糖の独占的搾取を継続させた。これに対して地元では洋行経験のある丸田南里を中心として大反発が起こり，結局「大島商社」は明治11（1878）年７月に廃止，事実上の「勝手売買」（製糖家が自由に砂糖を販売できる）が認められた[93]。

　このような社会的変動が起こる一方で，奄美大島の製糖業は序々に衰退の色を隠せなかった。「総買入制」等藩庁の政策が存続していた明治元（1868）年から明治５（1872）年までの大島の製糖高は約4,225万斤を数えるが，以後５年毎に製糖高は約2,980万斤（同６〜10年），約2,454万斤（同11〜15年），約2,845万斤（同16〜20年）と「大島商社」が解散した明治10年代初頭には最低を示している[94]。樋口弘は明治期の糖業衰退の理由として長い強制耕作の解放に対する農民の気持ちの高まり，「勝手売買」に伴う農民間の貧富差の拡大を挙げている[95]。

　奄美大島の糖業が衰退するなか明治13（1880）年２月から４月に大阪東横堀の会場で内務省主催の綿糖共進会が開催される。そこでは輸入品の主力となっていた砂糖と綿の国内産振興が強調された。当時の内務卿は薩藩出身の松方正義であり，これを刺激として県庁は明治15（1882）年以降農商務省の宮里正静などの技術者を派遣するなどして糖業振興に意を注ぐようになったという[96]。続いて政府当局は明治35（1902）年に大島糖業模範場（明治39（1906）年４月には糖業改良事務局大島出張所に改組）を設置し，明治45（1912）年４月からは鹿児島県庁が引き継いで鹿児島県立糖業試験場を設立し，技術的な面から奄美大島の糖業振興を図る。このような甲斐あってか奄美大島の製糖高は約4,294万斤（明治21〜25年），約4,050万斤（同26〜30年），約4,259万斤（同41〜45年，明治30年代はデータを欠くため不明）と明治初年の段階まで回復するようになった。そこで以下では，当局による指導・奨励がおこなわれるようになった明治後期頃から大正初年頃の奄美大島製糖業に焦点をあててその技術や建築，設備について検討してみたい。

明治以降における奄美大島製糖業の建築と設備

　ここでは藩政期と明治維新以降とで変化の程度を測るために砂糖製造の工程毎に，当局による技術指導，奨励が本格化した明治後期頃から大正初期頃の製糖技術をまとめてみたい。洋式製糖工場廃止直後の状況は具体的資料を欠くものの，製糖業が再び軌道に乗り出してきた明治後期から大正初年頃については鹿児島県が奄美の糖業振興を目的として設立した県立糖業講習所の技術者，鳥原重夫によってまとめられた『奄美大島之糖業』（鹿児島県，大正９年刊）に詳しい。以下同文献を基礎資料としつつ，他の文献を適宜加えながら整理する。

　当局による指導がはじまった当初，奄美大島の製糖業は藩政期のそれとほとんど変わらない

第 2 章　奄美大島製糖工場

ものであった。鳥原は，

　　……大島糖業は種々の事情に為めに一向進歩するの期を得ず。耕地は年々荒廃し，製糖法は
　　舊式の法を改めず，年々衰微せんとするの状態なりしを以て當局に於ては極力指導・開發に
　　努め……

という[97]。当局による指導・奨励が始まる直前の奄美大島製糖業は「舊式の法」であったのである。そこで砂糖黍の栽培方法などに加えて「一，製糖舎構造及糖用器具を改良し砂糖品位を増進すること」「一，模範共同製糖場建設奨励の事」といった施策が実施される。特に明治 36 (1903) 〜 40 (1907) 年〔第一期〕，同 40 〜 45 (1912) 年（第二期），大正元 (1912) 〜 4 (1915) 年（第三期）と 3 期にわたって共同製糖場設立補助経費が実施されている。あわせて明治 43 (1910) 年 1 月からは改良器具機械購入補助が実施される[98]。この補助により島内に設立された共同製糖場は 175 ヶ所〔第一期分〕，71 ヶ所（第二期分），76 ヶ所（第三期分），合計 332 ヶ所を数えた。しかしながら現実には，

　　前述たるが如く三百三十ヶ所の設立ありしと雖，年月の経るに従ひ腐朽せるものあり，又は
　　他に賣却せるものありて現在存在するものは二百五十ヶ所内外なるべし，今大島の糖業界を
　　見る未だ過度時代にて完全の域に達したりとは云ふべからず……（以下略）

という[99]。このように当局の熱心な奨励は十分に浸透したとはいい難いものであった。
　それでは当局によって奨励された改良設備，製糖場が具体的にどのようなものであったか以下検討を加えてみたい。
　明治 36 (1903) 年に定められた補助規定では共同製糖場の建築を「奥行三間半間口二間半以上にして……」と規模を定める。そのモデルとなる製糖場が試験場内に建築された。木造桟瓦葺切妻造，梁間 2 間の母屋の側面に 1 間幅の下屋を付けた姿である（図 2-22）。周囲は板壁で囲い，換気に配慮して[100]引違いの硝子窓を連続させ，妻壁にはガラリを開く。側面に煙突があることより内部には製糖竈があったのであろう。圧搾機を内部に装備していたかどうか写真からは詳らかではないものの，現存する家畜動力型圧搾機の回転棒長さの実測値が約 4m あり[101]，梁間 2 間程では収容できないことから，圧搾機は外部にあったものと推定される。
　では圧搾工程ではどのような空間が用意されていたのであろうか。試験場内には製糖場ばかりでなく水車動力型の圧搾場があった（図 2-23）。柱を立てて草葺屋根を架ける。側面と背面は板壁で閉じる。一見した通り建築的には『南島雑話』掲載のものとほとんど変わりない。家畜動力の場合，試験場内では「牛車用甘蔗壓搾機は屋外に据付くるときは車の上に九尺四方屋根の形に板にて雨覆をなすものとす」という。このような簡単な屋根を付した圧搾機は今日でも沖縄県に残されているが，圧搾工程では作業空間の屋内化[102]が推奨されていたことがわかる。

図 2-22 「製糖場（糖業試験場）」

図 2-23 「水力壓搾場（糖業試験場）」

図 2-24 「牛馬力壓搾機（現代）」
(図 2-22 から図 2-24 ともに，鳥原重夫『奄美大島之糖業』鹿児島県，1920 年より転載)

だが，口絵に掲載された写真（図 2-24）では黍畑の脇の屋外で牛に引かせて砂糖を搾り，『南島雑話』のものと変わりない。写真の脚注には「(現代)」とあることから大正 9（1920）年当時の状況を撮影したものであろう。このように圧搾工程では建築的な改良は遅れた様子で，先に奨励されたのは転子の総鉄製化であった。明治 36（1903）年の共同製糖場補助規定には「圧搾機は鐵製にして水車用は直径一尺二寸以上，牛車用は直径一尺六寸以上とす」とある。現在でもこのように鉄製転子を搭載した圧搾機がいくつか現存している[103]。

このように，いくつかの技術発展は認められるものの，白糖製造工場が廃止された後の奄美大島製糖業は半屋外で，工程毎に分割された作業空間，家畜や水車による圧搾など[104]，建築，設備とも洋式工場の影響を認めがたいものであった。

3．奄美大島在来製糖業における慶応年間の洋式製糖工場の役割

これまで見てきたように，当局による指導が進められた明治以降の奄美大島の製糖業は藩政期の在来的技術の延長上にあった。一見すると同一にみえるものの，当局による指導の甲斐あって，作業空間の屋内化や鉄製器具の導入等，少しずつであるが発展を認めることができた。洋式工場建設前と廃止後，両者の関係のみ比べるならば素朴な技術の発展過程であるが，実際

にはその間に梁間 10 間，桁行 30 間に蒸気機関を搭載した巨大な煉瓦造工場が建設されたのである。建設前の在来技術との連続性はもちろん，廃止後の技術に対してもその影響を窺いえない。慶応年間の白糖製造工場は奄美大島製糖業のなかで実に突出した存在であった[105]。

　最後に，慶応年間の洋式製糖工場が持つこの特殊な性格の背景について推察してみたい。ここまで，この洋式工場の建設にグラバー商会による支援を指摘し，同商会にとって，実験的，投機的なパイロットプロジェクトとしての役割を推定した。加えて，建設以前の材来製糖業とはかけ離れ，さらに現地にほとんど技術的貢献を残さなかった大規模洋式工場という慶応年間の製糖工場は，非永続性と実験的・投機的な性格を認めることができる。慶応年間の洋式白糖製造工場の性格は 19 世紀後期の西洋から日本への技術移転において興味深い事例と考えられる。

　第 2 章の内容を要約し，小結とする。
⑴　奄美大島の洋式製糖工場は，須古，金久，久慈，瀬留の 4 ヶ所に建設され，金久工場は慶応 2（1866）年の年末に，他の 3 工場は慶応 3（1867）年までに完成，操業を開始した。だが，不安定な操業状態のため，明治 2 ～ 3（1869 ～ 1870）年頃までに全て廃業した。
⑵　工場の建設には，グラバー商会が協力し，製糖機械の輸入，外国人技術者の斡旋をなした。外国人技術者のうち，ウォートルスは建築・機械設置両方に携わる総合的な技術者として，マッキンタイラーは白糖製造の専門家として従事したと考えられる。
⑶　奄美大島の洋式製糖工場の建設は，藩財政の拡充を企図する薩摩藩と，東アジア貿易の拡大を狙うグラバー商会の合弁事業として計画されたものだった。
⑷　完成した洋式製糖工場は，日産約 2.3 トンの性能を持っていた。煉瓦造平屋建の細長い建物内部に製糖機械が直線上に並び，側下屋をつけるという，植民地の粗糖工場によくみられる形式であったと考えられる。圧搾機，バキュムパン，分蜜機などの近代的設備を持つものだったが，細かい台数やレイアウトに過不足があった。また，生産部門に比べ，バックヤードに多くの人員をさき，同時代の海外の製糖工場と比べ，前近代的な要素が認められた。
⑸　建設の経緯におけるグラバー商会の関与と工場の技術的性能を考えあわせると，奄美大島の洋式製糖工場は，同商会や薩摩藩にとって，投機的，試験的なパイロットプロジェクトしてみなされていたと推察される。
⑹　4 つの工場の立地環境を調べたところ，背後の山や海岸への近接，河川利用という共通した地理的条件にあった。また，奄美大島島内における 4 工場の位置をみた結果，山がちな奄美の地形が交通網に頼った集約的大工場の建設を阻み，結果，工場は分水嶺を境に分散配置し，原料や燃料の運搬を夫役に頼るという前近代的な操業状態にあった。
⑺　工場の建築材料として石材，赤煉瓦，耐火煉瓦を現地調査し，分析した。このうち，凹みのある赤煉瓦は品質的に低いもので，現地で製造されたものとした。COWEN の刻印のある耐火煉瓦はイングランド北部の産と考えられる。

⑻　奄美大島の伝統的な製糖技術や作業空間と比べた結果，慶応年間の洋式製糖工場の技術や建築はそれまでの技術とも断絶し，また廃止後の奄美大島の製糖業へも貢献を残さないという，突出した存在であった。ここに，慶応年間の洋式製糖工場の非永続的，投機的な性格を改めて窺うことができる。

注

１）ただし，４ヶ所の工場のうち，平成28年10月に瀬戸内町久慈の工場跡地で鹿児島県立埋蔵文化財センターによる発掘調査が行われ，製糖工場の遺構と思われる赤煉瓦積の構築物が地中から検出されている。

２）南峰都成植義，永井竜一校訂『奄美史談』（私家版，1933年）。ここでは，鹿児島県立図書館奄美分館所蔵の永井竜一刊本を底本とした，『奄美史談・南島語及文学・徳之島事情』（名瀬市誌編纂委員会，1964年）37頁による。

３）坂口徳太郎『奄美大島史』（三州堂書店，1921年），昇曙夢『大奄美史』（奄美社，1949年）。

４）松下志朗『近世奄美の支配と社会』（第一書房，1983年）。

５）『鹿児島縣史』第３巻（鹿児島縣，1941年），改訂名瀬市誌編纂委員会編『改訂　名瀬市誌』第１巻（歴史編１）（名瀬市役所，1996年）。

６）樋口弘『本邦糖業史』（ダイヤモンド社，1935年），糖業協会編『近代日本糖業史』上巻（勁草書房，1962年），中島常雄『現代日本産業発達史 十八 食品』（交詢社出版局，1967年）。なお，樋口『本邦糖業史』は増補改定の上，『日本糖業史』（味燈書房，1956年）として再販。ただし，奄美大島の洋式製糖工場についての記述は字句の修正程度である。

７）萩原茂「奄美地域の糖業（Ⅳ）藩政期における展開（後編）」（『鹿児島大学農学部学術報告』第39号，1989年）。

８）植村正治『日本製糖技術史：1700〜1900』（清文堂，1998年）。

９）『慶応年間大島郡に於ける白糖の製造』（鹿児島縣立糖業講習所，1935年）

10）林野全孝「幕末におけるウォートルスの活躍」（『重要文化財泉布観修理工事報告書』大阪市教育委員会，1964年）。ただし，林野が引用した，樋口『日本糖業史』は，前掲『奄美史談』に依拠しているが，『奄美史談』の原典は『大島代官記』である。林野がもう一つの参考文献とした『鹿児島縣史』も，『大島代官記』に『崎陽日誌』等を加えて執筆されており，両者の原典は同一のものとみなされる。

11）藤森照信「謎のお雇い建築家」（『建築学の教科書』彰国社，2003年）。

12）山田幸一・木村寿夫「薩摩におけるウォートルス」（『技苑』第44号，1985年）。

13）堀勇良「ウォートルス考」（『横浜と上海―近代都市形成史比較研究―』横浜開港資料普及協会，1995年）。

14）前掲昇『大奄美史』277頁，前掲坂口『奄美大島史』287-288頁。

15）前掲『改訂　名瀬市誌』第１巻，352-360頁。

16）前掲昇『大奄美史』279頁。

17）集成館と集成館事業については，尚古集成館編『島津斉彬の挑戦―集成館事業―』（春苑堂，2002年）に詳しい。

18）牧野伸顕序・市来四郎編述『斉彬御言行録』明治25年刊。ここでは同書を底本に再版した，『島津斉彬言行録』（岩波書店（岩波文庫），1944年）36および50頁による。

19）鹿児島県立図書館所蔵『江夏十郎関係文書』大正10年，坂田長愛謄写。ここでは，芳即正編「江夏十郎関係文書（二）」（『鹿児島純心女子短期大学紀要』第23号，1992年）10-11頁による。

20）前掲樋口『本邦糖業史』55-57頁。

21）前掲樋口『本邦糖業史』51頁。

22）公爵島津家編纂所編『薩藩海軍史』中巻（薩藩海軍史刊行会，1928年，復刻：原書房，1968年）867-890頁，鹿児島県維新史料編纂所編『忠義公史料（鹿児島県史料）』第２巻（鹿児島県，1975年）資料番号627所引。「三島土産砂糖ノ義，天下無双，御産物ニハ御座候得共，其製法甚疎拙ニシテ，御国益手薄ナル事ヲ多年歎息仕居候処，近来西洋諸國にて砂糖製法蒸気機械開け廣大の利潤を得候由。尤其器を發明致し候は瞬時に數萬両の蓄財を成し……」とある。

23）留学生派遣の経緯は，「海軍中将松村淳蔵洋行日記」や「寺島宗則自記履歴抄」に詳しい（前掲『薩藩海

第 2 章　奄美大島製糖工場　　　　　　　　　　　　　　　　　　　　　　　　　　　　　　　　*81*

　　軍史』中巻，895-943 頁）。
24）明治 32 年 8 月にプラット社より三井物産倫敦支店にあてた信書には，関（五代の変名），石垣（新納の
　　変名），高木（堀の変名）が 1865 年 8 月にプラット社を訪れたとある（岩元庸造編『薩藩紡績史料』私家
　　版，1936 年，32-34 頁所引，鹿児島県立図書館所蔵）。
25）鹿児島紡績所の竣工年は棟札を筆写したとされる「鹿児島紡績所竣工記念文」（前掲岩元編『薩藩紡績史
　　料』7-8 頁所引）による。なお，欧州滞在中に五代らは，フランス人モンブランと接触し，合弁会社設立を
　　計画している。慶応元年 12 月のその覚書には，「一　砂糖製法蒸気機関　五ツ位，右は琉球属島の内に組
　　立，すでに製法開居候同様の機関にして，帰朝の上絵図可相送候」とある（五代龍作編『五代友厚傳』私
　　家版，1933 年，49-53 頁所引）。これによると，すでに機械式製糖工場が南西諸島に操業していたことに
　　なる。これは先述した樋口弘がいう安政 5，6 年頃に口永良島に建設された白糖製造工場のことを指すのであ
　　ろうか。
26）周知の如く，グラバーと五代の関係は親密であった。後述するようにグラバーが奄美大島白糖製造工場
　　建設に関係していることを考慮するならば，建白書の内容にもグラバーの意見が多少反映されているのか
　　もしれない。
27）前掲「海軍中将松村淳蔵洋行日記」など。
28）鹿児島県立図書館所蔵『大島代官記』慶応元年条。以下，『大島代官記』は鹿児島県立図書館郷土資料コー
　　ナー架蔵の謄写本による。
29）国立国会図書館寄託上野景範関係文書『上野景範履歴』慶応元年 3 月条。ここでは，門田明編「『上野景
　　範履歴』翻刻編集」（『研究年報』（鹿児島県立短期大学）第 11 号，1983 年）85 頁所引による。なお，「上
　　野景範履歴」にウォートルスや奄美大島製糖工場の記述があることを最初に指摘したのは，前掲堀「ウォー
　　トルス考」である。
　　　長崎ヘ砂糖機械購求ノ為メ出張ヲ命セラル，尋テ英人「ウォートルス」ノ通弁トシテ大島白砂糖製造所
　　ニ抵ル，其出張中ハ留守宅御手当五十両ヲ賜ル
30）ここでは，『改訂名瀬市誌編纂委員会資料集（二）基家・慶家文書』（改訂名瀬市誌編纂委員会，出版年
　　不詳）177 頁所引による。原本の所在は不明で，山下文武が所蔵する写本を底本にするという。
　　　白糖機械取仕立ニ掛付，去ル丑年役々諸職人夫方多人数下島ニ付，諸手当向宿拵諸職人住居木屋機械格
　　護木屋等，数十軒造立方者勿論，器械卸方余多之夫仕，万事無手抜，尤造立方ニ付而も九ヶ月間，多端
　　之御用筋，昼夜懸心頭，毎日未明より出役致，諸下知récorド届，名瀬方之儀発起ニ而，別段骨折致精勤，
31）前掲『大島代官記』慶応元年条。
32）生田光演『奄美諸島の砂糖政策と倒幕資金』（南方新社，2012 年）109-110 頁。
33）前掲『上野景範履歴』慶応 3 年 6 月条。「大島製糖工場整頓シ「ウォートルス」氏ト倶ニ帰鹿ス」とある。
34）『大島代官記書抜』慶応元年条。ここでは，松下志朗編『奄美史料集成』（南方新社，2006 年）105-106 頁
　　所引による。松下編『奄美史料集成』では，鹿児島県立図書館所蔵『大島代官記』を底本とし，その校訂
　　に，山下文武による筆写本を底本とする『大島代官記書抜』が掲出されている。この『大島代官記書抜』は，
　　『大島代官記』に加筆を加えたもののようだが，底本を同じくするか否かは不明で，また原本も現在所在不
　　明という。なお，『大島代官記書抜』にウォートルスやグラバーの名前があることを指摘したのは，前掲山
　　田・木村「薩摩におけるウォートルス」が最初である。
35）大阪商工会議所所蔵五代友厚関係文書，町田久成宛五代友厚書簡，慶応 2 年 2 月 5 日付。ここでは，日
　　本経営史研究所編『五代友厚伝記資料』第 4 巻（東洋経済新報社，1974 年）資料番号 25 所引による。「南
　　島の白糖製造も，二ヶ月余跡より本機関成就，製法相始り，最上の白糖出来候新法，昨日の急報に相見得
　　……（中略）……昨夜の新報を承り，頗ニ快然，シャンパン弐三瓶を以て，ホーム・グルーム杯と，一同
　　祝盆数傾，終ニ沈酔ニ及申候。」という。なお，五代友厚関係文書に奄美大島製糖工場とグラバー商会の名
　　前があることを最初に指摘したのは，前掲堀「ウォートルス考」である。
36）前掲『大島代官記』慶応 3 年条。
37）前掲『大島代官記』慶応 4 年条。
38）前掲『大島代官記』明治 3 年条。これ以降，『大島代官記』には白糖製造工場にかかわる記述が見当たら
　　ない。
39）鹿児島県立図書館所蔵『崎陽日誌』明治 6 年 4 月 26 日条および同年 4 月 30 日条。ここでは，鹿児島県
　　立図書館郷土資料コーナー架蔵の謄写本による。ここにある「グレブル商会」は，グラバー商会の商会員
　　で，グラバー商会の倒産後に業務を引き継いだ，H. グリブル（Henry Gribble）を指すと考えられる。
40）『白糖の製造』は昭和 10 年に編纂された資料であるが，ウォートルスの記述にかんしては，今日のよう

にウォートルスの歴史的重要性は認識されておらず，編纂者が改ざんするとは考えにくい。また４ヶ所の工場それぞれワートルスやオートルースなど呼び名が変わり，職名も変わっていることから，聴き取った内容をそのまま記していると考えられる。

41）宮澤眞一編『英国人が見た幕末薩摩』（高城書房出版，1979 年）158 頁所引。
Waters is the name of engineer in Liu Kiu who is engaged in putting up sugar mills.

42）菊池重郎「鉄の柱とウォートルス（下）」（『明治村通信』第 32 号，1973 年）6 頁は大阪造幣寮におけるウォートルスの役割について「ひろく造営に従事した技師とみたほうがよかろう」としている。奄美大島でのウォートルスの活躍はこれより約 1 年早い。

43）『造幣局沿革誌』（造幣局，1921 年）5 頁。

44）前掲菊池「鉄の柱とウォートルス（下）」ほか。

45）ケンブリッジ大学図書館所蔵ジャーディン・マセソン商会文書，請求番号 C49/1，379 頁，グラバー商会宛ジャーディン・マセソン商会書簡，1865 年 9 月 12 日上海付。以下，次のように表記する。JM C49/1 p.379 JM & Co. to Glover & Co., Shanghai, 12 September 1865.
Our friends at Manila writes to us to the effect that they have a sugar refining machine & apparatus for sale & as they heard that such a thing might be required at your port they have requested us to ascertain what chances there are for its sale, they are disposed to let it go very cheap & if you think it advisable we will furnish you with all plans and details concerning it.

46）JM B10/4/360 Glover & Co. to JM & Co., Nagasaki, 23 September 1865.

47）JM B10/4/422 Thomas B. Glover to W. Keswick, Nagasaki, 2 July 1866.
There is at present stored at Oshima one of the Loochoos about 1500 peculs of sugar similar to samples reported on by you to Mr. Groom and I dispatched our schooner 'Eliza Mary' about a week ago to convey the sugar to Shanghai to your good care for sale on A/C Prince Satzuma.
This shipment is merely as a trial and if good prices can be obtained for Loochoo sugar on your market I cand send you very large quantities, as next year 4 steam factories will be at work.

48）JM B10/4/423 Glover & Co. to JM & Co., Ooshima, 5 July 1865.
We beg to inform you that we are shipping to your port this opportunity a cargo of sugar which we have much pleasure in consigning to your good care for sale & realization on A/C of Prince of Satzuma & herewith we beg to hand you B/L for same, viz.,
1576 parcels net
1692 packages sugar shipped per bearer & we trust that the sale of this cargo will show such a result as may encourage further & continued shipments.

49）鹿児島県維新史料編纂所編『忠義公史料（鹿児島県史料）』第 3 巻（鹿児島県，1976 年）資料番号 721，『鹿児島県史料集（22）小松帯刀日記』（鹿児島県史料刊行会，1981 年）106 頁。

50）奄美大島製糖工場の事業が，杉山が紹介した，グラバー商会のオオシマ・スキームの一つをなすかどうか判然としない。しかし，以下に引用するグラバー商会のハリソンが残した書簡によると，製糖工場を建設したウォートルス自身も，琉球を核とした密貿易に関わっていたらしい（JM B11/1/4287 Extract from E. Harrison's letter, unplaced, undated）。なお，ここで Walter は Waters を，Tom は Thomas を，Robinson はウォートルスの叔父 Albert Robinson をいうのであろう（M. Vivers, *An Irish Engineer: The Extraordinary Achievements of Thomas J Waters and Family in Early Meiji Japan and Beyond*, Brisbane: Copyright Publishing, 2013.）。
I Walter (Robinson's nephew) goes down to Loochoo in a few days in one of the Satzuma steamers but it's more than likely that his vocation won't be confined to sugar crushing, in fact I think that this sugar arrangement is a plan of Satzuma's to hide a mere lucrative scheme. Tom is writing you fully about this & therefore I need only casually refer to it. Roughly the plan of Satzuma is to make one of the Loochoo group of the medium of an exterior trade for exports and imports ...

51）JM C49/1 pp.438-439 JM & Co. to Glover & Co., Shanghai, 24 July 1866.
The sugar per 'Eliza Mary' is safely received & we have shown it to the dealers. No.1 & 2 are much liked though they are said not to be as dry as they might be. The mode of packing in tubs is much objected to & make a difference in value of 3 to 4 [ ]. No.3 is not liked & we would recommend any further shipments being all of 1 & 2 qualities. The highest offers we have had are [ ] tls 4.5 & 4 respectively. We trust to do better with the parcel up the river & are having the whole packed in Mat bags 120 each at a cost of 17 [ ] per bag & we purpose making a trial shipment to both Kiukeang & Chinkeang.

52）砂糖を桶に詰めて発送することについて，グラバーはすぐに次回以降の修正を約束している。同様な指摘はW．ケズィックからも直接グラバーにあったらしい。JM B10/4/429 Ryle Holme for Glover & Co. to JM & Co., Nagasaki, 1 August 1865; JM B10/4/431 T. B. Glover to W. Keswick, Nagasaki, 11 August 1866.

53）JM C 49/1 pp.442-443 JM & Co. to Glover & Co., Shanghai, 9 August 1866. 販売価格は次のようにある。

  No.1 124 Bags sold @ Kinkeang @ tls. 6.9.0
  No.2 350   6.3.5
  No.3 200   5.3.0
  No.2 100   @ Chinkeang   5.1.0
  No.3 85   5.1.0

試みに，イギリス領事報告によって1866年当時の各開港場でのピクルあたり砂糖輸入単価を調べてみると，上海ではイギリス産精製糖（refined sugar）が9.1タエル（13.7ドル），鎮江では6.4タエル（8.8ドル），九江では白砂糖（white sugar）が8.3タエル（11.3ドル），横浜では1866年の統計は大火のため欠いており，1867年に白砂糖が8ドル，長崎は砂糖が1.67ドルとなる。奄美製の砂糖は中国の開港場では輸入価格よりも少し低い価格で取引されたことが分かる。あまり品質が好まれなかったのだろう。なお，領事報告の出典は次による。*British Parliamentary Papers, Area studies, China*, Vol.7, Shannon: Irish University Press, 1971; *British Parliamentary Papers, Area studies, Japan*, Vol.4, Shannon: Irish University Press, 1972.

54）前掲『忠義公史料』第3巻，資料番号261，大島吉之助上申書，元治元年3月。「道之嶋砂糖御買円之御趣法ニ付テハ，……（中略）……若哉異人共手を付候様之事も有之候はゝ，格別慈計之巧を以愚民を惑はし候」という。

55）前掲『忠義公史料』第3巻，資料番号658，道嶋家記抄，慶応元年7月。

  長崎より金百万両位参り候由，何事に左様に大金相届候や承候処，ガラバか銀子にて造候由，……（中略）……万一ガラバ玩球など目を掛け終には夷人の者となるべく，又は右島を引当に被遣候は，祖宗は勿論，天子，公辺に如何言分あるへきや，実に不義無道也。

56）聞き取りに基づいた記録であるので，その信憑性を考慮しなければならないが，被聴取者は昭和10年当時80から90歳なので，明治元年には12から22歳だったことになる。したがって，これらの記述は体験談に基づいており，ある程度の信憑性のあるものと考えうる。ちなみに工場では男子15から60歳に夫役を課していた（『白糖の製造』16頁）。

57）『日本国語大辞典』第2版（小学館，2001年）には，「ちょう【挺・梃・丁】①鋤（すき）・槍（やり）・銃・艪（ろ）・墨・蝋燭（ろうそく），三味線など，細長い器具の類を数えるのに用いる。②駕籠・人力車など，乗り物を数えるのに用いる。③酒，しょうゆなどの樽（たる）を数えるのに用いる」とある。

58）前掲『鹿児島縣史』第3巻，612頁。

59）ただし『白糖の製造』によると，須古の工場では10斤の樽詰めにして輸送したというので，同じ大きさの樽とすると，久慈の工場の日産32挺は320斤，すなわち日産約192キログラムだったことになる。しかしながら，明治7（1874）年に開業した大阪中之島製糖所は日産2,960ポンド（1,343キログラム）といい（前掲植村『日本製糖技術史：1700～1900』334頁），後述する，イギリスの技術書に紹介された奄美と同規模の製糖工場は日産2トンであり，日産約192キログラムは少なすぎるように思われる。

60）以上，製糖機械の技術史については次を参照。J. H. Galloway, *The Sugar Cane Industry: an Historical Geography from its Origins to 1914*, Cambridge University Press, 1989, pp.134-138.

61）C. G. W. Lock, B. E. R. Newland and J. A. R. Newland, *Sugar: a Handbook for Planters and Refiners*, London: E.&F. N. Spon, 1888.

62）伊藤重郎編『臺灣製糖株式会社史』（臺灣製糖株式会社，1939年）122頁。

63）圧搾機（幅約4ft）は『シュガー』の中に詳細な大判図面が掲載され，寸法も分かる。

64）製糖機械の名称については，英文は原書を引用し，邦訳は前掲植村『日本製糖技術史』等を参照した。

65）N. P. Burgh, *A Treatise on Sugar Machinery: including the process of producing sugar from the cane, refining moist and loaf sugar, home and colonial*, London: E.& F. N. Spon, 1863.

66）Ibid., p.32. 'The best form in plan for the colonial house, is to commence with the crushing at one part or end of the building, and continue with the arrangement direct, until completion to the store or warehouse.'

67）J. H. Galloway, op. cit., p.16. また，甘蔗は伐採後，時間を経るごとに糖分が減少するともいう（糖業協会編『近代日本糖業史』下巻，勁草書房，1997年，84頁）。

68）『糖業記事』第二次（臨時臺灣糖務局，1903年）72-80頁。

69）J. A. R. Newland and B. E. R. Newland, *Sugar: a Handbook for Planters and Refiners*, London: E. & F. N. Spon and

New York: Spon & Chamberlain, 1909, plates 7 & 9.

70) H. C. Prinsen Geerligs, *The World's Cane Sugar Industry: Past and Present*, Altrincham（Manchester）: Norman Rodger, 1912, frontispiece & to face page 305; E. A. Browne, *Great World Industries: Sugar, Tea, Vegetable Oils*, London: A & C Black, 1927, frontpiece & to face page 31.

71)『白糖の製造』のうち金久の工場には「搾出さられたる蔗汁は数個のタンクに送られ同タンクにて石灰加減及汚物除去を行ひ……」とある。

72) 本章で引用した,『白糖の製造』における須古工場の製糖方法を参照。

73)『シュガー』に掲載されている圧搾機は幅 4ft 前後で須古に記された幅 4 尺とほぼ等しい。

74) C. G. W. Lock etc., op. cit., plate 7, fig.2.

75) 文化財保存技術協会編『重要文化財旧集成館機械工場修理工事報告書』（島津興業, 1985 年）掲載の矩計図による。

76) 現存する煉瓦の高さ（60mm）より, 横目地幅を 10mm として仮定して切りのよい段数で壁高を計算してみると, 120 段で 8,390mm, 130 段で 9,090mm となる。

77)『白糖の製造』には金久の工場の用水確保について,「腰又川及び井根川より引水せり」とある。今日, 工場跡地付近に腰又川という名の川はないが, 跡地のすぐ南を流れる屋仁川の上流に腰又という字名が残るので,『白糖の製造』のいう腰又川とは屋仁川のことを指すのであろう。井根川は屋仁川のさらに一つ南の谷合から流れる小河川である。

78) 弓削政己・岩多雅朗・飯田卓・中山清美『名瀬のまちいまむかし』（南方新社, 2012 年）96-100 頁。

79) 工場立地の理由として 4 集落の産糖量が幕末の段階でどれほどであったか拠るべき資料を欠く。ちなみに, 大正 9 年の段階では名瀬（金久所在地）952.630 斤, 宇検（須古所在地）404.861 斤, 西方（久慈所在地）528.550 斤, 龍郷（瀬留所在地）778.360 斤とあり, 白糖製造工場が建設されなかった笠利では 871.180 斤とある（鳥原重夫『奄美大島之糖業』鹿児島県, 1920 年, 巻末一覧表）。また, 金久を除く 3 つの工場はそれぞれ大きな湾や内海に面していることから, まず, 管理拠点としての金久を選定し, 次に原料等の輸送に海上交通を企図して, 湾に面した集落が選ばれたのかもしれない。しかしその際, 湾に面したいくつかの集落のうち何故須古（焼内湾）, 久慈（大島海峡）, 瀬留（笠利湾）が選ばれることになったのかは説明することができない。

80) 前掲『改訂 名瀬市誌』第 1 巻, 43 頁。

81) 前掲伊藤編『臺灣製糖株式会社史』112 頁, 巻末年表 26 頁。

82) 須古を除いた 3 つの工場は木造板壁とある（『白糖の製造』）。しかし, 全ての工場跡地から建築用赤煉瓦が確認・収集されており, 久慈の工場は土台が煉瓦造とあるように, 3 つの工場では軸組や外壁は木造で, 基礎や機械を据え付ける土台に煉瓦や石材を使用していたものと考えられる。

83) 水野信太郎『日本煉瓦史の研究』（法政大学出版局, 1999 年）42-44 頁, 49-52 頁。

84) J. コーウェン（Sir Joseph Cowen, 1800-1873）は, 大規模な産炭地であったイングランドのタイン川中流のブライドン・バーン（Braydon Burn）に, 1828 年頃から炭鉱の副産物を利用した耐火煉瓦製造工場を経営し, 財をなした。耐火煉瓦は南アフリカやタスマニアなど, 世界各地に輸出されたという。工場は 1960 年代頃まで存続したらしい。R. Fynes, *The Miners of Northumberland and Durham*, Blyth: J. Robinson, 1873 (reprinted, Sunderland: Thos. Summerbell, 1923, p.299)。

　　筆者自身も平成 25 年 9 月に現地を踏査したが, 工場跡地は草薮が広がり, 煉瓦や切石で築いた擁壁や構築物が残存している。また, ブライドン・バーンを少し上ったパスヘッドの水車小屋（Path Head Water Mill）敷地内の園路の舗装敷きと, ダーラム郊外のビーミッシュ博物館（Beamish Open Air Museum）のバス待合室の壁にコーウェン社製の耐火煉瓦が転用, 保存されている。現存する耐火煉瓦には刻印が何種類かあり, 時代によって変わるようである。もっとも古いと思われるのが, 奄美大島に用いられた COWEN と手彫刻印されたもので, これに加え, 機械スタンプ押しで, COWEN M や COWEN M ENGLAND と印刻されたものもみられる（M は Manufactured であろう）。大きさはいずれも幅 220 ～ 230mm, 高さ 110mm, 厚み 60mm 前後である。コーウェン社の沿革, 現存する耐火煉瓦の所在地については, ブライドンの郷土史家, R. ビッチ氏（Roly Veith）氏のご教示を得た。

85) 名越左源太著, 國分直一, 恵良宏校注『南島雑話』全 2 巻（平凡社（東洋文庫）, 1984 年）。なお,『南島雑話』には鹿児島県立図書館所蔵本, 島津家本（東京大学史料編纂所蔵）, 永井家所蔵本など 8 種類の異本が確認され, 鹿児島大学農学部所蔵本も活字化されている（『日本庶民生活史料集成』第 1 巻, 三一書房, 1972 年）。ここで使用する奄美博物館所蔵本は, 平成 3 年に永井家より同家所蔵が奄美博物館へ寄贈されたものである。

第 2 章　奄美大島製糖工場　　　　　　　　　　　　　　　　　　　　　　　　　　　　85

86）恵良宏「『南島雑話』諸本校合経過」（前掲『南島雑話』第 1 巻, v-xiv 頁），國分直一「『南島雑話』解説」（前掲『南島雑話』第 2 巻, 229-241 頁）。以下, 本稿における『南島雑話』の来歴の記述は両者によるところが大きい。

87）桶の説明として「此桶をイシユイネと云。居桶と云ことなり。／桶の小振をワエ, 大振をイネと云。／四斗入位。釜の脇に兼て居置, 黍汁を入置。」とある。また杓や笊の説明として「此砂糖柄杓を取柄杓と云。砂糖煎じ揚げて汲取る器なるが故なり。／砂糖柄杓　柄長三尺　弐寸余廻る／灰掻と云。柄長三尺位。三寸余　四寸／漉笊　笊の内の方には棕梠の皮を仕付置なり。」（／は改行を示す）という。

88）さらに,「南島雑話」では奄美の製糖技術発達史や砂糖樽, 製造時期について記述している。なお, 現地では圧搾機のことを「サタグルマ」, 製糖小屋のことを「サタヤドリ」と呼んでいる（改訂名瀬市誌編纂委員会編『改訂　名瀬市誌』第 3 巻（民俗編）, 名瀬市役所, 1996 年, 114-118 頁）。

89）「南島雑話」には「知名瀬の有度, 物産に心掛, ……（中略）……, 又有度工夫を以て金輪車と云うもの作出し, ……」とある（前掲名越『南島雑話』第 2 巻, 156 頁）。

90）「南島雑話」には「砂糖車を水車にて製する事は, 竜佐運始て湯湾山中に造り立て製す。」とある（前掲名越『南島雑話』第 2 巻, 156 頁）。

91）ところで製糖小屋の鍋釜類をはじめとする金属製品は奄美ではなく, 薩摩藩本土に位置する加治木郷で製造されていた。加治木で「鍋屋」として代々鋳物業を営んだ森山家は「鍋屋……（中略）……右者天保十四卯年より追々年限ヲ以當座御用鍋賣上御免被仰付置……（以下略）」や（森山家所蔵生産方書状）,「鍋屋……（中略）……右者三嶋御下鍋鋳調方被仰付置候, ……（以下略）」という（森山家所蔵琉球物産方書状）。政策面だけでなく, 技術面でも藩庁の介入があったことを窺えよう。森山家では明治以降も総鉄製圧搾機等を製造していたようで, 加治木の港より菰包みにして回送されたと伝えられる（松田繁美「キューポラのあった街」『加治木町文化協会だより』第 28 号, 2005 年）。

92）圧搾工程では家畜動力の場合は屋外, 水車動力では屋内で行われる。その違いについて推察すると家畜動力型圧搾機は移動可能であり, 雨天時など使用しない際は自宅へ格納し, 使用時は刈り取りを行う黍畑の付近まで動かしていたのであろう。他方, 移動することができない装置, すなわち水車と一体となった水車動力型圧搾機と製糖釜は常設化した建築内部に設置することになったのであろう。

93）以上, 奄美大島の近代史については, 前掲『改訂　名瀬市誌』第 1 巻, 萩原茂「奄美地域の糖業（Ⅴ）明治維新以降製糖企業進出期に至る変遷」（『鹿児島大学農学部学術報告』第 44 号, 1994 年）などの先行研究によるところが大きい。

94）奄美大島の製糖高のデータは「島別砂糖産額」（前掲『改訂　名瀬市誌』第 1 巻, 588-590 頁）による。

95）前掲樋口『本邦糖業史』185-187 頁。

96）前掲『改訂　名瀬市誌』第 1 巻, 578-581 頁。

97）前掲鳥原『奄美大島之糖業』47 頁。年代的順序や記事の内容からすると,『奄美大島之糖業』は三期にわたる当局の糖業振興策の総括的報告書としての役割があったものと推察される。

98）前掲鳥原『奄美大島之糖業』55-59 頁。以下引用する各補助規定は同書による。

99）前掲鳥原『奄美大島之糖業』65 頁。

100）明治 40 年から同 45 年の製糖場補助規定（第二期）には,「……煤煙及水蒸気の直接外部に排出せらるべき装置をなすこと」とある。

101）瀬戸内町郷土館に保存される家畜動力型鉄製三転子圧搾機の回転棒長さの実測値は 4,410mm であった。

102）なお, 讃岐には独特の円筒形平面に円錐形屋根を架した圧搾小屋が知られるが, 奄美大島では完全に屋内に圧搾機を設置した事例は確認されない。

103）蔗汁を煮詰める鉄鍋についても, 沸騰の際に汁が鍋からこぼれないような細工を明治の中頃に施したらしい（鈴木淳編『ある技術家の回想―明治草創期の日本機械工業界と小野正作―』日本経済評論社, 2005 年, 565-566 頁）。

104）慶応年間の洋式工場では動力源として蒸気機関を用いていた。明治後期から大正初期の当局による奨励では家畜動力や水車動力についてのみ言及しているが, 奄美大島における機械動力式圧搾機の登場について興重勇は「昭和 12 年度三方村農事調査」において「製糖盛ンナル部落ニ対シ国庫支出ニヨル大島糖業助成金ニ依リ動力テル発動機及其レ他ノ製糖器具ノ補助ヲ受ケテ設立シタツヲ云ウ。本村ニ於テハコノ 2 カ所以外ノ部落ハ水車デ十分デアル……」と報告する（前掲萩原「奄美地域の糖業（Ⅴ）明治維新以降製糖企業進出期に至る変遷」）。洋式工場以後, 機械動力の再登場は約 80 年という時を待たねばならなかった。

105）ところで, 鳥原は『奄美大島之糖業』の終章において奄美大島での機械式製糖工場建設の将来性について以下のように述べる（237 頁）。「由来大島は地勢平坦ならず山岳, 急峻至る處に連りて大面積の畑地の纏

りて存する處極めて稀なり……（中略）……到底新式製糖工場の設立を企劃すへき處を見ず」工場立地といった側面からの白糖製造工場の分析はすでに論じたが，鳥原がいうように奄美大島は機械式製糖工場に不向きな土地柄であった。

第3章　鹿児島紡績所

はじめに

　グラバー商会（Glover & Co.）の力を借り，奄美大島の機械式製糖工場を建設していた時期とほぼ平行して，薩摩藩はイギリス製の紡績機械，力織機を装備した洋式紡績工場を鹿児島城下，集成館の工場群に近接して建設している。鹿児島紡績所と呼ばれるこの紡績工場は慶応3（1867）年に操業を開始したが，明治30（1897）年に廃止され，建物も後に取り壊された。現在は工場の跡地に記念碑や門柱の笠石が置かれている。また，異人館と呼ばれる外国人技術者の洋風宿舎が，昭和37（1962）年に国の重要文化財の指定を受けて保存されている[1]。

　明治3（1870）年に開業した堺紡績所，同5年開業の鹿島紡績所と並び，「始祖三紡績」と呼ばれる鹿児島紡績所については，絹川太一『本邦綿糸紡績史』など[2]，戦前から取り上げられてきた。紡績技術史の立場からは，玉川寛治が内外の資料の博捜とそれに基づいた鋭い分析をなしている[3]。また，経済史では加藤幸三郎が明治時代の経営状態を解明した[4]。建築学的には，現存する異人館が初期洋風建築の一例として度々取り上げられるが，鹿児島紡績所の工場については石造洋風の外観が紹介される程度で，少し踏み込んだ内容としては，近藤豊が鹿児島紡績所の平面図を紹介している[5]。

　ここでは，洋式紡績工場の設立をめぐる薩摩藩とイギリス商人たちの活動をたどりつつ，平面・断面構成を国際的な視点から分析し，両者の相関について考察したい。

第1節　沿革

1．鹿児島紡績所建設前後における薩摩藩の紡績業

　安政2〜3（1855〜1856）年頃，島津斉彬は指宿の豪商浜崎太平次献上の西洋糸を見て，藩の御庭奉行を務めた石河正龍に「将来日本ノ膏血ヲ絞ルモノハ實ニ此ノモノナリ汝宜シク拮据勉勵ニ當ルベシ」といい[6]，綿糸紡績業を推奨した。同じく安政年間頃，斉彬は藩内にあった船舶数を調査させ，その結果，5,300余りの船舶の帆布は「皆上方ヨリ買下シ代價夥敷キ金高ナリシヨシ」といい，さらに「……御内命其帆ニモ國製ノ帆木綿可相用トノ御沙汰アリシト」ある[7]。このことから，薩摩藩では従来紡績産業があまり盛んでなかったことを知ることができ

る。同時に，斉彬が紡績に力を注いだ契機の一つに帆布による対外赤字の減少という経済的事情があったことがわかる。

　この斉彬は，磯別邸の隣地に工場群を建設し，安政4（1857）年には集成館と命名，そこでは各種の生産事業を実施する。事業は集成館以外の地でも推進され，水車を動力とした紡績工場である郡元水車館を安政3（1856）年に，田上水車館と永吉水車館を安政5（1858）年に建設した[8]。ここで使用された機械は日本人が独自に製作したもので，当時の絵図によりその詳細を知ることができる[9]。これらの工場も含め，幕末から明治初期にかけて行われた薩摩藩の近代的生産事業を集成館事業と総称している[10]。

　薩摩藩はさらに，泉州に堺紡績所を明治3（1870）年に開業し[11]，上方市場をも視野に入れた本格的な事業展開を目指していたと考えられる。慶応3（1867）年創業の鹿児島紡績所での綿糸紡織業は安政年間からの集成館事業の延長上にある薩摩藩の主要事業の一つであった。

　一方，鹿児島紡績所建設後の国内では，斉彬の予言通り，西洋綿糸の輸入量は増大の一途を辿り，在来産業をおびやかすようになった。明治政府は官営紡績所や十基紡などの紡績工場の整備にまい進し，その中で石河正龍をはじめとする薩摩藩の技術者は指導的役割を果たし，鹿児島紡績所は日本最初の本格的洋式紡績工場として高く評価されている[12]。以下，この紡績所建設に至る経緯に詳しく検討を加える。

2．鹿児島紡績所の建設経緯とイギリス資本および技術者の関与

　鹿児島紡績所の建設経緯を記す史料として，イギリスのオールドハムに所在するプラット・ブラザーズ社（Platt Brothers & Co., 以下，プラット社）が1899（明治32）年8月15日に三井物産

図3-1　鹿児島紡績所跡の石碑（左側）と大正10年の紡績所碑文を記した石柱（右側）
　　　（背後の駐車場やコンビニエンスストアの周辺が鹿児島紡績所の跡地，手前入口両脇の笠石は鹿児島紡績所の門柱にあったもの）（2015年9月　筆者撮影）

倫敦支店にあてた書簡がある。この原本の所在は不明で，昭和 11（1936）年に岩元庸造が抜粋した記述を残すのみである[13]。よって，その作成目的等は不明である。しかしながら，記述にある機械発注日はプラット社側に残された受注書類[14]や後掲する青焼き図面の作製年月日と一致する。また，書簡中にある留学生の苗字も一致している。よってここではその内容に一応の信を置いて論を進めたい。

　なお，前章で詳述したように，慶応元（1865）年 3 月，新納久信，松木弘安，五代友厚，通訳の堀孝之ら薩摩藩留学生 15 名はイギリスへ出発，同地の工場視察や各種契約を行った。渡英にあたり，新納，松木，五代，堀の 4 名は，それぞれ順番に石垣鋭之助，出水泉蔵，関研蔵，高木正次と名前を偽っている[15]。

　1899（明治 32）年のプラット社の書簡によると，同社はこの件にエド兄弟社（Ede Brothers）を通じて，1865（慶応元）年 6 月にかかわり始め，8 月に 3 人の日本人，イシガキ（石垣），シッキ（関），タカケ（高木）の訪問を受けたという。この後，平面図と見積りが用意され，1866年 1 月 9 日（慶応元年 11 月 23 日）に最終計画図面が採択，紡績準備機械，紡績機械がプラット社へ発注された。力織機も同社から供給され，図面上では 100 台が配置されたが，1893（明治26）年 4 月に同社の H. エインレー（Henry Ainlay）[16]が鹿児島を訪れたとき，31 台のみが残り，全て稼働せず，隅に放置されていたという。力織機はストックポートのベリスフォード・エンジニアリング社（Berrisford Engineering）の製造，シャフトによる動力伝達機構（シャフティング）はマンチェスターのレン・ホプキンソン社（Wren & Hopkinson）が製造した。機械はレディー・アリス号により出荷，プラット社の技術者 J. テットロー（John Tetlow）が同乗し，1866 年 7 月9 日（慶応 2 年 5 月 27 日）にロンドンを出航，1867 年 1 月 12 日（慶応 2 年 12 月 7 日）に長崎へ到着している。

　ところで，前章で指摘したとおり，この五代ら留学生一行の世話をしたのは長崎にいたイギリス人商人トーマス・グラバー（Thomas Blake Glover）であった。薩摩藩士のイギリス行きにはグラバー商会所有の船で渡り，同商会の R. ホーム（Ryle Holme）が同行している。紡績機械購入の代金はロンドンのマセソン商会（Matheson & Co.）より融資を受け[17]，レディー・アリス号での機械運搬もマセソン商会と同商会の兄弟会社であるジャーディン・マセソン商会（Jardine, Matheson & Co., 以下，JM 商会）が手掛けている[18]。

　このようなグラバー商会，JM 商会の支援を受けて紡績工場の設備の手配が進む一方で，五代たちはコンテ・ド・モンブラン（Comt de Montblanc）というフランス系の商人と接触している。慶応元（1865）年 8 月にはブリュッセルで，白耳義商社という薩摩との合弁貿易商社を設立する締結を結ぶ。また，同年 12 月には各種の産業開発についても取り決めを交わしたらしく，蚕卵紙の輸出，鉱山開発，麻紡績の他，すでにグラバーとの合弁的事業が一部展開し，契約・施工中だった製糖事業，綿糸紡績事業へもモンブランの介入が予定されていたらしい[19]。実際にはグラバーの干渉もあり[20]，ほとんど計画は立ち消えになっているが，慶応 3（1867）年8 月，モンブランは金銀山開発のために地質学者を連れて来薩しており[21]，一部は実現したもの

もあったようである。

次に，鹿児島の現地の状況をみてみたい。1867年1月2日（慶応2年11月27日）に鹿児島を訪問した E. サトウ（Ernest Satow）の日記には[22]，

海岸を進み，磯のシュイ・ゼイ・カン（集成館）にとまった。J. サッチクリフ（J. Suthcliff），H. ハリソン（H. Harrison），N. シリングフォード（N. Shillingford）はここにいる3人の外国人の名前である。前二者は投機者で，何かできることを探しに来ていた。後者は1年の雇用である。ウォーターズ（Waters）は琉球で，製糖工場を建設している技術者の名前である。E. ホーム（E. Holme）は S. のような紡績技術者で，磯に建設中の紡績工場で働くことになっている。

とあり，紡績技術者の E. ホーム（Edward Z. Holme）他3人の外国人技術者がいたことを記す。うち，ハリソンとサッチクリフは仕事探しに来た模様で，シリングフォード（A. N. Shillngford）は1年間の契約とある。ホームについては薩摩藩との正式な雇用契約も残されており[23]，プラット社から派遣された専門的技術者であろう。鹿児島紡績所の工事は慶応2年の11月に着手，そして先に述べたように，翌12月に J. テットロー（John Tetlow）と注文の紡績機械が長崎に到着[24]，慶応3年春には外国人技術者用の宿舎（現異人館），5月には工場本館が竣工し，操業を開始した[25]。作事奉行は折田要蔵年秀，大工頭瀬島金兵衛常篤，工場および技師館の建築は，シリングフォードの設計とされる[26]。ただし，奄美大島で仕事をしていた T. J. ウォートルス（Thomas James Waters）が設計上の大まかな指示をシリングフォードに与えていたかもしれない。なお，現在は異人館と呼ばれる外国人技術者用の宿舎は，龍洞院という旧寺院跡の敷地を利用して建設，一棟の中に機械技術者や製糖技術者など，複数の外国人が寄宿する建物だった[27]。

工場建築担当者シリングフォードは鹿児島に来る前，元治元（1864）年1月に来日し，同年2月より慶応2（1867）年7月まで，横浜居留地においてローウェル（Rowell），続いてドーソン（Dowson）と共同で建築事務所を営んでいる[28]。したがって，薩摩藩の依頼に基づきイギリスから派遣された紡績技術者はホームで，それにサッチクリフ，ハリソンの2名とさらに日本にいたシリングフォードが合流し，おくれて機械とともにテットローが到着したことになる[29]。

以上の経緯から推定される工場建設のプロセスは次の通りである。まず，薩摩藩士がエド兄弟社，ないしはモンブラン，グラバーの仲介を受けて1865（慶応元）年6月，プラット社へ紡績工場の設計を依頼した。そして，同社の技師 H. エインレーが設計図を作成し[30]，1866（慶応2）年1月に契約，プラット社の采配により，シャフティング，力織機が各メーカーへ発注される。これらの機械とともにプラット社の技師 J. テットローが日本へ訪れた。建設の現場では，紡績の専門家であるホームやテットローが紡績機械の据え付けを，シリングフォードが洋風建築の工事や蒸気機関の据え付け監督を，日本人の瀬島が実際の施工を担当し，奉行の折田が日本側の責任者にあたった。E. サトウの日記からすると，建設工事は慶応2（1866）年12月の紡

績機械の到着以前，おそらくイギリスより事前に送られた図面をもとにしながら着手した。そして，慶応3（1867）年5月に工場本館が落成，イギリスから輸入した機械を据付けた工場が操業を開始した。

なお，先述のE.サトウの日記には鹿児島紡績所に5人の外国人技術者がいたとするが、紡績所の所長をつとめた宮里正静は後年，「機関部」「流（梳カ：引用者注）機」「綿機」「粗紡機」「縦針大（六カ：引用者注）基」「横針三基」の各部門に6名のイギリス人技術者が配属され，運転，技術指導にあたったとする。そのうち1名は「工務長」という。工場の勤務時間は1日10時間，1日平均48貫目の糸を製造し，白木綿と縞類を主に織っていた。白木綿は大阪で販売する予定だったという[31]。また，明治2（1869）年の工場には男女230人の労働者が働いていた。中国と日本の原綿を混合し，18.5番手のミュール糸，16.5番手のスロッスル糸を製造した[32]。

明治以降，鹿児島紡績所の経営は主に島津家を中心とする人々によって続けられるが，操業は全て順調ではなかったようであり，明治30（1897）年に廃止される。廃止後，外国人技術者の宿舎は旧鶴丸城内へ移築され，紡績工場の機械，そして建物を解体して得られた石材は加治木の鋳物業者が払い下げを受けている[33]。

3．世界的綿花不足と鹿児島紡績所の創業

ここで，鹿児島紡績所が創業した当時の綿糸紡績業の世界史的状況を顧みておこう。薩摩藩

図3-2　鹿児島紡績所正面玄関部分

(Source: *The Far East: an Illustrated Fortnightly Newspaper*, Vol.I, No.XII, 16 November 1870)
（横浜開港資料館所蔵）

が紡績工場の建設に取り組み始めた 1 年前，1864（元治元）年にはアメリカ南北戦争の影響による世界的な綿花不足が起きていた。このような商機に対して，グラバーも薩摩藩から繰綿を買い付けることになっていた。実際，薩摩藩では文久 3（1863）年 12 月，いわゆる長崎丸砲撃事件において「繰綿　六百本」を失い[34]，また，元治元（1864）年に襲撃を受けた長崎への廻送船加徳丸の積荷は薩摩藩商人浜崎太平次が大阪より買い付けた 1 万本あまりの繰綿だったという[35]。これらより薩摩藩は大量に長崎へ繰綿を送っていたことを知りうる。さらに，この長崎という送り先に居留地所在のイギリス商人の介在を窺うことができる。

　ちなみに，綿花の日本からの輸出先の内訳を見ると，1862 〜 1863 年はイギリス向けが 1,063 梱，香港向けが 8,107 梱，上海向けが 502 梱に対し，1863 〜 1864 年はイギリス向けが 42,216 梱，香港向けが 28,671 梱，上海向けが 1,664 梱と，イギリスと並び香港に向けての輸出量は 1 年間で桁違いに増大している[36]。

　綿花輸出地である長崎は，日本の主要な輸出拠点の一つである。さらにその輸出先である香港にはアジア貿易の拠点としてイギリス資本の存在があった。その一端を担った JM 商会は 1863（文久 3）年当時，中国や日本から綿花を大量に欧州へ販売し，利益を上げていた[37]。薩摩藩と JM 商会は，グラバーを介して関連していたが，ここでは，綿花売買を通じた薩摩，長崎，香港という一連の結びつきを認めうる。

　また，JM 商会は薩摩藩の集成館事業が落ち着いた 1870 年代から中国国内に製糖工場，紡績工場を建設し，経営の多角化を展開している。中国では 1860 年代の上海でイギリス商社がイギリス製の機械制紡織工場を企画し，また 1871（明治 4）年に広州でアメリカ人が小規模な紡績工場を建設，半年間ながら操業を実現させた[38]。そして，1890（明治 23）年には上海機織布局が設立され，近代的な綿糸紡績工場が開始された。なお，この工場の設立が申請されたのは 1878（明治 11）年のことという[39]。鹿児島紡績所が開業した慶応 3（1867）年当時，朝鮮は未だ鎖国の段階であるし，台湾には洋式紡績工場の建設は確認できない。したがって，ごく小規模な家内機械工業を除くと鹿児島紡績所は東アジア地域で最初の本格的洋式綿糸紡績工場ということになる。

　ここで挙げた上海機織布局の設立に対して，JM 商会は経営参加を試みており，同商会は鹿児島紡績所を手掛けたプラット社に，近い将来，紡績機械が必要になるとの見通しをもって，1878（明治 11）年 11 月に機械調達やその価格について照会している[40]。結果的には上海機織布局は外国資本を排斥した中国資本のみの紡績工場として開業したが，その 7 年後，JM 商会は 1895（明治 28）年に怡和綿紡織公司（EWO Cotton Company）という自前の紡績工場を上海に建設し，鹿児島紡績所と同じプラット社の機械を配備していた[41]。また，同商会はプラット社の代理店を兼ねている。これがいつから開始されたかは明確でない。ただし，上海機織布局の申請にあたってプラット社に価格等を照会していることから，鹿児島紡績所建設の 11 年後，1878 年に接触があったことは確実である。

　このように，鹿児島紡績所は世界の綿糸紡績産業が変化するときに操業を開始した，東アジ

第 3 章　鹿児島紡績所

ア最初の本格的紡績工場であった。後々に東アジアへ紡績工場を輸出することとなるプラット社にとっても，同地で最初の試みであったことを確かめることができる。

第 2 節　建築関連資料と関連遺物による鹿児島紡績所建物の復元

1．鹿児島紡績所の青焼き図面

　鹿児島紡績所の建築資料として機械配置を示した青焼き図面（尚古集成館所蔵）がある（図3-3，図3-4）。図面中央には'－HIS HIGHNESS THE PRINCE OF SATSUMA－／—JAPAN—'とタイトルが記され，平面図とその左に断面図が描かれている。左下には'JAN. 9TH 1866'と日付が書かれ，その下に「慶応元年十一月二十三日」と墨書がある。右下には'SCALE 1/16 = 1 FOOT'と縮尺を表記する。外壁や内部を仕切る壁は太線で表示され，煉瓦造ないしは石造が想定されていたことがわかる。内部には格子状に細線が記され，その交点には小丸があり，円柱とそれをつなぐ梁を表現しているとみられる。それとは別に動力を伝達するシャフトが細線で表現され，各機械をつないでいる。ただし，後述するように実現した建物とこの図面にはいくつかの相違点があり，施工図や竣工図ではない。前掲プラット社が三井物産にあてた書簡の

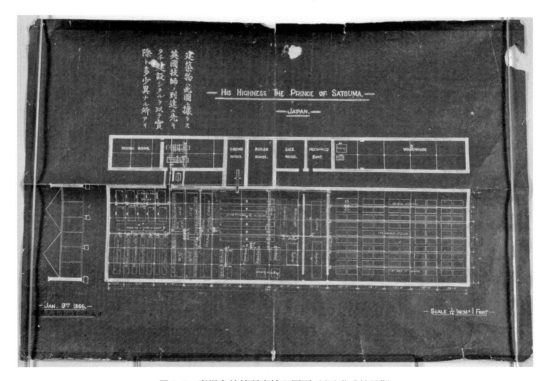

図 3-3　鹿児島紡績所青焼き図面（尚古集成館所蔵）

94

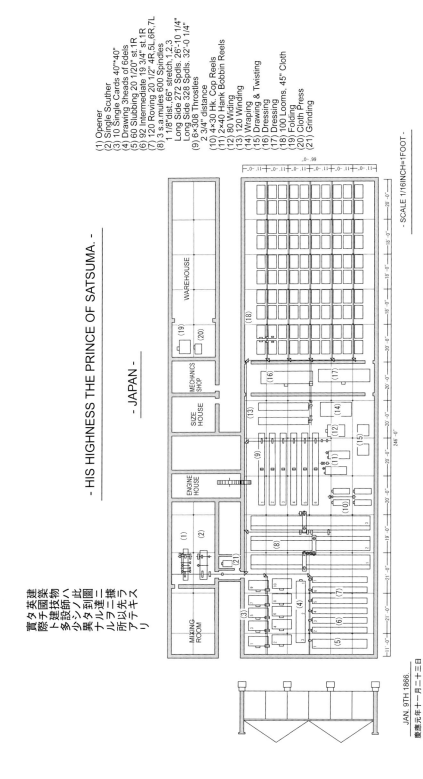

図 3-4 鹿児島紡績所青焼き図面のトレース（筆者作成）

機械受注日とこの図面作製日とが同じであることから，イギリスで作成された契約に伴う計画図面と考えられる。作成者はプラット社の技術者エインレーである。

　図面に描かれた建物は紡績機械や織機が収まった建物（こちらを本館と呼ぶ）とボイラー室や附属室，打綿機などが収まった建物（こちらを別館と呼ぶ）の2つより構成され，両者を2ヶ所の連絡棟が繋いでいた。本館と別館は共に周囲を組積造の高い壁で囲む。断面図は本館のみ描かれており，平屋建だったことがわかる。別館も階段が無いことから平屋建として計画されていたのであろう。本館内側には梁間方向に5列（6スパン），桁行方向に11列（途中，柱列を壁で代用して13スパン）円柱が並んでいる。別館は梁間2スパンとし，桁行では本館の柱列とそろえている。本館は図面上の寸法より梁間66ft，桁行246ftであったことが分かる。別館は寸法線が描かれていないが，柱間数より梁間22ft，桁行246ftと推定しうる。断面図ではこの柱の上に梁が横たわり，さらに小屋組を支え，屋根は切妻屋根が2つ並んだ形式のものが描かれている。高さ方向の寸法は与えられていないが，青焼き図面上の実測値から計算すると，柱高14ft，棟高27ftである。軒先は周壁の上端よりも低い位置にあり，さらに周壁の上端は一段内外に迫り出している。青焼き図面上の実測値からすると，周壁の頂部まで地盤面から24ftとなる。

　以上，青焼き図面上に描かれた建物と鹿児島紡績所の古写真数点とを比較すると，次に考察するように，外観上いくつかの相違点がある。これらの相違点について図面左上に墨書があり，「建築物ハ此圖ニ據ラス英國技師ノ到達ニ先キタチ建設シタルヲ以テ實際ト多少異ナル所アリ」という。この墨書は原図に直接記され，その後青焼きが作成されている。墨書が記された時期，青焼きが作成された時期は不明である。

2．鹿児島紡績所建物の外観

　鹿児島紡績所の外観を復元する資料となる古写真は，大きく分けて7種類が確認されている。以下列記すると，鹿児島紡績所のある磯地域と鹿児島市街との境にある鳥越峠から明治5（1872）年（図3-5），明治7（1874）年（図3-6），明治30（1897）年頃（図3-7）にそれぞれ撮影したもの，『ファー・イースト（*The Far East*）』紙の1870年11月16日（明治3年10月23日）号への掲載を初出とする鹿児島紡績所の側面と正面玄関の突出部分をそれぞれ撮影したもの（図3-2，図3-8），そして，不明瞭だが明治5年に紡績所の正側面を撮影したものと（図3-9），明治7年に磯の海岸から正側面を撮影したもの（図3-10）である[42]。明治5年と明治7年に鳥越峠から撮影した写真は，鹿児島紡績所だけでなく，手前にあった外国人技術者用宿舎（異人館），奥にあった集成館の工場群が写る。このうち，明治5年の写真は明治天皇巡幸に伴うものである。明治30年頃の写真では鹿児島城内に移築された異人館が消え，明治34（1901）年に開通する鉄道線が工事中である。また，明治7年と明治30年頃の写真には紡績所と集成館との間に石造洋風建築の工場である鋳物場の建物が確認される。

　古写真に撮影された鹿児島紡績所の建物は寄棟造桟瓦葺の大屋根が載った本館および同じく

図3-5　明治5年頃に鳥越峠から撮影した鹿児島紡績所と技師館（尚古集成館所蔵）

図3-6　明治7年に鳥越峠から撮影した鹿児島紡績所と技師館（長崎大学附属図書館所蔵）

第 3 章　鹿児島紡績所　　　　　　　　　　　　　　　　　　　　97

図 3-7　明治 30 年頃に鳥越峠から撮影した鹿児島紡績所（尚古集成館所蔵）

図 3-8　鹿児島紡績所側面外観（Source: *The Far East: an Illustrated Fortnightly Newspaper*, Vol.I, No.XI, 1 November 1870）（横浜開港資料館所蔵）

図 3-9　鹿児島紡績所正側面外観
　　　　（尚古集成館所蔵）

図3-10　明治7年頃に磯海岸から撮影した鹿児島紡績所（長崎大学附属図書館所蔵）

寄棟造桟瓦葺の別館より構成され，正面側に切妻造の玄関が突出していた。桟瓦葺の屋根には瓦を押さえるために端部や中央部を漆喰で塗りこめている。窓は側面に3つ，正面側，突出部を挟んで左右対称に5つずつあったことがわかる。正面突出部では玄関両脇に1つずつあった。窓の大きさや形式は同じで，下端に窓台を置き，周囲を石で縁取った縦長窓で，要石を強調した半円アーチのファンライトを開く。軒先を石造壁よりも手前に出す。正面突出部分では半円アーチの玄関を開いていた。建物は切石二段積みの基段の上に建ち，壁体よりもさらに幅の広い布基礎を廻し，1段目が若干他の石材よりも背，幅とも大きく，腰部を強調していたと考えられる。その上に10段石を積んで，コーニスを回す。コーニスはわずかながら外側に迫り出し，繰型をつけたようである。正面突出部ではコーニスの上に8段ほど石を積んで妻壁を作る。妻壁には2段の繰型がついた丸窓を開く。このように，鹿児島紡績所の建物は洋風建築意匠を有した建築であったことがわかる。が，石の大きさは不揃いで，漆喰目地の使い方など積み方は粗雑といわざるを得ない。

　さて，実際に建設され，古写真に撮影された鹿児島紡績所の建物は，前掲した青焼き図面の平面図と断面図とは異なる箇所が認められる。一つは本館の屋根の形態で，青焼き図面では外壁の内側に棟2つが並んだものだったが，実際には軒を出した大屋根をかけていた。そして，

第 3 章　鹿児島紡績所

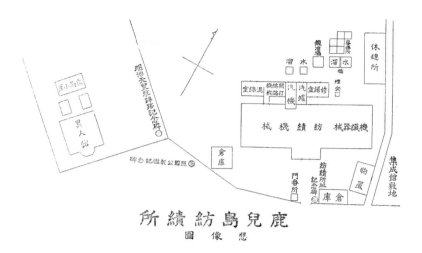

図 3-11　岩元庸造による復元配置図
(『薩藩の文化』鹿児島市教育会, 1935 年より転載)

本館側面中央に切妻造の突出部を設け, 玄関を開いていた。もう一つは, 別館の実際の桁行長さが青焼き図面よりも短いことである。青焼き図面と比べると, 別館の倉庫 (Warehouse) の部分が建設されなかったようである。また, 青焼き図面には窓が描かれていない点も挙げうるが, これは図面の目的が機械のレイアウト図であることによるのだろう。

このように, 実現した建物は青焼き図面の通りではない。しかし, 青焼き図面から変更された箇所は玄関部分や屋根の形状, 倉庫など, 紡績機械のレイアウトに直接影響を及ぼすものではない。また, 鹿児島紡績所の機械は青焼き図面の設計案により発注され, 直接イギリスから輸入された。鹿児島の現場で本館の平面規模, 柱の配列を大きく変更することは, シャフティングや機械のレイアウトを大きく変更することになり, 日本側で対応できるものではない。実際, 機械の追加発注等を行った形跡は窺われない。したがって, 本館の機械が並んだ部分は, 青焼き図面の内容にほぼ従って建設されたと考察される。よって, 海外の紡績工場との比較考察においては, この青焼き図面を基本史料として次節以下の考察を進めたい。

3．先行研究における復元配置図

ところで, 鹿児島紡績所の建築形式について, 二次資料であるが『薩藩の文化』の紡績業部分を執筆した岩元庸造[43], 『本邦綿糸紡績史』を執筆した絹川太一[44]によって復元配置図が作成されている (図 3-11, 図 3-12)。いずれも聞き取り調査によるものだが, 共通する点が多く, 古写真と比較してこのような状況になっていたものと考えうる。

それによると, 海沿いを走る街道側に正面門を開き, 左側に門衛所, 右側に綿倉 2 棟が建っていた。岩元の復元図ではやや角度を振って物置, さらに工場本館の南西よりにも倉庫がある。鳥越峠から俯瞰した古写真を見ると, 門脇には石造の倉庫 1 棟, さらに工場別館の西側に石造

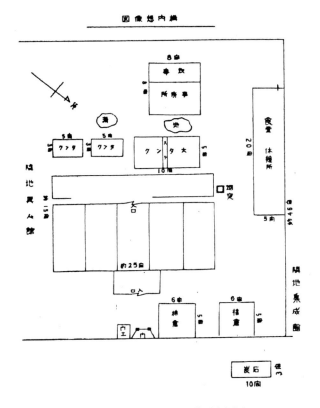

図 3-12　絹川太一による復元配置図
(絹川太一『本邦綿糸紡績史』第1巻, 日本綿業倶楽部, 1937年より転載)

の倉庫が建っていた。古写真にはこの2つの石造倉庫以外にもいくつかの附属屋があるが, いずれにせよ, 工場の周辺にはいくつかの倉庫があり, うち2棟は石造であったことは確かである。また, 復元図では工場建物の背面にはタンク（岩元の復元図では水槽）が4つ並び, さらにその後ろに事務所が記されている。この事務所や水槽の東側（図では右側）には食堂, 休憩所があったという。古写真にも本館の後方に食堂, 休憩所に相当すると思われる木造平屋, 切妻造の細長い建物が写っている。

また, 絹川は周辺配置のみならず, 工場建物の内部の様子についても若干の記述を残している[45]。やや長くなるが, 他資料からは得られない情報も含まれているのでここに引用しておく。

工場は其建具合が英国プラット社の設計で, 其の設計通りになって居るに拘らずプラットから不審を打たれた建物である。鹿児島では石材に富む地方なるが故に, 箇人の住家でも塀でも石造は誠に珍しくない。此振合で紡績所工場も全部石材を用いた。プラットでは壁を用ゆる積りで壁際に鉄柱を立てて屋根を支えるようにせしが, 石材を用ゆるとせば鉄柱は全然無用の長物だというのがプラットの不審の打ち処である。窓は皆石造に対し造り付けなって開閉ができないから, 夏季には工場内の温度著しく昇り, 職工は男女を問わず皆素っ裸で仕事をなした。工場内部には一丈八尺ほどの上に大梁が4本南北に並んで横はり一本の梁の上に5本づつの鉄柱が立って居た。但し其中二本は両側壁際にあること勿論だ。後掲青写真の設計では紡績室の屋根が長い二棟になってあるかの如く見ゆるも實際建築は一棟であった。通路が屋根の下にあったからであろう。

労働者への聴取内容と思われる, 窓が嵌め殺しになっていた点や, それと関連して内部温度が著しく上昇した点など興味深い記述を残しているが, 絹川の解釈による部分も含まれているようにみえる。まず, 石壁の際における鋳鉄柱について, 壁を太線で表現していることから考え

て，両端は壁で支える構造であったのであろう。これはイギリスの紡績工場でも一般的な構法である。ただし，先述したように青焼き図面左端では壁に接して柱が描かれている。梁1本に5本の鋳鉄柱があったという記述は青焼き図面と同じである。また内部には梁が4本架かっていたというが，桁行246ftに及ぶ建築で梁が4本とは考えにくい。青焼き図面では本館の桁行は13スパンに分割されている。ちょうど織機が収まった部屋が5スパンに分割されており，梁4本というのはこの織機が収まった部屋のみを指した表現ではないかと推察される。

　また，大屋根の下には通路があったという。後述するが，鹿児島紡績所の断面構成の復元では，青焼き図面の柱高さと壁高さの違いが重要な点となる。絹川の記述に従えば，この異なる高さを利用して通路をつくった可能性も排除されないものの，この屋根下の通路の機能は説明しておらず，他の紡績工場の事例をみてもこのような通路は確認されない。なお検討を要するであろう。

4．紡績工場建物の断面構成

鹿児島紡績所の鋳鉄柱

　鹿児島紡績所の断面構成を復元する重要な資料として，当時の鋳鉄柱がある。ここではその復元検討をおこなう。鹿児島紡績所で使用された鋳鉄柱はかつて記念燈に改造されて尚古集成館の前庭に立っていた。記念燈への改造は大正11（1922）年3月におこなわれている。これは大正6（1917）年3月設立の鹿児島紡織（鹿児島紡績所とは別の会社）が工場構内に記念燈として移築したものである[46]。また「鹿児島紡績所址」の記念碑建設もこの鹿児島紡織によって記念燈の改造と同時に実施されている。鹿児島紡織の工場は昭和16（1941）年12月に閉鎖されたため，記念燈は翌年12月に尚古集成館敷地内に移築された。その後，平成15（2004）年6月頃に保存状態に配慮して博物館の館内に移され，現在に至る（図3-13）。

　鉄柱の中ほどには「記念磯紡績所鉄柱」と記された鉄板がねじ止めされている。ここではまず，記念燈とするために改造がなされた部分を取り除いた姿を探ることにする。鋳鉄柱を改造する場合，後で溶接すると，大きな溶接痕が残る。溶接以外の方法で改造を施す場合はボルトやナットで新しい部材を接合することになる。よって，一体的に鋳造されている部分が当初からの部分と考えられる。このことを念頭において各部を見ていくことにしたい。

　鉄柱は上径130mm，下径140mm，長さ3,500mm（137.8in）の管（本柱）の上に繰型があり，それと一体となって長さ730mm（28.74in）の柱頭部分が鋳造されている。繰型からは大きく外に開いた添え板が四葉型の平板を支える。四葉型の平板の裏面には4ヶ所にボルト穴のついた突起がある。これら柱頭部分の表面は平滑で，一体に鋳造されており，当初部材と考えうる。四葉型の平板の上にはさらに四葉型の平板が載る。平板には壺型の突起があり，平板の四隅からは脚が伸びて上にある鉄輪を支える。脚と平板はボルトで留められ，さらに下方の四葉型の平板裏面にある突起まで貫通する。

　記念燈として使用された当時の写真（図3-14）より，現在の鉄柱の上にさらに柱を立てて，左

102

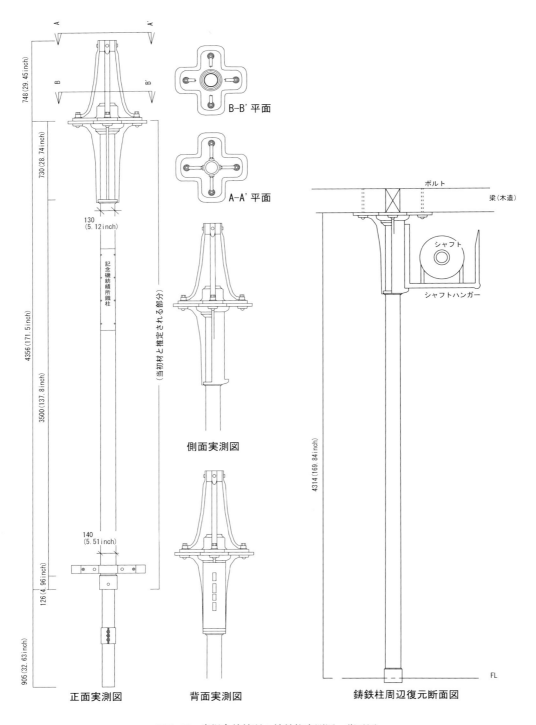

図 3-13　鹿児島紡績所の鋳鉄柱実測図・復元図
（筆者実測・作図）

第 3 章　鹿児島紡績所

右に 2 つのランプのようなものが取り付けられていたことを知りうる。現在の柱に残されている鉄輪や壺型の突起はこの上部にあったランプのついた柱を現存する柱に取り付けるものであろう。よって四葉型の平板上の平板より上は記念燈への改造に伴うものであることがわかる。古写真にも鉄輪を支える脚部が写っている。

一方，鉄柱の下方では長さ 126mm（4.96in）の本柱よりも径が大きい部分（柱脚）を一体に鋳造し，その上方には 2 枚の帯状の鉄板を本柱に巻きつけてボルトであわせている。柱脚のさらに下には出が 905mm の管を突き刺して本柱と柱脚にボルトで留める。先に見た 2 枚の帯状の板がこの本柱より突出した管にも巻きつけられている。ボルトで留めていることより，差し込まれた管や 2 ヶ所の帯状の鉄板は本柱が鋳造された時よりも後のものと考えられる。屋外に立っていた時，本柱に巻き付けられた帯状の鉄板よりも下はコンクリートの基壇に埋もれていた。独立柱を立てるので基礎長さを確保するために管を差し込み，横振れに対応するために帯状の鉄板を巻きつけたのであろう。

以上，後に改造された部分を除くと，柱脚とそこから伸びた円柱，さらに四葉型に開いた板とそれを支える添え板よりなる柱頭を持つ姿となる。また，長さの切り縮めについては柱に大きな溶接痕が見られないことから，当初の長さを保っていると考えられる。

図 3-14　鹿児島紡織工場の構内にあった時の鋳鉄柱
（ユニチカ社史編集委員会『ユニチカ百年史』上巻，ユニチカ株式会社，1991 年より転載）

図 3-15　イギリスの紡績工場の鋳鉄柱
(Source: E. Baines, *History of Cotton Manufacture*, London: H. Fisher, 1835)

次項では当初の姿に復元しえたこの鋳鉄柱について，残された痕跡より鋳鉄柱周辺の断面構成について復元考察を試みたい。

鋳鉄柱周辺の断面構成

記念柱のプレートが取りつけられた側を正面とした場合，その裏面柱頭部分には平滑な面がある。そこには大きさの異なる4つの方形の穴が空けられている[47]。何かのほぞ穴であったと思われる。ボルト等は用いず，表面は平滑で，正面側の柱頭，添え板，平板と一体となり，当初からのものであると考えうる。

1835年に刊行された紡績技術概説書に当時のイギリス紡績工場の内部を描いたスケッチがある（図3-15）[48]。柱頭先端よりもやや下方に動力伝達用のシャフトを支えるシャフトハンガーが取り付いている。したがって，鹿児島紡績所の鉄柱に見られる平滑面とほぞ穴はシャフトハンガーを取り付けるためのものであったと考えられる。

平板上には梁が乗っていたと思われる。平板裏面にボルト穴が残っており，ボルトで梁を平板と固定していたのであろう。四葉型の形状からすると，梁は平板上同一面で柱から4方向に伸びていたものと推定しうる。柱が鋳鉄製なので，梁も鋳鉄製の可能性は排除できないものの，平板に穿たれた穴は各方向に1つのみであり，Ｉ型断面やパイプ状のものは収まらない。平板上にはジョイント等の痕跡は見出せなかった。逆に梁が木造であれば，ボルトで固定し，中央を相欠きなどにして同一面に収めることができ，平板に残された痕跡に対しうまく説明ができる[49]。鋳鉄製の柱に木造の梁を載せた構法はイギリスの紡績工場でもいくつかある[50]。

また，床面位置についてはイギリスの紡績工場建築の事例を見ると，柱脚を高さの3分の1程床面下に埋めている。鹿児島紡績所の場合，柱脚高さである126mmの範囲内のどこかに床面が収まっていたと考えると，床面から梁下までは4,356mmから4,230mmであったことになる。先に復元した青焼き図面上の計測値14ft（4,270mm）はちょうどこの範囲内に収まる。したがって，鹿児島紡績所は柱高14ftで設計されたと推定される[51]。

以上，鋳鉄柱の周辺仕様の推定復元を総括すると，柱が立つ床面より14ftの高さに木造梁があり，鋳鉄柱の柱頭にある平板上で十文字に組まれていた。この鋳鉄柱はイギリスで設計された青焼き図面の寸法と一致する。そして梁の直ぐ下には動力を伝達するシャフトが走り，それは柱頭部分に取り付けられたシャフトハンガーによって支えられていたと復元しうる（図3-13右側）[52]。

なお，1899（明治32）年のプラット社の書簡の内容によると，鹿児島紡績所のシャフティングはレン・ホプキンソン社の供給になるので，シャフティングと不可分なこの鋳鉄柱も同社の製作によるものと考えられる。

実現した鹿児島紡績所建物の断面構成

以上の考察によって，鋳鉄柱周辺の断面構成については復元しえた。しかしながら，梁と壁体との関係，小屋組構造については資料を欠いており，実態を把握できない。先に青焼き図面に描かれた断面図では高さ24ftの周壁内部に14ftの高さを持った柱が並び，軒先は壁天端よりも下側にくるものであった[53]。しかし，実現した建物は大屋根の軒を出した形式であり，青焼

第3章　鹿児島紡績所

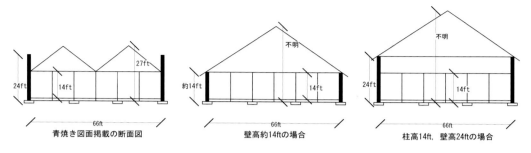

図3-16　鹿児島紡績所の推定復元断面図（筆者作成）

き図面とは異なる。そこで最後に，柱と小屋梁，壁の関係について2つのケースを設定して想定される断面構成を提示しておきたい（図3-16）。

　まずは青焼き図面の断面図の壁高24ft（7,312mm）がそのまま採用されたとする場合である。この場合，壁高と内部に立つ鋳鉄柱の高さが異なる。すると，鋳鉄柱どうしを上端でつなぐ梁と同時に石壁天端に渡され，小屋組を支える小屋梁と二重に梁が架かっていたことになる。小屋梁は直接石壁で支えられるため，鋳鉄柱の位置には左右されない。その代わりに梁間66ft（約20m）というスパンを飛ばすことになる。

　次に想定されるのは実際の建築にあわせて壁天端と柱高さとをほぼそろえて建てた場合である。この場合壁高は約14ft（4.27m）となる[54]。鋳鉄柱上の梁はそのまま石壁に達し，その上に小屋組が載る。この場合，小屋梁は鋳鉄柱に支持されるために，構造的には無理が無い。ただし，梁位置は柱位置に左右されるため，柱間が異なる箇所では梁の間隔も異なる。

　『ファー・イースト』掲載の古写真の正面突出部分に写っている人物像の大きさと鹿児島紡績所の壁高とを比較すると，人物の大きさを1.7m程度と仮定しても壁高は4m程であり，青焼き図面の周壁高24ft（7.3m）が採用されたとはし難い。あるいは先に提示した二重梁の場合，梁間20mという長大なスパンを無柱で架すことになるという結果[55]を勘案すると，推測の域を出るものではないが，後者の復元案（壁高，柱高共に14ftで建設）が素直な解釈であろう[56]。

第3節　鹿児島紡績所と19世紀後期の紡績工場の建築形式

1．19世紀後半における紡績工場建築の形式

　前節までの復元考察の通り，実際に建設された鹿児島紡績所の建物は1866年にプラット社が用意した図面の内容をほぼ踏襲していることを確かめえた。平屋建で紡織一貫という鹿児島紡績所の形式が，19世紀の綿糸紡績工場のなかでどのように位置づけられるのか，そして，それは技術の移入に関与した外国人たちの活動や意図をどのように反映しているのか，ここでは考察してみたい。

表 3-1　紡績工場一覧

分類	工場名称〈所在地〉1)	操業開始年2)	階数3)	屋根形状4)	梳綿機台数 Card	精紡機（錘数×台数）〈総計錘数〉	織機台数 Loom	機械メーカー	典拠
A	Bombay Spinning mill〈Bombay, India〉	1854	三階建か	寄棟連続	不明	機種・台数不明 〈計20,000錘〉	不明（外観より0と推定）	Platt Brothers	⑦
	Societe Cotoniere d' Hellemmes〈France〉	1890年代以前	地上五階半地下階	連続屋根 or 陸屋根	不明	不明	不明（外観より0と推定）	Dobson and Barlow	①
	工場名不明〈England〉	1890年代以降	三階建	切妻連続	Flat cards 54台	Ring 348錘×20台 / Ring 380錘×28台 / Ring 432錘×10台 / Mule 900錘×20台 〈計36,880錘〉	0	Howard and Bullugh	①
	Beehive Spinning mill〈England〉	1890年代以降	不明	連続屋根 or 陸屋根	Simplex' cards 160台	Mule 錘数・台数不明 〈計118,000錘〉	0	Dobson and Barlow	①
	Minerva Spinning Company's mill〈England〉	1891年前後	地上四階半地下階	連続屋根 or 陸屋根	Flat cards 87台	Mule 1,308錘×40台 / Mule 1,068錘×32台〈計86,868錘〉	0	John Hetherington and Sons	①③
	Milton Spinning Company's mill〈England〉	1891年前後	地上四階半地下階	連続屋根 or 陸屋根	Flat cards 78台	Mule 1,320錘×24台 / Mule 1,332錘×4台 / Mule 1,092錘×14台 / Mule 1,096錘×18台〈計96,732錘〉	0	John Hetherington and Sons	①③
	Elm Spinning Company's mill〈Shaw, England〉	1891年前後	地上四階半地下階	連続屋根 or 陸屋根	Flat cards 69台	Mule 1,296錘×16台 / Mule 1,304錘×22台 / Mule 1,074錘×22台〈計73,052錘〉	0	John Hetherington and Sons	③
	Yell Mill〈England〉	1891年前後	地上五階半地下階	切妻連続	Flat cards 90台	Mule 1,320錘×18台 / Mule 1,328錘×24台 / Mule 1,088錘×24台 / Mule 1,092錘×24台 〈計107,858錘〉	0	John Hetherington and Sons	③
	(Oldham mill)	1904年前後	五階建	不明	Single cards 120台	Mule 錘数・台数不明 〈計100,500錘〉	0	Platt Brothers	②
	(Modern Spinning mill)	1904年前後	三階建	不明	Single card 159台	Ring 424錘×60台 / Ring 400錘×74台 / Ring 錘数・台数不明 〈計74,100錘〉	0	Platt Brothers	②
B　I	Orrell's Mill〈Stockport, England〉	1834年	六階建＋平屋建	寄棟＋鋸屋根	機種不明 168台	Throstle 台数不明・12,948錘5) / Mule 台数不明・24,938錘 / Self-actor 台数不明・7,984錘 〈計45,860錘〉	1,100台	不明	⑥
	Saltaire Mills〈Shipley, England〉	1854年	地上四階半地下階＋平屋	寄棟＋鋸屋根	不明	不明	1,200台	不明	⑤
II	Oriental Spinning and Weaving Company's mill〈Bombay, India〉	1863年以前	平屋建	鋸屋根	機種不明 60台	Mule 錘数不明×36台 / Throstle 錘数不明×36台 〈総計錘数不明〉	480台	不明	④
	鹿児島紡績所〈Kagoshima, Japan〉	1867年	平屋建	連続屋根	Single cards 10台	Mule 600錘×3台 / Throstle 308錘×6台 〈計3,648錘〉	100台	Platt Brothers 他	青図 他
	Dharamsey Poonjabhai mills〈Bombay, India〉	1872年	二階建	寄棟連続	不明	機種・台数不明 〈計90,000錘〉	1,000台	Makers in Lancashire	⑦
	工場名不明〈Brazil〉	1890年代以降	平屋建	鋸屋根	Flat cards 80台	Ring 320錘×52台 / Ring 352錘×48台 〈計33,536錘〉	1,000台	Brooks and Doxey	①
	(a combined spinning and weaving mill)	1890年代前後	平屋建	切妻連続 or 鋸屋根	Flat cards 18台	Ring 380錘×16台 / Ring 300錘×20台 〈計12,080錘〉	280台	Brooks and Doxey	①
	(Shed Mill)	1904年前後	平屋建	連続 or 鋸屋根	Single cards 88台	Ring 376錘×40台 / Ring 400錘×34台 〈計28,640錘〉	1,000台	Platt Brothers	②
	(Mill in Brazil)〈Brazil〉	1904年前後	二階建＋平屋建	連続 or 鋸屋根	Single cards 76台	Ring 錘数・台数不明 〈計37,340錘〉	1,220台	Platt Brothers	②

第 3 章　鹿児島紡績所　　*107*

分類		工場名称〈所在地〉[1]	操業開始年[2]	階数[3]	屋根形状[4]	梳綿機台数 Card	精紡機（錘数×台数）〈総計錘数〉	織機台数 Loom	機械メーカー	典拠
B	II	下野紡績所〈Maoka, Japan〉	1885 年	平屋建	寄棟連続	Single cards 2 台	Mule 錘数不明・4 台〈計 2,000 錘〉	0 台	William Higgins & sons	⑧
		大阪紡績三軒家第 2 工場〈Osaka, Japan〉	1886 年	三階建	切妻連続	ローラカード 68 台	Mule 700 錘×24 台〈計 16,800 錘〉	0 台	Platt Brothers 他	⑨⑩

［注記］
1）工場名の記載が無い場合は図面名を括弧書きで記した。2）操業年については文献中すでに完成操業していることが確認できるものは「以前」，図面のみで未完成と思われるものは「以後」，完成未完成が不明な場合は「前後」と表記した。3）屋根形状については寄棟造か切妻造（いずれも二等辺三角形断面）を連続させたものは「連続屋根」，不等辺三角形断面の屋根を連続させたものは「鋸屋根」とした。4）連続屋根か陸屋根かいずれか判断しがたい場合は「or」とした。5）台数は不明だが，各精紡機の合計錘数は記されている。
［典拠］
① J. Nasmith, *Recent Cotton Mills Construction and Engineering*, London: John Heywood, undated (c. 1890).
② *Catalogue of Cotton Spinning & Weaving Machinery*, Oldham: Platt Brothers & Co, 1904.
③ *Illustrated Catalogue of Cotton Spinning Machinery*, Manchester: John Hetherington & Son, 1891.
④ W. Fairbairn, *Treatise on Mills cnd Millwork*, London: Longman, 1861.
⑤ W. Fairbairn, *The Application oj Cast and Wrought Iron to Building Purpose*, London: Longman, 1870.
⑥ A. Ure, *The Cotton Manufacture of Great Britain*, London: Chales Knight, 1836, reprinted by Johnson Reprint Co, 1970.
⑦ *Bombay Industries*, Bombay: The Indian Textile Journal, 1927.
⑧金子六郎他『下野紡績所調査報告書』真岡市教育委員会，1994 年。
⑨野口三郎「鋸屋根について：旧大阪紡績の三軒家工場」『日本建築学会関東支部研究報告集』第 67 号，1997 年。
⑩玉川寛治「わが国綿糸紡績機械の発展について―創始期から 1890 年代まで」『技術と文明』9 巻 2 号，1994 年。

　　鹿児島紡績所の国際的な性能を検証するにあたって，まず海外の紡績工場，特に鹿児島紡績所の技術の輸入元となったイギリスや，植民地など関連する国々の事例を収集する必要がある。そこで，ここでは当時イギリスで刊行された紡績に関する技術書や紡績機械メーカーのカタログに掲載されている紡績工場の内容をまとめ，鹿児島紡績所も含めて類型化を試みることにする。なお，インドについては事例が少なかったため，後年刊行された文献に掲載されている工場も追加した。また，イギリスについては先行研究が多く，近年刊行された紡績工場に関する書物や報告書にも多くの事例が収録されている[57]。ここでは他国の事例との量的バランスを考慮して，別に後述する。
　　類型化にあたってはまず力織機の有無に注目した。それは力織機を設置した工場と設置しない工場では大きく建築形態が異なるからである。この点は後で詳細に検討する。これにより，A 型（力織機無し）と B 型（力織機有り）に分けた。さらに，力織機を有した工場のうち高層棟に平屋建が附属したもの（B-I 型）と全て平屋建（複数階であっても平面的に展開するもの，B-II 型）に分類した（表 3-1）。
　　①A 型　四階建，五階建といった高層の建物で半地下階に倉庫，一階に梳綿機（Card），上階に精紡機を並べる（図 3-17）。建物の平面形状は矩形のものを基本に L 字型やコ字型のものもある。高層建物からは一部エンジンルームが突出したり，平屋建の部分が附属したりしているものの，それは全体の半分以下であり，平面的にはコンパクトにまとまり，垂直方向に伸びている。工場に搬入された原綿は一階に設置された打綿機（Scutcher），梳綿機といった機械を通じて処理が行われる。さらに間紡機（Intermediate）などを通じ，粗糸を作る。そして，二階以上に

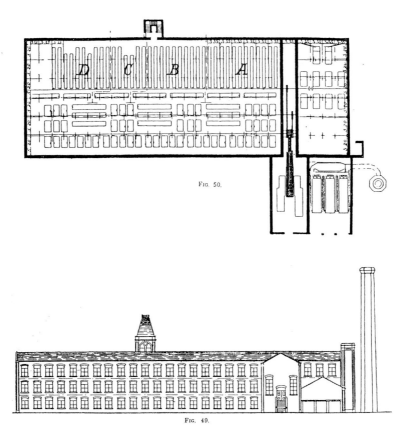

図 3-17　A 型の紡績工場（工場名不明）
(Source: J. Nasmith, *Recent Cotton Mills Construction and Engineering*, London: J. Heywood, undated (c.1890))

設置された精紡機によって糸が紡がれる。上下の移動手段には階段とリフトを並置している。人間は階段で移動し，物品をリフトで移動させていたのであろう。構造としては組積造の周壁の内側に木製や鋳鉄製の柱を並べ，同じく木製や鉄製の梁を渡し，各階の床を支える。床は 19 世紀後半ごろには防火床が主流となっている。屋根は切妻や寄棟を連続させたり陸屋根にしたりしている。この A 型の数が最も多い。

　マンチェスターをはじめ，イギリスの紡績工場ではほとんどがこの A 型である。例えばマンチェスターのアンコーツ運河（Ancoats Canal）周辺には，19 世紀前半頃建築の煉瓦造五階建から七階建前後の紡績工場が立ち並んでいる（図 3-18）。また，マンチェスターの郊外，ストックポートのハウルズワース紡績工場（Houldsworth Mill）では，煉瓦造五階建の巨大な紡績工場を中央の管理・倉庫棟の両翼につけた大型の建物が現存する。鹿児島紡績所の 2 年前，1865 年の建築である（図 3-19）。

　② B-I 型　次に A 型の背面に平屋建の建物（Shed）を附属した種類がある（図 3-20）。平屋建の部分には力織機または梳綿機が配置される。高層棟での工程や機械配置は A 型と変わらな

第 3 章　鹿児島紡績所

図 3-18　アンコーツ運河周辺の紡績工場（2011 年 9 月　筆者撮影）

図 3-19　ストックポートのハウルズワース紡績工場
（手前のブロックが紡績工場，中央 2 つの塔に挟まれた部分が管理・倉庫棟，奥にもう 1 つブロックが連なる）（2011 年 9 月　筆者撮影）

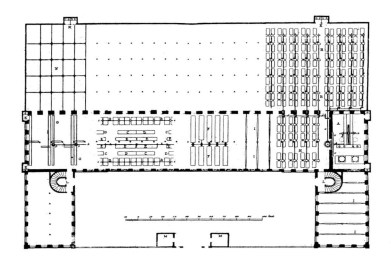

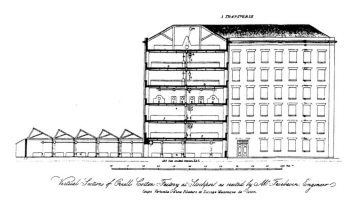

図 3-20　B-I 型の紡績工場（Orell's Mill）
（Source: A. Ure, *The Cotton Manufacture of Great Britain*, London: Charles Knight, 1836）

い。ただ，設置されている機械はミュール精紡機（Mule）だけでなく，織物用の糸を製造するため，縦糸製造に適したスロッスル精紡機（Throstle）との組み合わせや，当初スロッスルの代用として発明され，後年細糸も製造できたリング精紡機（Ring）などを設置している[58]。高層棟の上階で製造された糸を使って平屋建の部分に設置された力織機で織物を製造する。この平屋部分も構造は高層建物と同じく組積造の周壁の内側に鋳鉄製の柱を並べるが，屋根は北面採光の鋸屋根である。

　この類型で現存する事例はイギリス国内に少ないが，ダーウェント渓谷に残るマッソンミルズ（Masson Mills）の紡績工場は 1783 年建築の煉瓦造六階建（当初五階建）の紡績工場の手前に，平屋建鋸屋根の織物工場を後年増築し，B-I 型の形状を呈している（図 3-21）。

　③ B-II 型　ここでは織機も紡機も平屋建の建物内に配置している（図 3-22）。一部には平屋建に混じって二階や三階建の建物があったり，平屋ではなく，総二階建のものもあるが，全体と

図 3-21　ダーウェント渓谷のマッソンミルズ紡績工場
（煉瓦造六階建の紡績工場の手前に，平屋建鋸屋根の織物工場が接続している）（2011 年 3 月　筆者撮影）

して垂直方向には展開せず，平面的に施設が配置されている点に特徴がある。工程は他の形式と変わらず，原綿処理，前紡，精紡，製織とそれぞれ機械が配置されるが，垂直方向への移動がない。建物の屋根は鋸屋根や，切妻ないしは寄棟を連続させている。

力織機（Loom）の登場は 1820 年代から 1830 年代にかけてのことで，この時平屋建の織物工場が建設されはじめている[59]。このような織機を有した工場形式について当時いくつかの紡績工場を設計した W. フェアバーン（William Fairbairn）は 1861 年刊行の手引書で，

近年まで，わが国の紡績工場のほとんどは，五から八階建の高さで建てられ，幾重にもなる階床で各種の工程がおこなわれていた。……（中略）……第一に，力織機は地上階のほうが，上の方の階にあるときよりも良く動くことと，また，自由に織物を織るために，綿糸がある程度の湿度を必要とし，それは上方の温かく乾燥した部屋では得難いということが明らかとなった。これらの地上階に特徴的な性質から平屋建の原理が生み出され，結果，王国で力織機を運転する紡績工場で，地上レベルの低層部に平屋建が取りつかないものはほとんど見かけなくなった。

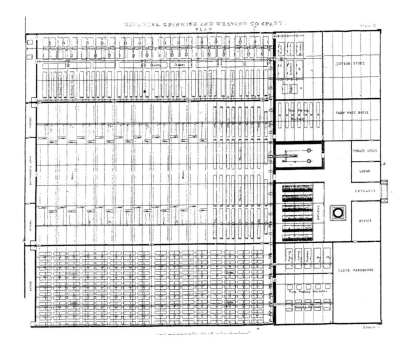

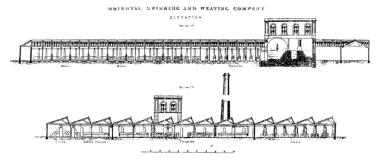

図 3-22　B-II 型の紡績工場（Oriental Spinning and Weaving Company's Mill）
（Source: W. Fairbairn, *Treatise on Mills and Millwork*, London: Longman, 1861）

と記し[60]，元々イギリス国内では A 型の紡績工場が主流を占めていたという。そこに，力織機が上階よりも地上のほうが効率よく動き，かつ繊維の湿度を確保するため，織機を設置した平屋建の工場ができたとしている。そしてこの本が著された 19 世紀半ばには，織機を付設した工場が A 型に代わって主流を占めるようになったという。この点についてはマンチェスターの紡績工場に関する既往の報告書でも同様なことが述べられている[61]。本章で扱ったなかでは 1830 年以前に遡る工場は無いが，他資料には 1798 年操業で六階建の紡績工場など，いくつか事例もある[62]。もちろん，織機を有した工場といっても，ある敷地の中に A 型の紡績専門の工場を建て，それと別棟に織物専門の工場を建てたものも含まれるだろうから，紡織一貫型が全て B 型の建築とは限らない。しかし，織物工場と紡績工場を一体の建物としている B 型が 19

世紀半ばに起源を持つことはこの記述より間違いない。以上の点を整理すると，織機の機能上の性質から19世紀半ばにA型が主流を占めていた紡績工場に平屋建の織物工場を付設した結果，新しい型としてB型が出現したということになる。

　さらに，この類型化より型ごとの建設地におおよその傾向を見出すことができる。すなわち，A型やB-I型のものはイギリスに多く，B-II型のものはインドやブラジルといったヨーロッパ以外の国に多いことが分かる。インドでもA型と思われるものがあるが，現在把握する限りのB-II型は植民地にある。イギリス国内では織物工場では平屋建のものがあるが，紡績工場でB-II型に属するものは例外的な数件を除いて確認されない[63]。

2．19世紀後半における鹿児島紡績所設計案の建築形式

　鹿児島紡績所を類型化するにあたってまず，前掲青焼き図面中の平面図より鹿児島紡績所の機械配置と平面構成を改めて確かめてみたい。平面図より本館内部は仕切り壁によって大きく3つの空間に分かれており，右側には梳綿機，間紡機といった紡績機械が並んでいた。鹿児島紡績所はミュール精紡機600錘建3台，スロッスル精紡機308錘建6台の合計3,648錘の紡績工場であった。左側には45寸幅織機100台が設置され，中央やや右側の幅の狭い部屋には糊付機（Dressing）などがあった[64]。柱列が一致していることから見て，これら3つの部屋を同時に2列の切妻屋根で覆う計画であったとみられる。別館には開綿機（Opener）といった機械や機関室，ボイラー室，倉庫といった部屋が並んでいる。このように鹿児島紡績所は前紡工程の部屋，紡績工程の部屋，織物製造室，機関室，倉庫といった用途毎の空間が平面的に展開している。このような平面形式を先の類型に求めるならばB-II型に類別しうる[65]。ただし，鹿児島紡績所はわずか3,648錘であり，同じB-II型でも，他の工場は9万錘，3万3千錘などと桁違いに大きく，B-II型と近い形式を持つが，規模の上では極めて小さい。ここに鹿児島紡績所の他に見られない特徴的な点を見出せる。

3．類型化より見た日本国内の紡績工場と鹿児島紡績所の意義

十基紡と大阪紡績の類型化

　それでは日本国内の紡績工場をこの視点で類型化するとどのようになるだろうか。鹿児島紡績所以降，増大する輸入綿糸への対策として，明治政府は愛知，広島の官営紡績所をはじめ，十基紡と呼ばれる紡績機械10組を輸入し，民間へ払い下げて工場を設立させ[66]，紡績の近代化にまい進することとなる。これらの工場は平屋建で織機を有しない2,000錘程度の紡績工場であった。また，輸入防遏という目的から設立されたため，諸外国の紡績工場とは設立の背景が異なるが，建物の型の問題として日本の紡績工場と比較してみたい。

　ここでは試みに，十基紡のうち比較的資料の残る下野紡績所を題材に検討する[67]。下野紡績所は明治18（1885）年1月に操業を開始した。建物は石造平屋建，寄棟連続屋根で，紡績機械が配置された建物と打綿機が配置された建物とをタービン（水車）室で繋ぐという平面構成を

とる。また，ミュール精紡機2,000錘を配備した小規模な工場である。先の類型ではいずれにも類別し難いが，力織機を持たないという点ではA型の小規模なものと分類される。他の十基紡や官営紡績所もほぼ同様の平面形式を持っていた。これら小規模な型はイギリスでもごく数件だが実例もある[68]。よって，明治初期の日本の紡績工場のなかでは鹿児島紡績所はB-II型の小規模なものという特異な工場であったことがわかる。しかしながら，同時代の海外，特に植民地ではB-II型が多く建設されており，むしろ，日本の紡績工場がB-II型を採用しなかったという点に特異さを指摘できよう。

　一方，明治中期以降大阪紡績，尼崎紡績といった1万錘以上の規模を持つ大工場が建設された。大阪紡績会社は明治19（1886）年6月には煉瓦造三階建で16,800錘の規模を持つ紡績工場を完成させている[69]。これは建築形態，規模いずれからもA型と類別できる。さらに敷地内には精紡機24,000錘，織機543台の規模を有する平屋建のB-II型の工場も増設された。すなわち，この大阪紡績ではじめて小規模であった日本の紡績工場がA型やB-II型など海外の主要工場と同程度のものになったといえる[70]。ここでようやく鹿児島紡績所以降，大規模かつ紡織一貫型の工場が再度登場したのである。

イギリス商人及び国内紡績工場における鹿児島紡績所

　本章の沿革で指摘しえた薩摩藩と東アジアの綿糸紡績業との関係，類型化によって指摘した小規模で植民地に多い新形式の工場という形態的な特徴から，鹿児島紡績所の実験施設としての性格を窺うことができる。一方，鹿児島紡績所とほぼ平行していた薩摩藩の奄美大島製糖工場は，イギリス商人にとっての投機的・実験的施設（パイロットプロジェクト）であったと前章では推察した。また冒頭に述べたように，鹿児島紡績所の技術者は明治以降，日本国内の紡績技術の普及と定着を担っていった。そこでここでは，鹿児島紡績所のイギリス商人にとっての役割，そして明治以降の日本国内の紡績工場にとっての役割を最後に推察してみたい。

　鹿児島紡績所の建設の経緯におけるグラバー商会やJM商会の活動は，資金融資や機械運搬に留まり，設備や技術者を手配し，建設現場に滞在し，製品の輸出までしてみせた奄美大島の製糖工場とは著しい違いをみせる[71]。よって，技術的な性能からすると，鹿児島紡績所の性格は実験的な施設ということができるが，イギリス商人たちにとっては，奄美大島製糖工場のような経営に直接参入する事業だったとはいい難い。むしろ，実験性という点からは，鹿児島紡績所は東アジアで最初の本格的な紡績工場であり，19世紀中期，紡織生産技術の輸出市場としての東アジアを推し量る指標として，プラット社にとって有益な知見をもたらしたかもしれない。

　それでは，日本の明治初期紡績工場において鹿児島紡績所はどのような役割を果たしたのだろうか。日本における明治初期の紡績工場はB-II型のような紡織一貫ではなく，紡績のみのA型工場を建設した。鹿児島紡績所はB-II型として紡織一貫の設備を有していたが，先のプラット社の報告にあったように，実際には織物生産は不調で主に紡績のみが行われていた。また，

薩摩藩において紡績技術者として活躍した石河正龍はその後，十基紡の設立にも指導的な役割を果たした。つまり，鹿児島紡績所の失敗を教訓に，石河らはその後の十基紡設立にあたって紡績業のみに特化した側面もあったものと推察される[72]。すなわち，鹿児島紡績所は日本の紡績業にとって反面教師としての役割を担ったものと考えられる。もちろん，先述したように明治の初期紡績工場は輸入綿糸への対抗策として設立されたため，諸外国とは異なり，綿布生産はそれほど重視されなかったという理由もある。本章は工場の型の問題からその理由の一側面を提示したものであることを附言しておきたい。

第3章の内容を要約し，結びとしたい。

⑴　洋式紡織の鹿児島への移植を目指す薩摩藩士は慶応元（1865）年8月にイギリス・オールドハムのプラット社を訪問し，慶応2（1866）年1月に同社が鹿児島紡績所の図面を用意し，契約がおこなわれた。機材は翌年1月に到着し，鹿児島紡績所はプラット社にとっても東アジア最初の紡績工場として，慶応3（1867）年の春に完成した。工事にはプラット社から派遣された，E.ホーム，J.テットローの紡績専門の技術者のほか，数名の外国人が訪問し，A. N.シリングフォードが建築工事の監督をした。紡績工場発注の資金融資や機材の運搬はグラバー商会とJM商会が担当したが，間接的な支援に留まるものだった。

⑵　鹿児島紡績所の建物はプラット社が用意した計画図面から一部形状を変更して建設された。しかしそれは別館の桁行長さの縮小，玄関の付加や屋根形状の変更と，紡績機械の配置や機構に変更を及ぼすものでなかった。

⑶　鹿児島紡績所の遺物である鋳鉄柱の実測と痕跡結果から，後年記念燈として改造された部分を取り除き，当初長さへの復元を行った。高さ14ftの鋳鉄柱が十字に組んだ木製梁を支持し，柱頭の横にシャフトを取り付けた形式であった。

⑷　鹿児島紡績所の構成は，紡績部門と力織機部門が併設された紡織一貫型工場で，19世後期のイギリスでの比較的新しい型であった。さらに，紡績機械を高層階，力織機を背後の平屋建の附属屋に置くイギリスの紡績工場に対し，鹿児島紡績所は総平屋建の建物内のみに紡績機械と力織機を配置するという，インドなどの植民地に特徴的な型に属していた。ただし，世界の紡績工場が1万錘を超える規模を有する一方で，鹿児島紡績所は3,648錘と規模が非常に小さかった。ここに鹿児島紡績所の他にみられない個性的な点が確認される。

⑸　建設の経緯におけるイギリス商人やプラット社の関与を踏まえ，鹿児島紡績所の強い実験施設的な性格を考慮したとき，鹿児島紡績所はイギリス商人からは距離をおいた事業であり，むしろ，プラット社にとって紡織生産施設の輸出市場を推し量る指標として有益だったと思われる。また，鹿児島紡績所の形式としての特徴点に加え，そこでの紡織一貫型が失敗したこと，紡績業のみに特化した明治初期の日本の紡績工場の性格を勘案すると，明治19（1886）年の大阪紡績まで鹿児島紡績所が反面教師の役を担ったと推察される。

注

1）文化財建造物保存技術協会編『重要文化財鹿児島紡績所技師館修理工事報告書』（鹿児島市，1979年），『鹿児島紡績所技師館』（異人館）隣接地試掘調査報告書』（鹿児島市教育委員会文化課，2013年）。また，鹿児島紡績所の工場跡地は部分的な発掘調査がおこなわれ，布基礎の一部と思われる石列が検出されている。『鹿児島紡績所跡D地点―駐車場整備に伴う埋蔵文化財確認調査報告書』（鹿児島市教育委員会，2000年），『近代化産業遺産群報告書作成に伴う埋蔵文化財発掘調査報告書　鹿児島紡績所跡・祇園之洲砲台跡・天保山砲台跡』（鹿児島県立埋蔵文化財センター，2012年）。

2）絹川太一『本邦綿糸紡績史』第1巻（日本綿業倶楽部，1937年）。

3）玉川寛治「鹿児島紡績所創設当初の機械設備について」（『産業考古学』第41号，1986年），玉川寛治「紡織機械」（『薩摩藩集成館事業における反射炉・建築・水車動力・工作機械・紡績技術の総合的研究』平成14年度-平成15年度科学研究費補助金（特定領域研究（2））研究成果報告書（研究代表者：長谷川雅康）），2004年）。

4）加藤幸三郎「鹿児島紡績の設立と展開（上）（下）」（『専修経済論集』第33巻3号および第34巻3号，1999年および2000年）。

5）近藤豊『明治初期の擬洋風建築の研究』（理工図書，1999年）。

6）農商務省編「洋式綿糸紡績業沿革」（岩元庸造編『薩藩紡績史料』私家版，1936年，鹿児島県立図書館所蔵，17-22頁所引）。なお，岩元庸造は『薩藩の文化』（鹿児島市教育会，1935年）の第5章紡績事業の編集執筆を担当し，それに収集した関連史料を付け加えて『献上本　薩藩の文化』（私家版，1936年，鹿児島県立図書館所蔵）を出版した。それにさらにいくつかの文献を補充し，昭和11（1936）年5月精神文化研究所における講演用資料として印刷したものが『薩藩紡績史料』である（同書前書きによる）。

7）市来四郎編『島津家国事鞅掌史料』（前掲岩元編『薩藩紡績史料』13-16頁所引）。文中には「（安政4年池田正蔵談話筆記）」とある。池田正蔵は水車館の責任者であり，信憑性がある（田村省三・松尾千歳・寺尾美保・前村智子『島津斉彬の挑戦―集成館事業―』尚古集成館，2003年，110頁）。

8）薩英戦争以前の紡績工場については，前掲田村他『島津斉彬の挑戦―集成館事業―』に詳しい。

9）「薩州見取絵図」と呼ばれ，武雄市立図書館・歴史資料館が所蔵する武雄本と，鍋島放校会が所蔵し，佐賀県立図書館に寄託されている鍋島本がある。同絵図は安政5（1857）年に薩摩藩を視察した佐賀藩士千住大之助，佐野常民，中村奇助が書き残したものである。描かれた機械の詳細については，玉川寛治「島津斉彬時代の紡績技術（第1報）―『薩州見取絵図』に描かれた繰綿機―」（『産業考古学』第109号，2003年）に詳しい。

10）集成館事業については，前掲田村他『島津斉彬の挑戦―集成館事業―』に詳しい。

11）前掲絹川『本邦綿糸紡績史』第1巻，巻末「年譜」による。堺紡績所の建物は残された錦絵より木造平屋で一部煉瓦造の建物内部に洋式紡績機械が設置されていた様子がわかる。絹川はこれらの資料や昭和8（1933）年の残存遺構調査より幅78尺，奥行104尺からなる工場の復元平面図を作成している。

12）十基紡における石河正龍の活躍については，岡本幸雄「薩摩藩営紡績所の技術者・職工―わが国紡績技術史上における役割―」（『薩摩藩の構造と展開』西日本文化協会，1976年）に詳しい。

13）前掲岩元編『薩藩紡績史料』32頁。長文だが重要な史料なので，原文を引用する。

We began about this matter in June 1865 through Messrs. Ede Bros. Manchester, and in August we have a visit from three Japanese, the names on our Books being "Ishigaski, Shikki and Takake".

Plans and estimates were prepared and the final plan was adopted January 9th, 1866 the Preparing & Spinning Machinery consisting 1 Opener, 1 Scuther...being ordered with us.

The Looms & c. were supplied with us, and though 100 are shown on our plan for 45" cloth. Mr Ainley found only 31 on his visit in April 1893, and these were all out of use put in a corner in a neglected state, the making of cloth having been long abandoned. These looms bear the name "Berrisford Engineering Co. Stockport". The shafting was supplied by Messrs Wren & Hopkinson, Manchester.

The Machinery was shipped in a sailing vessel, the 'LADY ALICE' captain James Stranack, and with our Man. Mr. John Tetlow, on Board, left London July 9th, 1866, round by the Cape of Good Hope, and arrived at Nagasaki January 12th, 1867- a voyage of six months.

The machinery was erected, and two or three men were sent out – after Mr. Tetlow – as over lookers, and remained some time, and on their return home, they brought small samples of yarn and cloth, to show that the machines had produces, and the Mill was said to be giving most satisfactory results.

第 3 章　鹿児島紡績所

14）ランカシャーレコードオフィス所蔵のプラット・サコー・ロウエル文書中には 'Date of Order: 9 February 1866' とあるという（前掲玉川「紡織機械」90 頁）。

15）本名と変名の照合は，「海軍中将松村淳蔵洋行日記」による。松村は留学生の一人として渡欧しており，これは実体験に基づいた記録である。公爵島津家編纂所編『薩藩海軍史』中巻（薩藩海軍史刊行会，1928 年，復刻版：原書房，1968 年）895-933 頁所収。

16）エインレーのフルネームは次の文献による。ただし，同論文中ではエインレーの苗字を Ainlie とするが，前掲プラット社の書簡にあるように，Ainlay であろう。G. Saxonhouse, 'A Tale of Japanese Technological Diffusion in the Meiji Period', *The Journal of Economic History*, Vol.34, 1974, p.163.

17）ケンブリッジ大学図書館所蔵ジャーディン・マセソン商会文書，請求番号 B7/37/3265，ジャーディン・マセソン商会宛グラバー商会書簡，1865 年 4 月 6 日上海付。以下，次のように表記する。JM B7/ 37/ 3265 Glover & Co. to JM & Co., Shanghai, 6 April 1865.

18）JM C49/1 p.446 JM & Co. to Glover & Co., Shanghai, 6 September 1866; JM C49/1 pp.470-471 JM & Co. to Glover & Co., 2 October 1867.

We enclose herewith documents connected with shipments of 395 pkgs. Machinery shipped from London per 'Lady Alice' direct to your port on A/. of the Satsuma officer.

19）前掲『薩藩海軍史』中巻，958-979 頁，五代龍作編『五代友厚傳』（私家版，1933 年）36-53 頁，『鹿児島縣史』第 3 巻（鹿児島縣，1941 年）218-225 頁。

20）デー・ビ・グラバ「長薩英の関係」（『防長史談會雑誌』第 27 号，1912 年）。すでに先学も引用した発言だが，グラバーはモンブランについて，「非常に嫌な奴でありました。自分は大分彼の邪魔をしてやりました。西洋の言葉で申すと，棺に釘を打つてやつたのです……」と回顧している。

21）鹿児島県維新史料編纂所編『忠義公史料（鹿児島県史料）』第 4 巻（鹿児島県，1977 年）資料番号 317。

22）宮澤眞一編『英国人がみた幕末薩摩』（高城書房出版，1979 年）157-158 頁所引。以下原文を引用する。

Went on shore & stopped at the Shui-zei-kan at Iso; J. Sutcliff, H. Harrison, & N. Shillingford are the name of the three foreigner stopping here; the two former on spec. to pick up what they can, and the latter having a year's engagement. Waters is the name of engineer in Liu Kiu is engaged in putting up sugar mill. E. Holme is a cotton spinner, like S. has also an engagement on the cotton mill which is going to be erected at Iso.

23）書面には 1866 年 2 月 15 日の契約日がある。薩摩藩側の代表は五代友厚である。前掲絹川『本邦綿糸紡績史』第 1 巻，36-37 頁。

24）五代らは欧州滞在中にフランス人モンブランと白耳義商社という合弁会社の設立を企図している。慶応元年 12 月に契約されたその覚書には「三　綿糸紡績機関　此の節英国に注文，四ヵ月後には完成して発送の筈，白耳義社盟約の上は，英商人より差出す勘定書を以て，機関代は商社中より出銀あるべし」とある。これより，鹿児島紡績所使用の機械は当初の予定より遅れて到着したことがわかる。

25）鹿児島紡績所の棟札を写したとされる一文「紡績所竣工記念文」（前掲岩元編『薩藩紡績史料集』7-8 頁所引）による。この一文はすでに近藤豊が紹介しており（前掲近藤『明治初期の擬洋風建築の研究』194-195 頁），本章では論旨に直接関係する箇所のみ引用する。「……實是慶応二歳次丙寅冬十一月念六日初興工年秀董土木之事明歳春庠客館先成……（中略）……慶応三月卯五月吉日折田年英謹書」

26）前掲『薩藩海軍史』中巻，976 頁。「工場建築は機関師「シルリングフォード」之れを擔當せり」とある。直前の横浜でのシリングフォードの経歴を考えても，工場，技師館とも建築の担当者としてよいと考えられる。なお，『薩藩の文化』では鹿児島紡績所の設計建築を英人技師担当としている（前掲『薩藩の文化』311 頁）。

27）前掲『忠義公史料』第 4 巻，資料番号 317。また，龍洞院跡の地割については，前掲『鹿児島紡績所技師館（異人館）隣接地試掘調査報告書』97-104 頁を参照。

28）堀勇良「横浜・上海土木建築技師考」（『横浜と上海―近代都市形成史比較研究―』横浜開港資料普及協会，1995 年）309-310 頁。

29）シリングフォードが鹿児島を訪れることになった明確な理由は不明。シリングフォードは，ウォートルスと共に，銀座煉瓦街の建設を手掛けている。鹿児島紡績所の建設中，ウォートルスはグラバーの尽力のもとで，前掲サトウの日記にもあるように奄美の製糖工場を手掛けていた。一方，同時に進行していた紡績所建設に従事する技術者が必要になる。グラバーの資本提供者である JM 商会は安政 6（1859）年から横浜居留地に支店を開いており，グラバーからの求めに応じて，横浜にいたシリングフォードが鹿児島に訪れることになったものと推察される。

30）前掲田村他『島津斉彬の挑戦―集成館事業―』120 頁。

31）『本邦紡績業の嚆矢』（鹿児島県立図書館所蔵）。本文冒頭には「（宮里正静氏談）」とあり，文末には「大正六年一月二日第一回　全一月七日第三回　鹿児島朝日新聞」とある。

32）Commercial Report for 1868, Nagasaki. *British Parliamentary Papers, Area Studies, Japan*, Vol.4, Shannon: Irish University Press, 1972, p.377.

33）鹿児島県姶良市教育委員会所蔵森山家史料，契約證書，磯紡績器械一式及其家屋壹棟共譲渡の件，明治35年5月6日付。

34）前掲『薩藩海軍史』中巻，729頁。

35）杉山伸也『明治維新とイギリス商人』（岩波書店（岩波新書），1993年）121頁。

36）M. P. Smith, *Western Barbarians in Japan and Formosa in Tokugawa days*, Kobe: J.L. Thompson & Co., 1930, p.217.

37）M. Keswick ed., *The Thistle and the Jade: a Celebration of 150 years of Jardine, Matheson & Co.*, London: Octopus Books, 1982, pp.160 & 303.

　　1863/ JM & Co., with exports of cotton from China, takes advantage of shortage in Europe caused by the American Civil War: Jardines went into two new lines: the export of Japanese raw cotton, which was in great demand of owing to the world shortage created by the American Civil War,

38）鈴木智夫『洋務運動の研究』（汲古書院，1992年）113-115頁。

39）巌中平著，依田憙家訳『中国近代産業発達史―「中国棉紡織史稿」―』（校倉書房，1966年）126-127頁。

40）石井摩耶子『近代中国とイギリス資本』（東京大学出版会，1998年）233頁。

41）M. Keswick ed., op. cit., p.195.

　　Jardines built their first cotton mill in 1895, Machinery was imported from Platt of Oldham in Lancashire, for whom the firm were also agents.

　　なお，プラット社のカタログにも全世界の同社の代理店が記されている。1904年版のカタログには中国の代理店はJM商会となっている。*Catalogue of Cotton Spinning & Weaving Machinery*, Oldham: Platt Brothers & Co, 1904, p.7.

42）明治5年の写真は東京国立博物館などに，ファー・イースト掲載の側面の写真は，尚古集成館に所蔵されるなど，複数の異本が伝来する（東京国立博物館編『東京国立博物館所蔵幕末明治期写真資料目録1―図版編―』国書刊行会，1999年，8頁，前掲田村他『島津斉彬の挑戦―集成館事業―』162頁）。

43）前掲『薩藩の文化』314-315頁。

44）前掲絹川『本邦綿糸紡績史』第1巻，42-43頁。

45）前掲絹川『本邦綿糸紡績史』第1巻，43-44頁。

46）ユニチカ社史編集委員会編『ユニチカ百年史』上巻（ユニチカ株式会社，1991年）5頁。以下鹿児島紡織については，この文献によるところが大きい。なお，改造年については絹川太一が引用した記念燈の基壇にあったという碑文とも一致している（前掲絹川『本邦綿糸紡績史』第1巻，97頁）。「今や磯紡績の遺物たる鉄柱を得たり即ち是を以て紀念燈を建造す蓋し之を仰ぐ者をして名君の遺風を追慕せしめて文化の源を探訪せしむる所以也　大正十一年三月」

47）平滑面にある4つの穴は大きさが違う。上端と下端の穴はほぼ等しいものの，その間2つの穴は大きさが異なる。何故，大きさが異なるのか，その理由はわからない。

48）E. Baines, *History of Cotton Manufacture*, London: H. Fisher, 1835, p.183.

49）先に青焼き図面と古写真との相違点より屋根形状の変更を指摘した。仮に計画段階より鋳鉄製の梁が用いられていたとすると，屋根形状の変更はジョイント部の変更，部材の不足を生じることになる。他方，木造であれば材料は現地で調達でき，加工も容易である。このような点からも梁は木造であったと推定される。

50）J. Longworth, *The Cotton Mills in Bolton*, Bolton: Museum and Art Galley, 1987, p.16.

51）もしこの推定が妥当ならばこの鋳鉄柱は青焼き図面に基づいて製造された部材である可能性が高い。すでに鋳鉄柱には機械動力を伝達するためのシャフトハンガーが取り付けられていたと推定した。両者を併せ考えるとき，紡績所内部に配置された機械設備と鋳鉄柱は一体のものであり，機械の使用にあわせてこの鋳鉄柱も実際に使用された蓋然性がきわめて高い。

52）この鋳鉄柱が鹿児島紡績所のどこに設置されていたものか，遺物からは知りえない。そこで，青焼き図面掲載の平面図より推定してみたい。現存する鋳鉄柱より柱列とほぼ同じ位置にシャフトが走行していたことは痕跡より推定しえた。この柱列とシャフト列が一致する箇所を青焼き図面上で探すと，右側力織機のある部屋に立つ柱16本全て，左側紡績機械の部屋では梳綿機（Card）下にある2本，7台並んだ紡機の

上にある 2 本，横に 6 台並んだスロッスル精紡機の右側 4 本，以上 30 本が相当する。

53）周壁の内部に屋根の軒先を収めた形式の工場はイギリスの紡績工場でも Albany Mill の Weaving Shed（周壁高 19ft3in，柱高 12ft）など，いくつか事例がある（R. N. Holden, *Stott and Sons: Architects of the Lancashire Cotton Mill*, Lancaster: Carnegie Publishing, 1998, p.117）。熊本紡績など国内の紡績工場にも柱高よりも周壁高の方が大きいものがいくつかある。組積造の周壁を高く巡らす理由は明確ではないが，内部構造が鋳鉄や木造など火に弱い材料であることから，防火性を配慮してのものであろう。

54）床面と布基礎天端との収まりや梁の収まりなどを勘案すると，壁高さは通常，柱高さ 14ft よりも若干高くなるため，「約 14ft」と表現した。

55）ここで提示した 2 つの案以外にも様々な状況が想定される。先に引用した絹川が示した高さ 1 丈 8 尺程の位置に梁があったとすると壁高は 24ft にしないまでも 14ft 以上で建設したということになる。また，明治 5 年頃に鳥越峠から撮影した古写真（図 3-5）をコンピュータープログラムで解析した結果，鹿児島紡績所の壁高は 6,610mm と報告されている（弘田礼子『集成館事業における建築学的研究—第二期の集成館事業の配置計画について—』鹿児島大学卒業論文，2002 年）。長大な梁間に対しては鋳鉄柱以外に内部機械配列に影響を及ぼさない程度に，別に梁支持のために柱を追加したとする案も想定できる。このように壁高が鋳鉄柱高と同じか否かによって様々な状況が想定される。

56）前者の復元案は構造的に実現し難いもので，筆者自身，後者の復元案が現実的であろうと考えている。しかし，古写真に写された建物は同時に写る人物の大きさと比較できる程度で，確実に壁体寸法を決定できるものではない。先で示したように壁高を 14ft としない報告や，構造に応じて様々な工夫が施された可能性も残されているため，壁高に関する確実な資料が発見されない現段階においては，柱高と壁高が異なる復元案も残しておきたい。

57）M. Williams, *Cotton Mills in Greater Manchester*, Preston: Carnegie Publishing. 1992.

58）各精紡機の定義については，玉川寛治「我が国綿糸紡績機械の発展について—創始期から 1890 年代まで—」（『技術と文明』9 巻 2 号，1994 年）を参照。

59）C. Giles & I. H. Goodall, *Yorkshire Textile Mills*, London: HMSO, 1992, p.39.

60）W. Fairbairn, *Treatise on Mills and Millwork*, London: Longman, 1861, p.172.

Until of late years, nearly the whole of our cotton mills were built from five to eight stories in height, with a succession of flats or floors in which the different processes were carried on..... In the first instance, it was found that power looms worked better on the ground-floor than those on the upper stories, and that yarn required a certain degree of moisture to weave freely, which could not be obtained from the heated and dry floors above. Those properties peculiar to the ground-floor led to the shed principle, and there is scarcely a cotton mill now in the kingdom where looms are employed that has not a shed attached to the lower story on a level with the ground-floor.

61）M. Williams, op. cit., p.10.

'mills with spinning and weaving were common in the mid 19th century.'

62）M. Williams, op. cit., pp.160-161.

63）Field Mill（平屋建，19 世紀後期操業，Ramsbottom）など（M. Williams, op. cit., p.151）。

64）青焼き図面をもとにした鹿児島紡績所の機械についての詳細は，前掲玉川「鹿児島紡績所創設当初の機械設備について」に詳しい。

65）鹿児島紡績所が紡織一貫工場になった理由として沿革で述べた薩摩藩の帆布の自給という目的があった。だが，薩摩側の理由がそうであれ，結果的に鹿児島紡績所がインドやブラジルにある B-II 型の工場であることは同時代の海外の事例と比較する上で注目すべき点であろう。

66）十基紡は市川，玉島，豊井（以上明治 14 年操業），佐賀（操業せず），三重，下村（以上明治 15 年操業），遠州，島田，長崎（以上明治 17 年操業），下野（明治 18 年操業）の 10 ヶ所を指す。

67）金子六郎他『下野紡績所調査報告書』（真岡市教育委員会，1994 年）。

68）Crest Mill（総二階建織機無し，19 世紀末，Rochdale）など（M. Williams, op. cit., p.102.）。

69）野口三郎「鋸屋根について：旧大阪紡績の三軒家工場　その 7　大阪市の場合」（『日本建築学会関東支部研究報告』第 67 号，1997 年）。

70）紡績機械の視点からも大阪紡績を近代紡績業発達の一つの契機としている（前掲玉川「我が国綿糸紡績機械の発展について」）。これに本章ではさらに建築の形態的な側面から補強を加えたことになる。なお，明治中期以降，大規模であっても高層ではなく，平屋建の紡績工場が多く建てられた。この理由については明確でないが，明治 24（1891）年の濃尾地震による煉瓦造高層建物への不安が指摘されている（阿部武司「生産技術と労働—近代的綿紡績企業の場合—」『講座・日本経営史　第 2 巻　産業革命と企業経営—1882

〜 1914—』ミネルヴァ書房，2010 年，91 頁，岡本鏧太郎「紡績工場の建築について」『建築雑誌』第 269 号，1909 年，192-194 頁）。また，小規模な平屋建を増築する際，垂直方向への増築は躯体や小屋組など構造的に困難だが，水平方向への増築は比較的容易であったこと，そして，イギリスにかわって 20 世紀の紡績技術を主導していたアメリカの影響などを推察できる。

71）なお，明治 2 年頃にグラバー商会は，泥や種子の除去など機械による準備工程が必要な，輸入インド綿を処理できる数少ない工場として，鹿児島紡績所に注目し，幾分かの輸入を試みている。結果的に鹿児島紡績所でもこの綿花は処理できなかった。この件は以下を参照。JM B10/4/576 Henry Gribble for Glover & Co. to JM & Co., Nagasaki, 15 March 1869; JM B10/4/577 Henry Gribble for Glover & Co. to JM & Co., Nagasaki, 18 March 1869; JM B10/4/585 Henry Gribble for Glover & Co. to JM & Co., Nagasaki, 22 April 1869; JM B10/4/589 Henry Gribble for Glover & Co. to JM & Co., Nagasaki, 5 May 1869; JM B10/4/603 Henry Gribble for Glover & Co. to JM & Co., Nagasaki, 1 July 1869.

72）この点について，前掲玉川「鹿児島紡績所創設当初の機械設備について」では，「一八八九年に大阪紡が本格的に製織兼営に踏切るまで，どの紡績所も織物製造に手を染めなかった原因の一つは，鹿児島紡績所の失敗の教訓から学んだことにあるようにみえる」としている。ここでは建築の形態を主眼として補強したことになる。

第4章　長崎小菅修船場

はじめに

　グラバー商会（Glover & Co.）の倒産も近かった明治元（1868）年12月，グラバーが店や住まいを構える長崎の居留地からも近い小菅の溺れ谷に，船体の修繕施設が完成した。日本の近代産業発祥の地の一つとして知られる小菅修船場である[1]。現在も敷地内には，煉瓦造の引揚げ機小屋，海中へ下る斜路とそこに敷設されたレール，斜路両岸の石垣，左岸の水路等の建物や構築物が残されている（図4-1）。この小菅修船場は，海中へ下る斜路（Slip）上のレールに船架，台車（Cradle, Carriage）を走行させ，その上に修理船を載せる。そして斜路頂上に設けた引揚げ装置により船架ごと陸上へ引揚げ，常時水中にある船底の修理や塗装等をなす施設であり，乾ドック（ドライドック（Dry dock））や浮ドック（Floating dock）と同じ修船施設の一種である[2]。このような修船施設を日本では修船架や船架と呼んでいるが，イギリスではパテントスリップ（Patent slip）とも呼ばれるように，1819年にスコットランドの造船家T. モルトン（Thomas Morton）が発明，特許を得たものとされる[3]。スコットランドの東岸の港町アーブロース，イングランド西部のブリストルなどには，19世紀の姿を留めながら現在も操業を続ける施設が残されている（図4-2）。

　ここでは，この小菅修船場の建設経緯や当初仕様を復元し，パテントスリップとして斜路や引揚げ機構も一体的に扱い，日本とイギリスを横断した技術的な検討をおこなう。これを踏まえつつ，修船場の事業に対するグラバー商会の参加の仕方やその意図を考察することを目的とする。

　小菅修船場を技術的立場から検討した先行研究に，村松貞次郎「小菅ドック捲上げ機小屋の建築について」がある[4]。小菅修船場の歴史的評価をいちはやくなした研究として村松の論文は高く評価されるが，引揚げ機小屋の建築のみを扱ったものであり，斜面やレール，施設配置に対する評価はなされていない。修船場は引揚げ機小屋単体だけでなく，内部の引揚げ装置，斜路とレール，そして石垣や敷地の造成など，各種の構造物が一体となって機能するので，小菅修船場を評価する上では敷地全体を考察の対象にする必要があろう。現状では舟艇修理工場時代のレールの改造，失われた船架など，創建時と形態を異にする部分も少なくない。

　村松の論文以降，建設の経緯について，中西洋[5]，楠本寿一[6]，杉山伸也[7]らが各種資料を駆使した著作を発表した。また史跡指定地のこれまでの整備工事の内容が報告書にまとめられて

図 4-1　長崎小菅修船場の現況，斜路と両岸の石垣，引揚げ機小屋（1869 年完成）（2010 年 5 月　筆者撮影）

いる[8]。だが，小菅修船場の技術的評価にかかわる記述は村松の論文をほぼ引用したもので，修船場としての中心的機能を担う斜路やレール，引揚げ装置等の主要施設はこれまでほとんど考察の対象となっていない[9]。

　なお，パテントスリップという語句の使用について，水面へ傾斜した斜路にレールを敷設し，その上を走行する船架に修理船を載せ，斜路頂上の引揚げ装置によって地上へ引き揚げる修船施設を日本では修船架，船架や引揚台などと呼び，書物や研究者によって呼称が統一していない。イギリスでも，パテントスリップ（Patent Slip）の他，スリップウェイ（Slipway）やスリップ（Slip）などと様々な呼称があり，施設内容との厳密な対応もはっきりしていない。ここでは，以下説明する 1819 年にモルトンが特許を取得したパテントスリップがどのような変遷をたどり，日本へ導入されたのかという視点から研究している。また，本研究の中心となる小菅修船場は，当時のイギリス人たちから 'Patent Slip' と呼ばれていたことも考慮し，日本で馴染みの少ない呼び方だが，後の時代や日本側の呼び名でなく，原点に近い，パテントスリップの呼称を用い，兵庫工作分局修船架など，固有の施設名を呼称する場合に修船架などを適宜用いることにする。

図 4-2　スコットランド東岸の港町アーブロースのパテントスリップ（1877 年完成）（2010 年 9 月　筆者撮影）

第 1 節　操業当初期の施設配置と設備の仕様について

1．建設の経緯

　小菅修船場の建設をめぐる歴史的経緯は，先に述べたようにこれまで幾人かの研究者が各種の資料を用いて委曲を尽くしている。ここではこれら豊富な先学の研究に導かれながら，建設方法を示す内容など，論旨上重要な箇所は必要に応じ一次資料を紹介しつつ，建設の経緯を簡単にまとめておく。

　幕末にいち早く近代化を成し遂げ，また多数の洋式船を保有していた薩摩藩では船舶を修理する施設の必要性に迫られていた。慶応元（1865）年に「手軽のドック取立願」を藩の御用商人名義で長崎奉行へ提出，翌年正月には修船施設建設のため，大阪の鴻池家へ 3 万両の融資を申し出ている。その理由は，当時洋式船の修船施設は上海にあるのみで，これを利用すると多大の経費がかかるため，内外の船舶が集積する長崎港へ修船場を建設することにより，自船の修理箇所を確保するばかりでなく，他船の修理による利潤をも期待するという。修船場の建設を予定する地所は長崎に 1 ヶ所あって，すでに「御願済」であった。なおこの企画の過程で，

長崎のイギリス商人「カラハト」が建設費の出資を申し出たものの，薩摩藩としては自力での建設を希望していた[10]。結果的にグラバー商会は建設に自己資金4万ドルを拠出したというので[11]，薩摩藩単独出資の事業とはならなかったらしい。

慶応元（1865）年に提出した取建願は翌慶応2年4月に奉行より認可され[12]，小菅村1,000坪余への建設が着工の運びとなった。認可を受けた小菅修船場の建設は年内に開始されたらしく，1867年1月31日（慶応2年12月26日）付けの在長崎イギリス領事報告は，薩摩藩が当港であるドックを構築中と報じており，小菅修船場をさすと考えられる[13]。ただし，ドックの形式についての言及はない。その後しばらく工事状況はわからないが，1年ほど経過した慶応4（1868）年以降の工事の進捗状況を，楠本寿一が紹介した岩瀬公圃の書簡より辿ることができる。すなわち，修船場の造成工事は薩摩藩士五代友厚の腹心，岩瀬公圃の指揮により進められ，慶応4年3月には潮留を築いて海水をせき止め，地中に杭を打ち込んでいた[14]。同年5月にはレールや引揚げ装置が長崎へ到着[15]，10月には3月に築いた潮留めの取り崩しをおこなっている[16]。工事は明治元年末に一応完成し，12月6日（1869年1月18日）にグラバー商会所有の船を引き揚げている[17]。また1869年1月23日（明治元年12月11日）には，グラバー商会の主人，T. B. グラバー（Thomas Blake Glover）自身もジャーディン・マセソン商会（Jardine, Matheson & Co.，以下，JM商会）上海店のF. B. ジョンソン（Francis B. Johnson）に長崎のパテントスリップが最近完成したと報告している[18]。

小菅修船場の開業は海を越えたスコットランドのアバディーンにおいても紹介されている。すなわち，1869年3月31日（明治2年2月19日）の『アバディーン・ジャーナル（*Aberdeen Journal*）』は，1月23日付け『ナガサキ・タイムズ（*Nagasaki Times*）』からの引用として，小菅修船場の設備がアバディーンのホール・ラッセル社（Hall Russell）によって製造され，アレキサンダー・ホール社（Alexander Hall）[19] が輸送用に特別に製造したヘレンブラック号[20] によって長崎に発送，修船場の建設工事はラッセル社雇の技術者で，後に小菅修船場の修船頭として明治政府に雇用されるD. ブレーキー（David Blakie）[21] の監督下で行われたと報じている[22]。

また，この記事に先立つ1868年1月29日（慶応4年1月5日）の『アバディーン・ジャーナル』では，このヘレンブラック号の進水を報じ，同船が登録トン数305，BMトン数380，アバディーンのグラバー兄弟商会（Glover Brothers）[23] の注文により製造，すぐに長崎へ出航する予定であったことがわかる[24]。

ヘレンブラック号はまもなく長崎へ出航するというので，その積荷である小菅修船場の設備も完成間近と考えられる。このヘレンブラック号の進水当時，長崎では潮留の構築以前という段階にあった。また，小菅修船場の設備運搬用に建設されたヘレンブラック号がT. グラバーの弟チャールズが営んでいたグラバー兄弟商会によって発注されたことからすると，同船の積荷である小菅修船場の設備発注や技術者派遣依頼もグラバー兄弟商会によってなされたのであろう。以上の経緯に加えて，発企の段階でみられた「カラハト」の名や後にグラバー商会が経営権を入手することを考慮した時，小菅修船場の建設計画の初期段階からグラバー商会が支援者

として存在し，設備の発注，技術者の派遣，運搬といった対外交渉がグラバー商会を通してなされたものと考察される。

　開業した小菅修船場のスペックについて，英字新聞『ノース・チャイナ・ヘラルド（*The North China Herald*）』に掲載されたグラバー商会の 1869 年 5 月 29 日（明治 2 年 4 月 18 日）付広告は，パテントスリップは 1,200 トンの揚架能力を持ち，利用料は 3 日間でトン当たり 1 ドルとしている[25]。また，1885（明治 18）年 6 月 23 日付の在長崎イギリス領事報告には，船架長さが 220ft，船架前方の水深 9ft 9in，後方の水深 10ft，船架上に船を載せるまでに 2 時間を要するとある[26]。その前年までに揚架した最大の船は 1,150 トンのもので，ある船は 1 ヶ月間，また別の 3 つの船は各々 21 日間揚架したという。後述する明治 44（1911）年に作成された配置図には，レールの長さは 570ft，レール間隔 25ft 6in，レール勾配 1/20 とある[27]。

　さて，明治元年 12 月（1869 年 1 月）に完成した小菅修船場だが，当初薩摩藩の企画ではじまったにかかわらず，資金難などの理由により，利益のうち 5 分を本国商人（アバディーンのグラバー兄弟商会），2 分 5 厘をそれぞれ長崎のグラバー商会と薩摩藩の小松帯刀で分割するという共同経営となった[28]。ところが所有権の大半を手中にした T. グラバーも，自身の経営難から明治 2（1869）年 3 月，明治政府に 12 万両で売却している[29]。

　政府の所有となった小菅修船場は長崎造船所の分工場として編入され，明治 17（1884）年 7 月に三菱社へ貸渡，明治 20（1887）年 6 月に払下げとなった[30]。大正 9（1920）年に小菅工場は閉鎖され，昭和 11（1936）年に国の史跡指定を受けるが，翌年に舟艇工場として復活する。戦後の昭和 28（1953）年にふたたび閉鎖された後，昭和 44（1969）年に再度国の史跡指定を受けて現在に至っている[31]。

2．初期の配置計画と敷地造成の方法

初期の配置計画

　小菅修船場は長崎湾に流れ込む溺れ谷の中央に，両岸の法面を石垣で固めた斜路を築き，その上端に煉瓦造平屋建の引揚げ機小屋を置く（図 4-3）。敷地の北と東を囲むように，昭和 8（1933）年に開通した戸町トンネルへ至るバス道路が走り[32]，また，この道路はトンネル開通時に拡幅されたため，引揚げ機小屋の北東角を欠いている。現在，敷地へはこのバス道路から入り，引揚げ機小屋の手前に至る。また敷地の南側には細道が戸町トンネルの手前から分岐して走る。敷地の山手，東側は現在民有地となっているが，戸町トンネルの開通以前は修船場を囲むようなヘアピン状の道路が走っていたことが，現在の道路形状からわかる。

　引揚げ機小屋から海に向かって左手を左岸，右手を右岸として説明すると，左岸には斜路に向かって高台が張り出し，両側に古い階段が残る。東側の階段の脇には古井戸が残されている。高台より海側は，現在マリーナの敷地となっている。右岸には倉庫や工場が並んでいるが，その北側に水路が修船場を迂回するように走り，最後はアーチ型の石造暗渠となって湾に流される。迂回するような流路や河口の暗渠からみて人為的な構築と考えられる。小屋のすぐ南は一

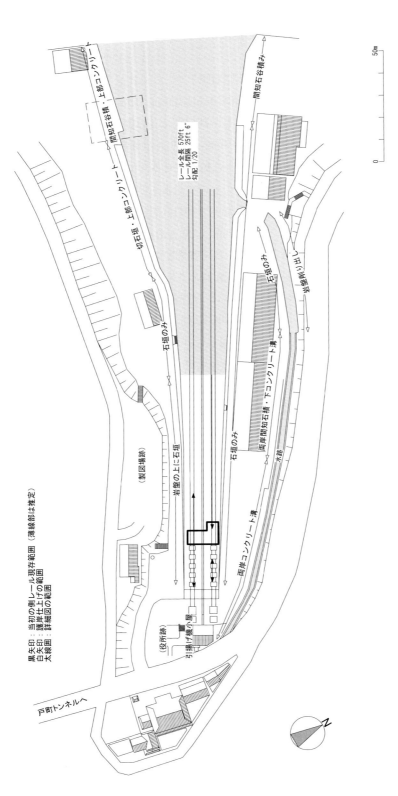

図 4-3 小菅修船場現状配置図
(史跡整備工事報告書掲載の図面に現地調査の成果を加え、筆者実測・作図)

第4章　長崎小菅修船場　　127

段高く築かれ，階段で上る。

　操業当初期の配置計画について，現在創建時の配置図や設計図は残されていない。管見の限り最古の配置図に，「明治九年六月廿六日製図」の年記を持つ「長嵜製作寮小菅修船場ノ図」の青焼き図面（三菱重工業〔株〕長崎造船所史料館所蔵，以下「明治9（1876）年の配置図」と略記，図4-4）があり，次に「明治十七年六月」の年記を持つ「長崎造船局小菅全図」（三菱史料館所蔵，以下「明治17（1884）年の配置図」と略記，図4-5）がある。この他に，明治44（1911年）年12月作成という配置図（以下「明治44年の配置図」と略記）を含む明治末期から昭和にかけての配置図，配置計画図5葉が保存整備工事報告書に収録されている[33]。

　明治9（1876）年の配置図は幅1,026mm，縦462mmの青焼き図面で，昭和13（1938）年頃に青図化され，現在も長崎造船所史料館に展示される小菅修船場の模型を作成する資料としたものらしい[34]。原図は残されていない。表題や年記の他に，「坪数五千九百十六坪七号二タ」と敷地面積，また，「○工部省御用地境界標」とした丸印が図上の敷地境界線上に記される。図の下には「Scale=1/480」とスケールバーを記す。表題，描写内容とも明治9年当時の姿をおおむね伝えるものと思われるが，敷地内の各建物の名称は与えられていない。

　次に古い明治17（1884）年の配置図は幅566mm，縦360mm，美濃紙にインクで図を描き，文字は毛筆である。表題と年記の他に「縮八百分ノ一」，図面の下に「scale 3/8 in = 25feet」とスケールバーを表記する。

　また，この明治17（1884）年の配置図は，明治16年の年記を持つ「飽ノ浦造船本局構内縮図」，「立神修船場図」などとともに，計8葉の付録図面として『長崎造船所御払下一巻　明治二十年』[35]と表書きされた綴りの巻末の紙袋におさめられる。ただし，各図の表記年からすると長崎造船所の払い下げ時ではなく，明治17年の貸渡し時のものと思われる。実際，長崎造船所の三菱社への貸渡しに伴う「長崎造船所貸渡ニ付約定書寫」（『三菱社誌』第11巻所収）[36]には，「……造船所地所建物器械用具等画面省略ニ従フ及ヒ目録ノ通リ……」とあって，約定書とともに長崎造船所各地区の現状図面が作成されている。現在残る8葉の図面はこの省略された図面に相当するものと考えられ，明治17年に長崎造船所の一連の施設が三菱社へ貸渡しされる際，現状図として作成されたものと判断される。

　以下，施設の名称と位置を同時に確認できる明治17（1884）年の配置図を基本資料にして，明治9（1876）年の配置図や明治44（1911）年の配置図，古写真などから敷地内における施設の履歴をまとめてみたい（図4-3，図4-4，図4-5，表4-1）。明治17（1884）年当時，斜路の両側，そして器械小屋（引揚げ機小屋）の周囲には建物が立ち並んでいた。右岸では造船小屋が明治8（1875）年に海寄りに，なかほどに大工小屋が建築される。明治11（1878）年に材木小屋，明治12（1879）年までに人足小屋と鋳物場，と一連の施設が右岸に並ぶ。いずれも名称からみて，船舶の修理，製造を担う施設であろう。明治10（1877）年のとうかい丸揚架時に撮影された古写真[37]や，明治40年頃に右岸，水路の河口付近から器械小屋（引揚げ機小屋）を撮影した古写真[38]によって，これらの建物は平屋建で，特に鋳物場は，器械小屋（引揚げ機小屋）と同様の

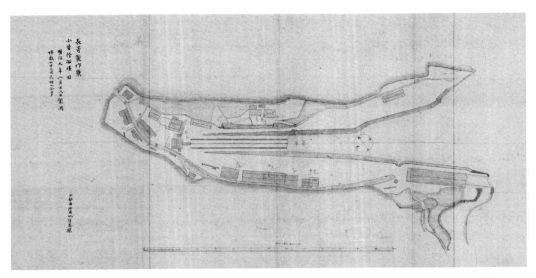

図 4-4　明治 9 年の配置図「長﨑製作寮小菅修船場ノ図」(三菱重工業(株)長崎造船所史料館所蔵)

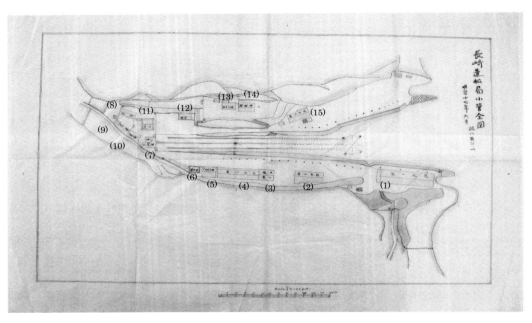

図 4-5　明治 17 年の配置図「長崎造船局小菅全図」(三菱史料館所蔵,表 4-1 の施設番号を筆者加筆)

煉瓦造の建物である。ただし,明治 9 年や明治 17 年の配置図と,古写真や明治 44 年の配置図とではこの鍛冶場の位置が異なっている。煉瓦造の外見や大きさからすると,すぐに改築されたとは考えにくく,実際の鍛冶場は配置図よりも海側に建築されたと考えられる。器械小屋(引揚げ機小屋)のすぐ南には役所が建ち,周囲にベランダを巡らしていた。明治 12 年に火災

第 4 章　長崎小菅修船場

表 4-1　明治 17 年の配置図に描かれた施設の規模と屋根形，位置，他資料中での状況，建設年[1]

施設名	規模 (m)	屋根形	位置	M9	M10	M40	M44	建設年・特記事項
(1)　造船小屋	50.8×12	切妻		○	−	−	×	明治 8[2]
(2)　材木小屋	24.8×11.2	切妻		△	−	−	×	明治 11[2]
(3)　木挽小屋	12.8×9.6	切妻	右岸	○	−	−	×	
(4)　大工小屋	36.4×9.6	切妻		○	−	△	△	明治 8[2]
(5)　人足小屋	12×9.2	切妻		○	−	△	×	明治 12[2]
(6)　鍛冶場	9.2×6.0	切妻		×	△	△	△	明治 12 修理[2]・煉瓦造
(7)　器械小屋	9.6×8.8	切妻		○	○	○	○	明治 1・煉瓦造
(8)　倉庫	14.4×5.2	切妻		△	−	−	×	
(9)　倉庫	14.8×7.2	切妻	器械小屋周辺	○	−	−	×	
(10)　倉庫	11.2×5.2	切妻		×	−	−	×	
(11)　役所	11.2×10.4	入母屋		△	−	−	○	明治 12 改築[3]
(12)　雪隠	10.4×4.4	切妻		△	−	−	×	
(13)　番人小屋	11.6×6.0	切妻	左岸	○	×	−	×	
(14)　製図場	14.4×7.6	切妻		△	○	−	△	M9 では寄棟屋根
(15)　大工小屋	19.2×7.2	切妻		×	−	−	×	
水路				○	−	−	○	明治 1
周囲道路				×	−	○	○	明治 24[4]，昭和 8 に拡幅

［注記］
1）表中，M9 は明治 9 年の配置図，M10 はとうかい丸上架時古写真，M40 は右岸より撮影した小菅修船場古写真，M44 は明治 44 年の配置図を示す。また，表中○は各資料中存在が確認できる施設，△は位置や形態が明治 17 年の配置図と異なるもの，×は存在しない施設，−は存在するか否か確認できない施設を示す。規模は図面上の実測値をもとに算出。
2）中西洋『日本近代化の基礎過程』中巻，東京大学出版会，1983 年。
3）『工部省沿革報告』大蔵省，1888 年。
4）「三菱社誌」第 11 巻，明治 17 年（復刊 12 号，東京大学出版会，1980 年）。

で焼失したものを建て直したという[39]。器械小屋の背後には 3 棟の倉庫が建つが，明治 9 年の配置図に描かれていないものもある。左岸では高台の上に製図場，番人小屋，高台下東側に雪隠，海側に大工小屋が建つ。生産施設が連なる南向きの右岸に対し，北向きの左岸はバックヤード的な建築が置かれていた。また，煉瓦造の 2 棟を除く木造建築は改築や建て替えが頻繁になされ，長く存続しなかったようである。

　敷地北端の水路は明治 9（1876）年当時から存在する。敷地を囲む道路は明治 17（1884）年の配置図に描かれず，明治 44（1911）年の配置図にあらわれる。

敷地造成の方法

　小菅修船場の敷地や斜路はどのようにして造成されたのか，現在の敷地に残された痕跡から考察してみたい（図 4-3）。先に確認したように，敷地の北側には人為的に手を加えられた水路があり，民有地やヘアピン状の道路の下を暗渠となって谷の上流から流れている。これは明治 9（1876）年の配置図にも現在と同じ位置に描かれており，河口部の石造暗渠や位置から判断して創建時と同じ位置とみなしうる。現在，その護岸はコンクリートでほとんど固められているが，河口部に古い姿を残していて，南側は斜路両岸の護岸と同じ石垣の空積み，北の山側は地

山の岩盤を削り出したままとする。他所の護岸仕上げを確認すると，中央斜路の右手の護岸は海側40mほどを間知石積みとする以外は200mにわたって空積みの石垣が連続する。逆に左手の護岸は海側45mは間知石積み，東側60mは上をコンクリートで固めた石垣，その東側50mは石垣空積み，そして巻上げ機小屋の手前までは90mほど，自然の岩盤を削り出した上に石垣空積みを載せた仕上げとしている。

　海寄り両岸の間知石積みは，その位置や技法からみて後年の継ぎ足しであろう。また，左岸にある上をコンクリートで固めた石垣も，その位置から考えてマリーナの開業に伴う改造であろう。よって操業当初の護岸仕上げは，天然の岩盤を削り出したままのもの，岩盤の上に石垣を載せたもの，すべて石垣のみで構築したもの，の3種類となる。それぞれの護岸仕上げの範囲を配置図上で確認すると，岩盤の上に石垣を載せた範囲は敷地南側から張り出す製図場跡の高台にちょうど対応している。現在高台の法面は草木や防護ネットに覆われるが，岩盤を削り出した急勾配のもので，その下に平坦な通路が走り，さらにその下に斜路の法面がつながる。このことから，この範囲の護岸は元来南側から高台がゆるやかに張り出していたものを削平し，斜路の上方を造成，そして高台下の通路部分は削り出した岩盤の上に客土を盛って上面を平坦にし，その法面を石垣で固めたと推定できる。また北側の水路について，山手にあたる水路右岸は天然の岩盤を削り出したまま，反対側の左岸は石垣で固めている。このことから，北側の山裾を削り，南側は石垣を築いて流路をつくったと推定できる。そして，斜路右岸の護岸は全て石垣のみで構築されるので，北側水路と中央斜路に挟まれた平坦地，当初大工小屋や鋳物場などがあった敷地は，すべて客土によって造成され，両側の法面を石垣で固めてできた土地と考えられる。

　なお，ここに見た石垣が明治元（1868）年当時のままかどうか，確かめることはできない。しかし，幕末や明治初期の風景写真に映された長崎居留地の海岸や河口の護岸の石垣と見比べる限り[40]，積み方，石の大きさ等にそれほど大きな時代差は感じられない。部分的な積み替え，石の入れ替えはあるにせよ，岩盤の上に切石を積むなど，護岸各部の仕上げ方は当初のやり方を概ね保持していると考えたい。

　以上の考察に関連して先に引用した1868（慶応4）年1月の『アバディーン・ジャーナル』は，スリップの敷地が上手に選定されており，あたかもスリップのために自然にできた地形のようであり，スリップの大部分が岩盤上に置かれ，最深部150ftほど杭打ちするだけでよい，と報じている[41]。先に岩瀬公圃の報告で杭を打ち込んでいたというのは，長さ150ft，水中部分のレールを支える木杭であったと考えられる。

　敷地造成の手順をまとめておくと，まず，南から高台がゆるやかに張り出し，東の上流から西の湾へ，北側へゆるく湾曲しながら小川が流れ込む谷間を敷地に選定，小川を北寄りに流路を変更し，また高台を削平して斜路を造成，両側に客土をもって通路や工場を建てる平坦地を造成したと考えられる。敷地造成工事の着手は，建設が奉行に認可された慶応2（1866）年4月以降，そして棒杭を打ち込んでいた慶応4（1868）年3月以前となる。

第4章　長崎小菅修船場　　　　　　　　　　　　　　　　　　　　　　　　131

3．各設備の当初仕様

引揚げ装置

　引揚げ装置は煉瓦造平屋建の引揚げ機小屋の中に据え付けられ，そこから中央に歯溝のあるレールが海に向かってのびている（図4-6，図4-7）。小屋の手前にはトタンの覆いの中に電気モーター駆動の巻上げ装置が左右2台設置される。後者の手前にはコンクリート製の基壇があって，そこから2本のレールが各々海に向かってのびる。後者はその形態や位置からすると昭和初期以降のボート修理用と考えられる。

　引揚げ機小屋の内部には南側の壁に接してボイラーがおかれる。燃料の投入は西側から行い，また小屋の外側にボイラーと接続した煙突の基壇部が残される。煙突の塔身は鉄造だった。このボイラーとそれに対応する煙突は明治34（1901）年に取り替えられたものである[42]。ボイラーを囲む煉瓦も新しい。創建時は小屋の北側に煙突があったことが古写真よりわかる。小屋の北側外壁にもその痕跡が残る。明治34年以前のボイラーは小屋内部の北側部分に設けられていたのであろう。

　巻上げ装置は東端に縦型二気筒の蒸気機関，その直下から大小8つの歯車が並ぶ。エンジン側からかみ合う順にその大きさや歯数を列記すると，

　　エンジン直下：半径440mm・歯数35個

　　1列目：半径650mm・歯数57個，半径292mm・歯数18個，1列目の外側にはワーピング
　　　　　　ドラム（鼓型のロープ巻付け軸）が取りつく。

　　2列目：半径1,135mm・歯数72個，半径350mm・歯数18個

　　3列目：半径1,345mm・歯数72個，半径440mm・歯数18個

　　4列目：半径1,560mm，歯数72個

大小の歯車を相互にかみ合わせるが，エンジンから離れるにつれ直径が大きくなり，回転力を増大させていたことがわかる。エンジン直下と一列目の大きい方の歯車を除き，歯数は大きい歯車が72個，小さい歯車が18個で統一されていた。

　4列目の軸には4つの大きな爪がある車輪がついて，この車輪と小屋の外側に据え付けた車輪とを介して回転する鎖装置がかけられている。ちょうど，自転車のチェインのような状態である。この鎖装置は両端に留め穴のついた2枚の鉄板と1枚の鉄板を互い違いに組んで，栓で留めてつくるが，栓をはめる留め穴が3つあいた三角形の鉄板が，途中3ヶ所，等間隔でおかれる。三角形の鉄板相互の間隔は4.5mほどである。以上の歯車や鎖装置，受け軸は引揚げ機小屋の内外にわたって掘り込み，周囲を切石で固めた溝に据え付けられる。据え付けの状態から考えて取替や改造はなされていないと考えられる。

　この種の引揚げ装置はエンドレス・チェイン（Endless chain）と呼ばれる形式に該当する[43]。すなわち，鎖装置と船架は鉄棹[44]と呼ばれる一定長さからなる金属棒の連結によりつながっている。鉄棹の1本目の頭は，鎖装置のもっとも海寄りにある三角形の鉄板の3つ目の穴に接続する。ここで，鎖装置を反時計回りに回転させると，鉄棹もそれに引っ張られる。鎖装置上にあ

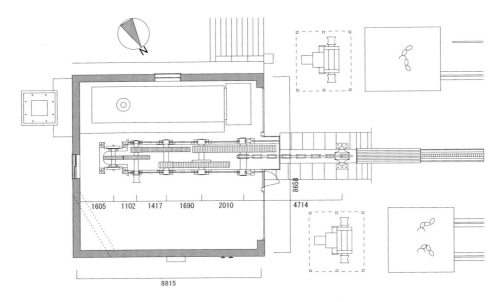

図 4-6　小菅修船場引揚げ機小屋周辺平面図
（筆者実測・作図）

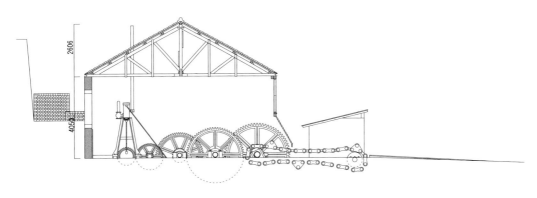

図 4-7　小菅修船場引揚げ機小屋断面図
（筆者実測・作図）

る三角形の鉄板の間隔は鉄棹1本分の長さと等しくなるように設計されているので，1本目の鉄棹の頭と三角形の鉄板が鎖装置の奥へ来た時，1本目の後についた2本目の鉄棹の頭の下に，別の三角形の鉄板がくることになる。この状態で鎖装置の回転をいったん停止させ，1本目の鉄棹の頭を三角形の鉄板から取り外し，2本目の鉄棹の頭をすぐ下にある三角形の鉄板に取り付け，再び鎖装置を回転させると，1本目と同じように2本目の鉄棹の頭が鎖装置の奥へ引き上げられる。この，鉄棹の取り付け，鎖装置の回転，鉄棹の取り外しを繰り返すことで鉄棹に引っ張られる船架を引き揚げるというものである。なお，船架中央の下面には中央レールの歯溝に噛み合うような爪が取り付けられているので，引揚げの際にこの爪を下げておくと，鉄棹

の取り換え時でも船架は逆走することなく，静止したままとなる。

　逆に船架を海へ下ろす時には鉄棹や鎖装置は使用しない。巻上げ装置の歯車の回転は，エンジン直下が反時計回り，1列目時計回り，2列目反時計回り，3列目時計回り，そして鎖装置を受ける4列目は反時計回りとなって，鉄棹を引き揚げる。船架を下ろす際にはまず，1列目の小さい方の歯車をスライドさせ，2列目の歯車と噛み合わないようにしておく。するとエンジンを稼働させても2列目以降は回転せず，1列目のみが時計回りに回転するだけとなる。ここで1列目の外側に取り付けてある鼓型のワーピングドラムにロープを巻き付け，そのロープの先を引き揚げた船架とつなぐ。そしてエンジンを運転させると，1列目の時計回りに回転するロープ受けからロープが船架の方へ繰り出され，それと結ばれた船架が自重も加わってロープをたぐり寄せるように斜路上を降下する[45]。なお，降下の際には船架の爪はあげておく。

レール

　現在斜路上には創建時のレールと船艇工場時代のレールの2種類が混在する（図4-8）。創建時のレールは引揚げ装置から伸びる歯溝がついた中央レール，両側から船架を支える側レールが左右各1本，そして船艇工場時代のレールは当初の側レールの上に左右各2本が敷設された。現在もレールの上にボートを乗せるための左右各5台からなる小船架が保存される。船艇工場時代のレールを敷設した際に，当初の側レールは大分取り除かれたものの，一部残っている箇所がある。右岸寄りでは36.4mほど，左岸寄りでは引揚げ機小屋付近の長さ13.7mほどと，斜面中ほどから海に向かって長さ11mほどが確認される。海寄りの先の方は牡蠣殻や土砂に覆われて現存を確認できない。新しいレールがコンクリート製の土台に敷設された箇所では，当初の側レールはコンクリートの下に残されるが，新しいレール下に鉄製の枕木を敷いた箇所では，当初の側レールは取り除かれたようである。

　次に，当初のレールの形状や構築方法がどのようなものだったか，遺構から調べてみたい。

　中央レールは1本の長さ3,030mm，幅620mmのものを並べて敷設する。レールの中央に幅135mmの歯溝がレール1本あたり30個並ぶ。歯溝の両側には天端幅110mmの凸部があり，そこに船架中央の車輪が載っていた。歯溝と両側凸部の間には各側3ヶ所ずつ直径34mmの留め穴を確認できる。だが，ボルト等の留め具は残っていない。中央レールは現在その下をコンクリートで固められ，レールの継ぎ目にあわせておかれたコンクリートブロックで挟まれている。だがコンクリートが一部剥離した箇所があって，コンクリートの下にレールを支える切石敷きが認められる。切石敷きの上にはセメントや漆喰を詰めてレールを載せているようだが，はっきりと確認できない。切石の大きさはレールと同じ方向に300から450mmほど，レールと直交方向に700から900mmほどである。

　側レールは1本の長さ3,050mm，幅240mmのものをつないで敷設する。レール中央に天端幅85mmの凸部がある凸型断面である。両側のフランジに片側3ヶ所，直径36mmの留め穴が認められるが，ボルト等の留め具は残らない。左岸寄りの側レールにはレール下に被覆された

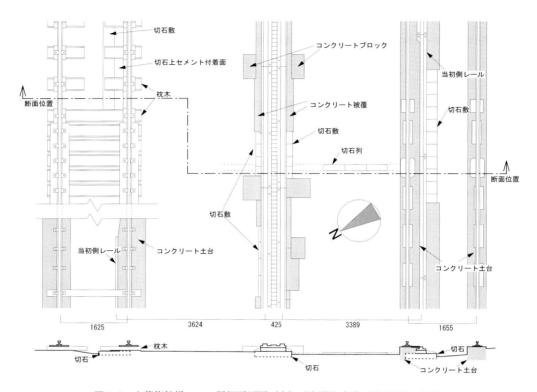

図 4-8 小菅修船場レール詳細平面図（上）・断面図（下）（筆者実測・作図）

コンクリートがはがれている箇所があって，中央レール同様の切石敷きを確認できた。右岸寄りでは切石敷きのみが残る箇所があってセメントか漆喰などが付着した面を残している。レールの幅にあわせて石の表面を一部凹ませ，そこにセメントか漆喰などを盛ったのであろう。

　中央レールと側レールとの間には幅 500mm ほどの切石を並べた列がある。長い年月のなかでだいぶ形が崩れているが，中央レールの石敷きと側レールの石敷きを横断方向に固定するためかもしれない。

　発掘や解体を伴わない外観目視による調査なので不明な箇所が残るが，まとめておくと，まず，当初のレールは岩盤を削平した斜路に土台となる切石列を据え付ける。切石の表面に凹みをつくり，そこにセメントなどを盛ってレールを敷設していた。固定のためにボルト等が用いられていたかどうかわからない。また，横断方向にも切石を並べ，中央レールと両側の側レール相互の位置を固定したと考えられる。

　中央レールの凸部間隔は 423mm（レール中心間），側レールまでの間隔は 3,624mm と 3,389mm，よって側レール中心間距離は 7,438mm となる。中央レールの実測傾斜角度は 3 度，タンジェントを計算すると 0.052 である。明治 44（1911）年の配置図にある仕様，レール間隔 25ft6in（7,772.4mm），勾配 1/20（=0.05）と対応する。

第 4 章　長崎小菅修船場

船架

　現在失われている船架はどのような形態であったか調べてみたい。明治 40 (1907) 年頃の古写真に空になって引き揚げられた船架の姿を確認できる。中央に船の竜骨に対応する中桁があって盤木を置いていた。その中桁の両側に横梁が拡がる。横梁は先細りした形状で，その上に船底の形にあうように台形のブロックを置いて船を支える。横梁の下には側桁があって側レールに対応していたのであろう。横梁の数は片側 8 本ずつである。

　昭和初期の復元模型製作時に参照された図面のなかに船架の図面が残されている (図 4-9)。「史蹟記念物小菅船架見取畧」と表題の記された 1,118mm×705mm の大きさの青焼き図面で，表題からみて史跡に指定された昭和 11 (1936) 年頃に作成されたものであろう[46]。船架の全体図や詳細図のほか，長さ 3.44m の鉄棹も描かれる。2 本の材からなる中桁が中央に，その両側に側桁，下面にはレール上を走行する車輪が中桁に 2 列，側桁に 1 列取りつく。中央レールの歯溝に落ち込む爪は 3 本が中桁下面に取りついていた。中桁の上に竜骨を支える盤木が並べられる。中桁と側桁をまたいで片側 5 本の横梁を渡し，横梁上に船底の形にあわせて台形の盤木を置く。この横梁とは別に中桁と側桁との間に繋ぎ梁が片側 5 本ずつ渡されている。船架の全長は 46.5m，中桁と側桁との中心間距離は 3.9m である。後者の数値は現存するレール間隔と対応している。

　船を引き揚げる際の舩架の用い方は以下のようになる。船を引き揚げる際，鉄棹をつけた空

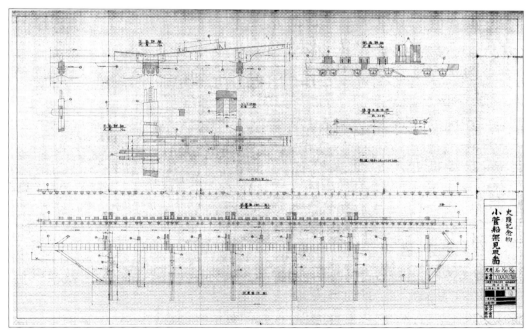

図 4-9　昭和初期の船架図面「史蹟記念物小菅船架見取畧」
（三菱重工業（株）長崎造船所史料館所蔵）

の船架を海中へ下ろす。中桁の先端と横梁の先端には海上に先端が出るようなポールが立てられていて，それを目印に船を船架の直上に曳航させる。この時，左右の岸壁からもロープで船を引っ張って位置を調整，固定する。位置が定まったら船架を引き揚げ，船も前進，船の舳先のほうから竜骨が中桁の盤木上に乗りはじめる。横梁上の盤木はロープであらかじめ横梁のポールの先端に結んでおき，竜骨が中桁の盤木に乗る前に船上からそのロープを引っ張り，船底の形に合うように横梁上の盤木を中央の方から外端へスライドさせる。船底が陸上に上がってくると盤木と船底の間に木片などを差し込んで固定する。また，中桁の爪を下ろし，逆走を防ぐ。青写真や古写真の船架にはポールが描かれておらず，実際に使用中の状態になかったように思われる。

　青焼き図面に描かれた船架がいつまで遡るか検討すると，昭和初期頃の古写真[47]には，横梁の数が片側5本の船架を確認することができ，青焼き図面は当時残っていた船架を描いたものと考えられる。だが，前述した明治40（1907）年頃の古写真では船架には片側8本の横梁があり，青焼き図面より数が多い。また，青焼き図面の船架の全長46.5mは，1885（明治18）年のイギリス領事報告にある船架長さ220ftに比べて20mほど短い。よって，船架は明治元年の開業から昭和初期の間に一回は更新されたか，大きく改造されたと考えられる。旧来の船架は昭和初期の船架よりも長く，横梁の数が多かった。このように，昭和初期の船架の青焼き図面は操業当初と異なるものだが，修船架の機能を理解する上で不可欠なものなので，ここでは紹介のために掲出しておきたい。

第2節　日英の技術比較からみた日本のパテントスリップと小菅修船場の性能

1．19世紀のイギリスにおけるパテントスリップの発明と技術的変遷

トーマス・モルトンのパテントスリップ

　先に述べたように，パテントスリップと呼ばれる修船施設は，エディンバラ北東の港町レイ（Leith）の造船家T. モルトンが発明したものとされる[48]。地元の大工の家に生まれたモルトンは，1810年頃に自宅近くのレイ川の北岸に造船所を営み，1818年にスコットランド，1819年にはイングランドで，「水面からの船体引揚げ（Dragging Ships Out of the Water）」[49]により特許を取得した。つづく1822年頃，エディンバラの西の港町ボーネス（Bo'ness）に，自分の発明をデモンストレートするために最初のスリップを建設した。1832年にモルトンは亡くなるものの，モルトンの兄サムエル（Samuel Morton）とサムエルの息子ヒュー（Hugh Morton）が経営したS&Hモルトン商会がその事業を引き継いでいる。

　では，パテントスリップとはいかなるものか，モルトンの特許仕様書（図4-10）を参照しながら整理してみたい。モルトンの仕様書が記す船体引揚げの方法は，造船台と同一の水中へ傾斜した斜面と，そこに敷設した線路上に，船架（Carriage）を走行させることから構成される。

船架は，船体の竜骨真下の竜骨梁（Keel beam），竜骨梁に平行な2本の梁（Parallel beam），そして竜骨梁と2本の平行梁を繋ぐ横架材（Cross piece）からなる。横架材と3本の梁は斜めに繋ぐ鉄ないしは木製の筋交で固定され，船架の先端は三角形となる。竜骨梁の先端に鎖やロープが取り付けられ，斜路を引き揚げられる。また，竜骨梁の底面には爪がついていて，斜路上のレールに刻まれた溝にこの爪が噛み合うことで，斜路上を船架が逆走することを防ぐ。

竜骨梁と横架材の上面には盤木（Keel block, Block）が置かれ，船底を支えるのだが，横架材上の盤木は船底の形にあわせて横架材上をスライドできるようにしておき，さらに，船の重みで外に飛び出すのを防ぐために，横架材上面に刻んだ溝にはまるように爪を付けておく。なお，横架材の外端にはポールをたてておき，海中にある船架の

図4-10　T.モルトンの特許仕様書

直上へ船を曳航する際の目印や，船の甲板上から横架材上の盤木を引くロープの取り掛かりとなるようにする。モルトンが強調するパテントスリップの独創的な点は，造船用の斜路に，修理船を載せた船架を走行させた点にあるという。

特許仕様書は具体的数値や引揚げ機構の記述を欠いているが，1824年2月19日のモルトンの新聞広告[50]では，斜路は勾配1/15〜1/20，船架は斜路の頂上に置いたキャプスタンに巻いた鎖によって引揚げられるとある。引揚げ速度は毎分2.5から5ft，引揚げ力は人力，100トンあたり6人を要し，300から500トンクラスの船まで対応可能，価格は50シリング以下という。その時までに，スコットランドへ5ヶ所，イングランドへ2ヶ所，アイルランドへ1ヶ所のスリップを建設し，フランス，オランダ，スウェーデン，合衆国と西インド，喜望峰と，各地から問い合わせを受けたらしい。

なお，モルトンが発明したというパテントスリップのような形式は，モルトン自身が述べているように，造船台との形態上との差は小さいため，必ずしも彼の独創的な発明とは認めがたく，モルトン自身も特許取得の直後の1824年には，類似した施設について裁判を起こされている[51]。

パテントスリップの技術的変遷

モルトンの発明以降，パテントスリップは，イギリス国内はもとより全世界に建設されるのだが，斜路を走行する船架へ船体を載せて引き揚げるという基本システムは変えることなく，

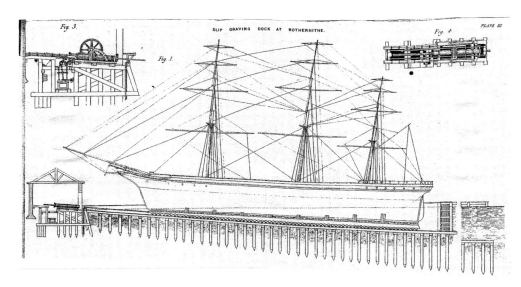

図 4-11　ロンドン　ネルソンドック（ミルズ＆ナイト社）のパテントスリップ
（Source: R. Bruce Bell, 'On Patent Slip Docks', *Transaction of the Institution of Engineers in Scotland*, Vol.2, 1859）

　船体の大型化に対応した改良が加えられる。船架は木製から鉄製へと移行し，長さや幅が大きくなる。そして引揚げ力を増大させ，作業を効率化させるための様々な工夫が引揚げ機構に取り入れられた。日本に建設されたパテントスリップを理解する助けとするため，その変遷を簡単に整理しておこう。

　モルトンが発明した当初の引揚げは，キャプスタンに鎖を巻きつけて，人力や畜力で引くものだった[52]。この引揚げ力を増大させるために，人力等から蒸気機関への利用へと移行し，1848 年頃，J. レスリー（James Leslie）によって日本の小菅修船場で採用された，歯車とピッチチェイン，鉄棹の組み合わせからなるエンドレス・チェイン・システムが導入された。1851 年には実際にその機構によるパテントスリップが，エディンバラ北郊の港町グラントンに建設されている。また 1849 年に，D. ミラー（Daniel Miller）がグラスゴーに水圧力を利用した引揚げ装置をもった施設を建設する[53]。1883 年には，T. B. ライトフット（Thomas Bell Lightfoot）と J. トンプソン（John Thompson）がこの水圧装置に改良を加え，大型船へ対応した強力な機構をイギリス土木学会で発表した[54]。これは，C. コルソン（Charles Colson）が著した港湾土木の技術書に引用されるが[55]，日本人土木技術者の廣井勇が参考にして『築港』（明治 32 年刊）の中で詳細に紹介している[56]。

　1883 年にはデイ＆サマー社（Day & Summer）が，船架を鋼ロープで引っ張り，これを円筒形のドラムで巻き取る機構をはじめて導入し，サウザンプトンにその機構を装備したパテントスリップを建設している。20 世紀に入るとこの原動力に電気モーターが利用されて以後の主流となる。1905 年にはモルトン商会が，この鋼ロープ巻取り機構を持った 3,000 トン 1 基，2,000 トン 2 基の巨大スリップを香港のタイクードックに建設した[57]。規模は長さ 1,030ft，幅 80ft 1

第 4 章　長崎小菅修船場

基，長さ 950ft，幅 60ft 2 基という[58]。なお，船架が鉄製になったのは 1890 年頃のことらしい。

2．明治時代の日本に建設されたパテントスリップ
明治時代の日本に建設されたパテントスリップの詳細

　幕末から明治時代の日本国内に建設，または計画されたパテントスリップは現在 7 基を確認している。そのうち，小菅修船場を除く 6 基について以下に内容を整理した。現在，小菅修船場を除いて当時の施設は残されていない。

①長崎製鉄所岩瀬道修船架計画案

　万延元（1860）年に轆轤盤細工所などの工場が上棟し，我が国最初の近代的造機工場として出発した長崎製鉄所であったが，開業当初，船体を築造，あるいは修理するための施設を欠いていた。そこで，同じ年に飽ノ浦に隣接する岩瀬道にパテントスリップの建設が計画され，翌文久元（1861）年に着工，機材はオランダのフェイエノールト社（NSBM）に発注された[59]。しかし，経費の理由から工事はいったん中止され，文久 2（1862）年に再開するものの，立神地区へのドライドックの建設が決定したため，結局，岩瀬道修船架は実現することはなかった。

　この頃の様子を伝えると思われる「製鉄所分間絵図」（長崎歴史文化博物館所蔵）には，飽ノ浦の工場群に隣接した岩瀬道修船架の築造予定地が確認される（図4-12）。すなわち，修船架は 2 基が予定されていたらしく，工場群の手前の入江へ流れ込む小河川の河口の両側を整地し，そこに海岸線に直交するようにパテントスリップ 2 基を配置した。水中部分の斜路を確保するためであろう，元の海岸線より少し後退させて配置している。なお，フェイエノールト社が受注，長崎製鉄所向けに設計したパテントスリップは全長 550ft，蒸気機関駆動のものだったという[60]。

②横須賀製鉄所修船架（第二船台）

　横須賀製鉄所にあった 3 つの船台のうち，第二船台はパテントスリップとして利用されてい

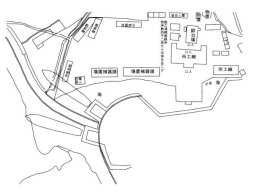

図 4-12　長崎製鉄所岩瀬道修船架（海岸線が方形に後退した箇所，長崎歴史文化博物館所蔵「製鉄所分間絵図」）（右図：筆者作成のトレース）

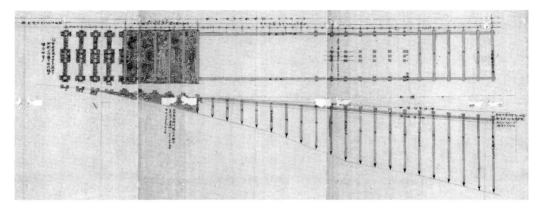

図4-13 「内浦・白仙浦境造船場杭打並十露盤据付絵図」(堤真知氏所蔵,横浜開港資料館保管)

た。横須賀製鉄所の建設を請け負った蔵田清右衛門配下の大工,堤磯右衛門の文書には,第二船台の地業や杭打ち,十露盤と呼んでいる枕木や土台の据え付けにかかわる記録が残されている。第二船台の工事は慶応3(1867)年6月に必要な材木の見積もりがされ[61],同年12月に山地の取り崩しをなしている[62]。上部構造も含めた竣工年月は明確でないが,山地取り崩しの翌月,慶応4(1868)年1月を遡らないことは確かであろう。

堤家文書には,「内浦・白仙浦境造船場杭打並十露盤据付絵図」という第二船台を支える下部構造を描いた絵図が残される(図4-13)[63]。他の資料と一部規模を異にする点もあり,細部まで実態を忠実に示すか判然としないが,およその仕様を伝えるものと推察される。すなわち,その総延長は120m,水中部分の延長40m,海岸部分の延長10m,陸地部分の延長70m,幅6.3m[64],陸地から水中へ下る傾斜地へ敷設される。水中部分は,地山まで木杭を打ち込み,土台を支え,そこに十露盤(枕木)を交差させる。木杭は20分角を両側2本,中央3本,一列あたり5本打ち込んでいる。海岸部分は,地山まで表土を取り除いた後に,コンクリート(砂利蠣灰煉合)を突き固め,十露盤を受ける凹型断面の埋め込み石を両側2個,中央3個並べる。石材は青石という。陸地部分は,十露盤と埋め込み石の下面のみ掘り込んで深さ四分のコンクリートを打設,海岸部分と同じ埋め込み石を据え付ける。十露盤の間隔はすべて2m,よって総数61本となる。なお,絵図から推定される斜路の勾配は1/17程度である。

では,下部構造となるこの十露盤の上に,どのような設備が敷設されるのであろうか。明治2(1869)年4月の年記をもつ「横須賀製鉄所全図」[65]には,両側の造船台(Cale de Construction)に挟まれた曳揚船台(Cale de Halage),すなわちパテントスリップとして使われた第二船台の形状を確かめることができる(図4-14)。3つの船台は,内浦と白仙浦との境にのびる舌状丘陵地の先端を削平した土地におかれる。造船台の斜路は等高線に交差していることが配置図から確認できる。図面中には,縮尺'pour un meter 0.001'とあるので,第二船台の各部を実測したところ,地上部分の長さ71m,幅6mであった。地上部分の長さや幅は前掲堤家文書の絵図と一

第 4 章　長崎小菅修船場　　　　　　　　　　　　　　　　　　　　　　　　　　　　　　　　　　　　141

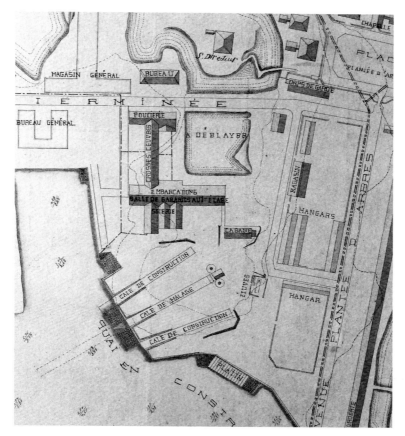

図 4-14　横須賀製鉄所第二船台
（3 つの船台の中央，横須賀市立中央図書館所蔵「横須賀製鉄所全図」）

致する。ただし，水中部分の長さは図面では 76m と，前掲堤家文書の絵図より長くなる。

　『日仏文化交流写真集』掲載の古写真によると[66]，斜路は，先に見た十露盤の上に 3 本の敷桁を載せ，敷桁のレールを敷設し船架を走行させている。斜路の頂上には切妻造の小屋，両側には地表より一段高い足場に囲まれた円筒形の引揚げ轆轤をおく。引揚げ轆轤の上部に車地棒を差し込み，人力で回転させたのであろう。2 つの轆轤に挟まれた小屋の内部は不明だが，小菅修船場のような歯車機構をおき，両側の巻き上げ機からの回転力を増大させて，船架を引き揚げていたのかもしれない。引揚げに用いる鎖装置がどのようなものだったか，古写真からはわからない。

③兵庫工作分局修船架および第二修船架

　明治 2（1869）年に開設されたバルカン鉄工所（Vulcan Iron Foundry）を祖にもつ工部省兵庫工作分局にも，増大する艦船修理施設の需要から，パテントスリップが建設されている。明治 7（1874）年 1 月には長さ 600ft，幅 21ft の計画で工事が着手され，翌 8（1875）年 4 月に完成した[67]。引揚げ力は人力で，作業員が掛け声をあげて引き揚げたという[68]。だが，この施設の引揚

げ能力は700トン以下だったため，明治12年に蒸気機関駆動の第二修船架の工事に着手するも，資金難の理由からいったん中止，4年後の16（1883）年10月に再開，18（1885）年9月に完成した。第二修船架は長さ900ft，幅24ft，引揚げ能力は1,200トンだった[69]。なお，この第二修船架の設計は横須賀製鉄所のお雇い外国人土木技術者V. C. フロラン（Vincent Clement Florent）がおこなったらしい[70]。

　明治10（1877）年測量の内務省地理局作成地図[71]に，明治8（1875）年の修船架の形態を確認することができる（図4-15）。修船架は，工作分局敷地の南寄り，旧湊川が形成する砂浜上に海岸線に直交するように建設された。海岸線から少し内側に掘り込み，3本のレールの先には足場の上に2組の引揚げ轆轤が描かれている。

④函館船渠修船架

　開港場函館に建設されたパテントスリップで，『築港』を著した廣井勇の設計になる。旧函館砲台跡地の先を造成した埋立地にドライドック等と並列して建設，明治32（1899）年5月着工，同34(1901)年1月完成，4月12日に初上架がおこなわれている[72]。規模は全長243.07m，レール間隔6.6m，船架長さ67.6m，勾配1/18，最大引揚げトン数1,200。引揚げ装置，レール，船架はイギリスのヘンリー・ベリー社（Henry Berry）の製造，また引揚げ装置は水圧式のものとされる。このヘンリー・ベリー社は1883年に操業を開始し，イギリス中部の町リーズ（Leeds）に拠をおいた機械製造所である[73]。どのようにして函館船渠の受注をしたかはわからない。

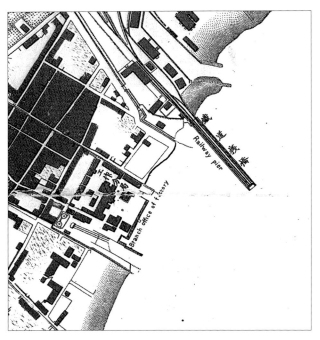

図4-15　兵庫工作分局修船架（下方の工作分局敷地境）
（国立国会図書館所蔵，内務省地理局作成「兵庫神戸實測圖」1883年）

第4章　長崎小菅修船場

図 4-16　函館船渠のパテントスリップ

　この設計にあたって薫井は，『築港』で紹介したライトフット，トンプソンのパテントスリップの仕様を大幅に取り入れたらしく，函館船渠修船架の船架は船体の大きさに対応して長さが調整可能で，また，中央レールの両側に対になった2列の鉄棹が確認される（図 4-16，図 4-17）。

⑤石井コレクション中の修船架計画案

　横須賀市自然・人文博物館所蔵石井コレクション中には「修船舩架」と題されたパテントスリップの図面が保存されている[74]。図面には，寸法の単位の記載がないが，各部の大きさからみてフィート（ft）か日本尺であろう（図 4-18）。

　このパテントスリップは長さ 793ft（尺），幅 22ft（尺），勾配 1/18，船架長さ約 207ft（尺）。地上と海中の斜路，そして両側の岸壁を造成し，栗石を敷き詰めた上にコンクリート等で表面を仕上げるもののようである。レールや枕木は木杭によって支えられ，引揚

図 4-17　函館船渠のパテントスリップ（中央レールの両脇に鉄棹が確認できる）

（図 4-16，図 4-17 ともに，佐藤庄治編『函館船渠株式会社四十年史』函館船渠株式会社，1937 年より転載）

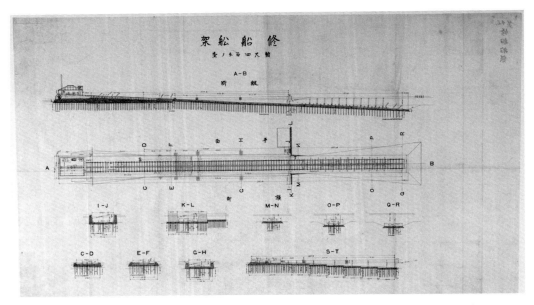

図 4-18　石井コレクション中の修船架計画図「修船舡架」（横須賀市自然・人文博物館所蔵）

げ機小屋が載る斜路上部は，地上に栗石を積み重ねた上にコンクリートで構築されている。引揚げ装置は水圧装置で，廣井勇『築港』が紹介したものと同じ，ライトフット，トンプソン提案の水圧装置が描かれている。

　図面は，作成年，作者，建設予定地等の基本情報を欠いている。先に確認したように，横須賀製鉄所では慶応 4（1868）年中にパテントスリップが建設されているが，本図に掲載された規模，設備仕様は明らかに慶応 4 年のものと異なる。また，明治年間に本図のようなパテントスリップが同所内に建設されたことは確認されない。図面中の和文表記からすると，明治中期以降に日本人技術者によって作成されたものと推察される[75]。

明治時代日本のパテントスリップと小菅修船場

　以上，明治時代の日本に建設されたパテントスリップのスペックを調べてみたが，先に復元した長崎小菅修船場の仕様を振り返りつつ，比較検討してみたい。明治元（1868）年に完成操業した長崎の小菅修船場は全長 570ft（173m），船架長さ 25ft（67m），引揚げには蒸気機関駆動のエンドレス・チェインが用いられ，引揚げ能力 1,200 トンの性能を持つ。斜路は，南側から下がる山の斜面を削平した土地にその大半が載るように設計され，海中部分のみ杭打ちを施した。小菅修船場の全長は，兵庫第二修船架（274m），函館船渠修船架（243m）のような 200m を超えるものもあるので，最大ではないが，船架長さは 220ft（67m），引揚げ能力は 1,200 トンと，函館（船架長 67m，1,200 トン），石井コレクション（船架長 63m）と同規模・同重量の船体を引き揚げることができた。特に，横須賀や兵庫第一といった小菅修船場をのぞく初期の修船

表 4-2　明治時代日本に建設・計画されたパテントスリップの一覧

名称	建設・計画年	全長	レール間隔	勾配	船架長	引揚げ力	立地水面	向き	立地環境	原動力・引揚げ機構	メーカー・設計者	典拠
岩瀬道修船架計画	文久元(1861)年	550ft	不明	不明	不明	不明	1B	2A	3B	蒸気機関か	NSBM 社	①②
横須賀製鉄所第二船台	慶応4(1868)頃	86m	6m	1：17	不明	不明	1B	2A	3B	人力・引揚げ轆轤2基	不明	③④⑤
小菅修船場	明治1(1868)年12月	570ft(173.73m)	25ft6in(7.72m)	1：20	220ft(67.06m)	1,200ton	1B	2A	3B	蒸気機関・エンドレス・チェイン形式	ホール・ラッセル社	⑥
兵庫工作分局修船架	明治8(1875)年4月	600ft(182.88m)	21ft(6.4m)	不明	不明	700ton	1B	2A	3A2	人力・引上げ轆轤2基	不明	⑦⑧⑨
兵庫工作分局第二修船架	明治18(1885)年9月	900ft(274.32m)	24ft(7.31m)	不明	不明	1,200ton	1B	2A	3A2	蒸気機関または水圧装置	不明・フロラン設計	⑦⑧⑨⑩
函館船渠修船架	明治34(1901)年1月	243.01m(802.14尺)	6.66m(22尺)	1：18	67.67m(205.07尺)	1,200ton	1B	2A	3A1	水圧装置	ヘンリー・ベリー社・廣井勇設計	⑪
石井コレクション修船架計画案	明治後期頃	793(241m)	22(6m)	1：18	207(63m)	不明	不明	不明	不明	水圧装置	不明	⑫

※ 1A：河川に面するもの　1B：海水に面するもの　2A：水際線に直交するもの　2B：水際線に斜交するもの　2B*：上流側に向かって水際線に斜交するもの　3A1：平坦地で造成地にたつもの　3A2：平坦地で自然の海岸線上にたつもの　3B：山地が迫る入り江にたつもの

［典拠］
①長崎歴史文化博物館所蔵「製鉄所分間絵図」
②『勝海舟と幕末長崎』長崎歴史文化博物館，2007年。
③横浜開港資料館寄託堤家文書132-168「第二造船場十露盤并切込石仕立方御入用積書」
④同前文書絵図 -76「内浦・日仙浦境造船場杭打並十露盤盤付絵図」
⑤西堀昭編『日仏文化交流写真集第一集』駿河台出版社，1986年。
⑥『史跡小菅修船場保存整備二事報告書』三菱重工株式会社長崎造船所，2006年。
⑦『工部省沿革報告』大蔵省，1888年。
⑧塩田泰介『自叙傳』私家版，1938年。
⑨地理局測量課『兵庫神戸實測圖』内務省地理局，1883年，国立国会図書館所蔵。
⑩鈴木淳編『ある技術家の回想―明治草創期の日本機械工業界と小野正作―』日本経済評論社，2005年。
⑪佐藤庄治編『函館船渠株式會社四十年史』函館船渠株式會社，1937年。
⑫横須賀市自然人文博物館石井コレクション　066-Y42「修船船架」

架は，引揚げが人力だったのに対し，比較的古い時代にある小菅修船場が明治後半の水圧装置を配備した大規模な施設と同程度の能力を有していたことは注目される。

　では，このような性能を持つ小菅修船場，そして明治時代日本のパテントスリップは当時の世界のパテントスリップのなかで，どの程度に位置づけられるのか，引き続き検討してみたい。

３．19世紀後期の各国におけるパテントスリップ

パテントスリップの普及状況

　わが国では主に外国人居留地の周辺や長崎，横須賀の製鉄所に建設されたパテントスリップだったが，同時期，全世界ではどの程度普及していたのであろうか。イギリスのロイズ船級協会（Lloyd's Register）が発行する船名録は1890年より附録として，ドライドック，パテントス

リップ，浮ドックといった各国の修船施設の能力をリストとして掲載する[76]。本資料はイギリスで発行された資料なので，内容はイギリス本国やイギリスの植民地に比べ，他国の情報が乏しいという欠点がある。また，例えば日本の兵庫第二修船架が未掲載といった，内容に不正確な点が含まれている。しかし，世界各国の施設を網羅的に掲載し，国際的な検討を行う上で欠くことができない情報を含んでおり，資料上の限界を認めつつも，ここではこのリストを利用して，日本のパテントスリップ，特に小菅修船場を世界的に位置づけるため，全長，引揚げ力，船架長さの規模別にその数を一覧表にまとめる（表4-3）。

1890年当時，長さが1,000ftを超えるものは全世界に3基，うち2基はイギリスに所在する。もっとも数が多かったのは，長さ200から400ftで，110基が確認される。長さ200ft以下も73基と比較的数が多い。日本で最長は兵庫第二修船架と函館船渠修船架の900ftだが，これと同クラス（長さ800から1,000ft）は世界に11基があった。長崎小菅修船場は長さ570ftなので，最長クラスには入らないものの，全体の中では大規模な部類に属している。

次に引揚げ能力と関連する船架長さについて，長さ300ftを超える船架は当時世界で8基，もっとも数が多いのは長さ200から250ftで42基だが，その次の150から200ft，100ftから

表4-3　ロイズ船級協会船名録の附録（1890年刊）に掲載された地域別のパテントスリップ数

全長（Extreme length）
（単位：feet）

	Under 200	200-400	400-600	600-800	800-1,000	Over 1,000
Britain	22	52	27	12	4	2
Europe	29	36	13	6	2	0
Asia	1	2	1	1	1	0
Africa	7	0	1	1	2	0
N. America	7	8	1	3	1	0
S. America	3	1	0	1	1	0
Australasia	4	11	2	2	1	1
Total	73	110	45	26	11	3

船架長さ（Length of cradle）
（単位：feet）

	Under 100	100-150	150-200	200-250	250-300	Over 300
Britain	21	26	17	21	5	8
Europe	4	4	6	10	1	0
Asia	0	0	1	1	1	0
Africa	2	0	0	2	0	0
N. America	0	3	6	4	1	0
S. America	0	0	0	1	0	0
Australasia	3	4	4	3	2	0
Total	30	37	33	42	10	8

引揚げ力（Lifting power）
（単位：tons）

	Under 200	200-500	500-1,000	1,000-1,500	1,500-2,000	Over 2,000
Britain	7	35	28	16	4	10
Europe	7	13	25	15	5	5
Asia	0	1	1	2	0	1
Africa	0	2	2	2	0	0
N. America	0	5	8	6	1	1
S. America	2	3	0	0	0	0
Australasia	8	3	4	1	0	0
Total	24	62	68	42	10	17

第4章　長崎小菅修船場　　*147*

150ftの船架長さを持つものも，それぞれ33基，37基と，200から250ftクラスの数と大きな差はない。また，イギリスやヨーロッパ以外に，オーストラリア州に全長や船架長さが大きいものが確認される。日本では，長崎小菅修船場が220ft，函館船渠が67m（222ft）と最大で，世界的にみると最大規模ではないものの，比較的規模が大きいほうに属するといえる。

そして，引揚げトン数について，2,000トンを超えるスリップが17基確認される。もっとも数が多いのが，200から500トンの62基と，500から1,000トンの68基で，また，1,000から1,500トンも42基と比較的数が多い。イギリスやヨーロッパ以外では北アメリカに引揚げ力が大きいものがいくつかある。日本のパテントスリップは引揚げ能力が不明のものも多いものの，最大が1,200トンの引揚げ能力を持つ長崎小菅修船場，兵庫第二修船架，そして函館船渠の修船架はいずれも世界的にみると引揚げ能力が比較的大きい方に属するとみなされる。

このように，明治時代の日本に建設されたパテントスリップは，世界トップクラスの規模ではないものの，中規模以上の能力を有した施設であったと位置づけることができる。とりわけ，明治の後半に完成した兵庫第二修船架や函館船渠の修船架に比べ，国内で初期に実現した長崎小菅修船場が世界的にみても，比較的大規模，高性能な施設であったことは特記される。なお，小菅修船場の機材を製造したアバディーンのホール・ラッセル社ゆかりのアレキサンダー・ホール社のパテントスリップは全長380と335ft，引揚げ力800と500トンと，小菅修船場のほうが規模，引揚げ力ともに大きい。

19世紀イギリスと日本のパテントスリップの立地

前節では，小菅修船場の技術的な特徴の一つとして，小河川が流れ込む溺れ谷を利用した造成工事を認めることができた。このような地形の選択や土地造成，斜路の配置は小菅修船場のみにみられるものなのか，この点を検討するために，1890年版ロイズ船級協会船名録の附録に掲載されたイギリス（イングランドとスコットランド）のパテントスリップを対象にスリップの立地する水面と水際線への向き，周辺の地形を19世紀末から20世紀初に発行された縮尺2,500分の1のOSマップ（Ordnance Survey Map）上で確認し，82基の情報を整理することができた（表4-4）。

①パテントスリップの立地する水面

まず，パテントスリップが立地する水面の種類について，1A：河川に面するもの，1B：海水に面するもの，に分類すると82基中の半数強にあたる55基が河川に面して建設されている。特にイギリスでは河川に面する大都市・港湾都市が多く，また河川自体もゆるやかなものが多いため，引揚げ力1,000トンを超える大規模なものも河川に多く立地している。なかでも，カーディフのウィンザースリップウェイ2基（全長900ft，船架長230ft，引揚げ力5,000トンと3,500トン（図4-19），当時のイギリスで最良の施設という[77]，ニューキャッスルのウォールセンドスリップウェイ2基（全長1,000ft，船架長300ft，引揚げ力2,000トン（図4-20））といった巨大スリップが河川に面していることは注目される。海水に面するものでは，現在も当時の施設が残るアーブ

148

表 4-4　Appendix to Lloyd's Register of Ships, 1890 年に掲載されたイングランドとスコットランドのパテントスリップのスペックと立地状況

	港　　名	施設名または会社名	建設年	全長	船架長	引揚げ力	立地水面	向き	立地環境	参考にしたOSマップ1：2500
1	Aberdeen	J. Duthie Sons	c. 1899	430	-	1000	1A	2A	3A1	1899 Abrdeenshire
2	〃	A. Hall	c. 1899	380	-	800	1A	2A	3A2	〃
3	〃	A. Hall	c. 1899	335	-	500	1A	2A	3A1	〃
4	Appledore	Robert Cook	c. 1889	310	106	300	1A	2B	3A1	1888-1889 Devon
5	Arbroath	Harbour Trustee	1877	450	150	600	1B	2A	3A1	1903 Farforeshire
6	Ardrossan	Ardrossan S B	c. 1855	430	160	400	1B	2B	3A1	1896 Ayrshire
7	Ayr	S McKnight	c. 1860	800	260	1200	1A	2B	3A1	1896 Ayrshire
8	Banff	-	c. 1868	80	-	180-200	1B	2A	3A1	1904 Banffshire
9	Barrow	Furness S B	c. 1873	250	132	300	1B	2B	3A1	1891 Lancashire and Furness
10	Brightlingsea	Aldous's patent slip	c. 1874	90	-	400	1A	2A	3A2	1897 Essex
11	〃	Root & Diapers	c. 1874	90	-	300	1A	2A	3A2	〃
12	Bristol	Ross & Sage slipway	1890	265	100	250	1A	2A	3A1	1894-1896 Somerset
13	Barton-Stather upon Trent	J Garside	c. 1887	-	85	100	1A	2A	3A2	1886-1887 Lincolnshire
14	Cardiff (Grangetown)	No.1 Windsor Slipways Dry Dock & Eng	c. 1901	900	320	5000	1B	2A	3A2	1900-1901 Glamorganshire
15	〃	No.2 Windsor Slipways Dry Dock & Eng	c. 1901	900	320	3500	1B	2A	3A2	〃
16	Carnarvon	H Owes & sons	c. 1888	420	100	-	1B	2A	3A1	1888 Anglesey
17	Connah's quay	Ferguson & Baird	c. 1870	264	70	-	1A	2B	3A2	1899 Flintshire
18	Cowes	Falcon's slipway	c. 1864	337	124	600	1A	2A	3A2	1908 Hampshire & Isle of Wight
19	Dover	Harbour Board	c. 1866	600	170	500	1B	2B	3A1	1898 Kent
20	Dysart	Thomson & Co	c. 1895	-	85	-	1B	2B	3A1	1895 Fifeshire
21	Folkeston	-	c. 1873	450	-	600	1B	2A	3A1	1898 Kent
22	Glasgow (Klvnhg)	No.1 Aitken & Mansel	1849	200	180	300	1A	2A	3A1	1898 Lanarkshire
23	〃	No.2 Aitken & Mansel	c. 1898	400	230	1000	1A	2B	3A1	〃
24	Glasgow (Partick)	D & W Henderson	c. 1898	600	250	1000	1A	2B	3A1	〃
25	Glasgow (Pointh'se)	A & J Inglis	c. 1898	850	270	2000	1A	2B	3A1	〃
26	Goole	Aire & Calder Navigation	c. 1892	180	73	200	1A	2B	3A1	1892 Yorkshire
27	Gosport	Camper & Nicholson	c. 1881	400	130	300	1A	2B	3A2	1867-1881 Hampshire & Isle of Wight
28	Gourock	J Adam	c. 1897	350	-	30	1B	2A	3A2	1897 Renfrewshire
29	Granton	Hawthorns & Co	c. 1853	-	236	-	1B	2A	3A2	1896 Edinburghshire
30	Greenock	Scott	c. 1858	500	100	350	1B	2A	3A1	1897 Renfrewshire
31	Grimsby	Manchster, Sheffield & Lincolnshire railway	c. 1890	321		250	1B	2A	3A2	1889-1890 Lincolnshire
32	Harwich	J H Vaux	c. 1878	140	-	500	1B	2A	3A1	1898 Essex
33	Hull	Bailey & Leetham	c. 1893	426	293	1500	1A	2B	3A1	1893 Yorkshire
34	〃	Earle's Co	c. 1893	750	270	1500	1A	2B	3A1	1891-1893 Yorkshire
35	Inverkeithing	R & D Ross	c. 1856	200	80	-	1B	2B	3A2	1896 Fifeshire
36	Ipswich	Bayley's patent slip	c. 1884	132	-	500	1B	2B	3A2	1884 Suffolk
37	King's Lynn	West Lynn patent slip	c. 1887	300	-	-	1A	2A	3A2	1887 Norfolk
38	Littlehampton	Harvey's slip	c. 1898	300	120	-	1A	2A	3A2	1898 Sussex
39	Llanelli	Samuel Bros	c. 1880	380	150	800	1A	2B	3A2	1880 Carmarthenshire
40	London	Mills & Knight	c. 1873	202	-	600	1A	2B	3A1	1896 London
41	〃	Rosherville	c. 1885	500	-	2000	1A	2A	3A2	1885 Essex
42	Lowestoft	Great Eastern Railway	c. 1890	330	84	-	1A	2B	3A1	1890 Suffolk

	港　名	施設名または会社名	建設年	全長	船架長	引揚げ力	立地水面	向き	立地環境	参考にしたOSマップ1：2500
43	Lymington	Inman & Co	c. 1897	250	-	100	1A	2A	3A1	1909 Hampshire & isle of Wight
44	Montrose	Montrose patent slip Co	c. 1866	300	32	500	1B	2A	3A2	1903 Forfarshire
45	Newcastle	Friar's Goose slipway	c. 1898	180	120	300	1A	2B	3A1	1898 Durham
46	〃	J & D Morris	c. 1887	238	-	500	1A	2B	3A2	1897 Durham
47	〃	J & D Morris	c. 1887	350	-	1000	1A	2B	3A2	〃
48	〃	Palmer's patent slipway	c. 1897	600	240	1200	1A	2B	3A1	〃
49	〃	St Lawrence slipway	c. 1884	200	100	250	1A	2B*	3A1	1884 Northumberland
50	〃	St Peter's quay slipway	c. 1884	310	-	200	1A	2B*	3A1	
51	〃	St Anthony's slipway	c. 1897	300	-	200	1A	2B	3A2	1897 Durham
52	〃	Wallsend slipway and engineering	c. 1897	1000	300	2000	1A	2B	3A1	〃
53	〃	Wallsend slipway and engineering	c. 1897	1000	300	2000	1A	2B	3A1	
54	〃	Willington No.1	c. 1897	580	210	1200	1A	2B*	3A1	〃
55	〃	Willington No.2	c. 1897	620	310	2500	1A	2B	3A1	
56	Penarth	Penarth Shipbuilding & ship reparing Co	c. 1900	870	300	2200	1A	2B	3A2	1900 Gramorganshire
57	Plymouth	Gent's patent slip	c. 1894	350	118	400	1A	2A	3A2	1894-1895 Devon
58	Port Dinorwic	-	c. 1889	220	74	-	1B	2A	3A2	1889 Anglesey
59	Portsmouth	Crampton No.1	c. 1867		128	400	1B	2A	3A1	1898 Hampshire & isle of Wight
60		Crampton No.2	c. 1898		72	200	1B	2A	3A1	〃
61	Ramsgate	Board of trade	c. 1872	500	130	500	1B	2B	3A1	1896 Kent
62	Rhyl	R Jones	c. 1877	300	60	-	1A	2A	3A2	1899 Denbighshire
63	Rochester	Gill's patent slip	c. 1896	130	-	300	1A	2B	3A1	1896-1898 Kent
64	Runcorn	Brundrit & Co	c. 1880	110	-	-	1A	2B	3A2	1896 Lancashire & Furness
65	Rye	Percy Jones	c. 1898	300	100	-	1A	2B*	3A1	1989 Sussex
66	Sandbank	Morris & Lorimer	c. 1900	500	170	300	1B	2A	3A2	1900 Angyllshire
67	Seaham	Marquis of Londonderry	c. 1895	180	78		1B	2A	3A1	1895 Durham
68	South Sields	J P Rennoldson	c. 1881	250	160	800	1A	2B	3A1	1898 Sussex
69	Shoreham	Adur patent slip	c. 1875	600	160	650	1A	2B*	3A1	1898 Durham
70	Southampton	Northern Iron works patent slip	c. 1876	620	220	1000	1A	2A	3A2	1897 Hampshire & isle of Wight
71	〃	Northern Iron works patent slip	c. 1876	430	160	600	1A	2A	3A2	1897 Hampshire & isle of Wight
72	Stornoway	A Mckenzie	c. 1897	-	140	700	1B	2A	3A1	1897 Isle of Lewis
73	Stromness	Ness patent slip	c. 1881	-	104	300	1B	2A	3A1	1902 Orkney
74	〃	Cairston patent slip	c. 1902	-	200	900	1B	2B	3A2	〃
75	Sunderland	Strand slipway	c. 1895	600	230	1200	1A	2B*	3A1	1897 Durham
76	Teignmouth	Hutchings	c. 1890	100	-	250	1A	2B	3A1	1890 Devon
77	Weymouth	Alexandra patent slip	c. 1883	134	95	300	1A	2A	3A1	1902 Dorset
78	〃	R A Ayles	c. 1883	180	106	-	1A	2B	3A1	〃
79	Whitehaven	Whitehaven S B Co	c. 1874	250	200	1200	1B	2A	3A1	1899 Cumberland
80	Whitestable	-	c. 1896	-		-	1B	2A	3A2	1896 Kent
81	Workington	R Williamson & Son	c. 1867	150	120	250	1A	2B	3A1	1895 Cumberland
82	Wyvenhoe	Forrestt & Son	c. 1874	300	101	260	1A	2B*	3A1	1897 Essex

1）1A：河川に面するもの　1B：海水に面するもの　2A：水際線に直交するもの　2B：水際線に斜交するもの　2B*：上流側に向かって水際線に斜交するもの　3A1：平坦地で造成地にたつもの　3A2：平坦地で自然の海岸線上にたつもの　3B：山地が迫る入り江にたつもの

2）単位は全長と船架長が ft，引揚げ力が ton

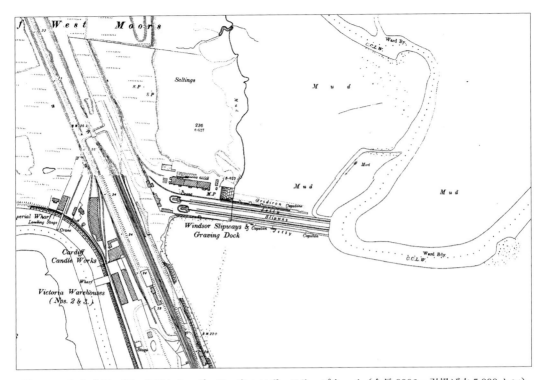

図 4-19　タイプ 1B・2A・3A2：カーディフ・ウィンザースリップウェイ（全長 900ft・引揚げ力 5,000 トン）
(Source: OS 1：2500, 1900-1901 Glamorganshire)

※図 4-18 から図 4-21 では，パテントスリップの周辺環境を確認するため，周辺の市街地まで含めて図示する。

ロース（全長 450ft，船架長 150ft，引揚げ力 600 トン（図 4-21））や，エンドレス・チェインをはじめて装備したグラントン（船架長 236ft（図 4-22））などが比較的大規模なほうで，全長 1,000ft 近いものは建設されていない。

　河川に面する施設が主流なイギリスとは対照的に，急峻な河川が多い日本のパテントスリップ 5 基（計画案を除く）で，河川に面して建設されたものはなく，横須賀造船所第二船台，小菅修船場をはじめとして，兵庫工作分局第二修船架や函館船渠修船架のような大型のものも海岸に建設されている。

②パテントスリップと岸辺との交差角

　イギリスのパテントスリップを OS マップ上で確認すると，いくつか岸辺に斜交して建設されたものが認められる。その数を調べたところ，河岸に直交するものが 18 基（1A かつ 2A），海岸に直交するものが 17 基（1B かつ 2A），河岸に斜交するものが 30 基（1A かつ 2B），海岸に斜交するものが 10 基（1B かつ 2B），河岸の上流側に斜交するものが 7 基（1A かつ 2B*）と，河川に面するパテントスリップは岸辺に斜交するものが特に多い。

　この理由の一つに，先にみた河川に面したパテントスリップが多いというイギリスの傾向が影響を及ぼすようである。上流から下流への恒常的な水流がある河川の向きに直交してパテン

第 4 章　長崎小菅修船場　　　151

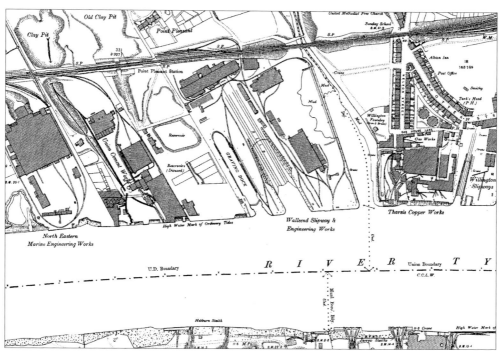

図 4-20　タイプ 1A・2B・3A1：ニューキャッスル・ウォールセンドスリップウェイ（全長 1,000ft・引揚げ力 2,000 トン）（Source: OS 1：2500, 1897 Durham）

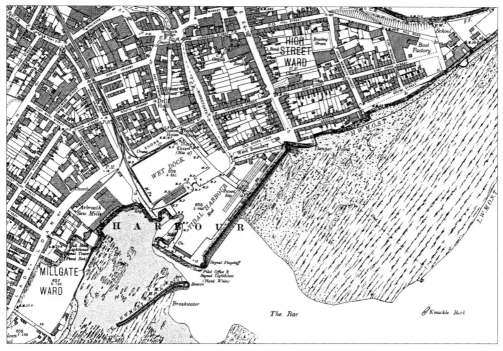

図 4-21　タイプ 1B・2A・3A1：アーブロース港とパテントスリップ（図中央の Tidal Harbbour 内，全長 450ft・引揚げ力 600 トン）（Source: OS 1：2500, 1903 Farforeshire）

※図中の海岸線は大潮のときの平均干潮水面（L.W.O.M.S.T.）を示す。満潮（H.W.M.O.S.T.）のときは防波堤の直前まで海面となる。

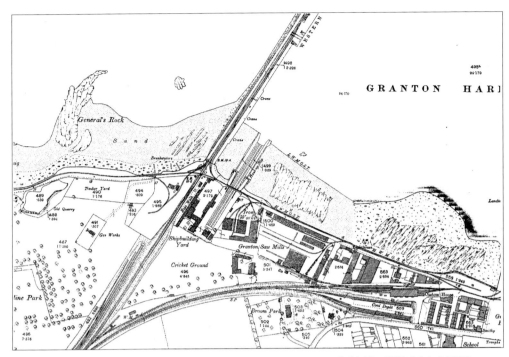

図 4-22　タイプ 1B・2A・3A2：グラントンのパテントスリップ（全長・引揚げ力とも不明）
（Source: OS 1：2500, 1896 Edinburghshire）

トスリップを建設すると，船体の引き揚げや降下の際に，船体の側面に上流側から水圧を受けることになる。そこで，パテントスリップの向きを下流側に振り，船体側面にかかる水圧を軽減することで，船体へのストレス軽減，正確な曳航，降下を期待できる。逆にパテントスリップの向きを上流側に振ると，船体の降下時に船体の正面側から逆向きの水圧を受け，好ましくないものの，いくつかのスリップに用いられている。

　パテントスリップの向きを岸辺に斜交させる別の理由に，斜路を確保するための用地の問題があろう[78]。イギリスのパテントスリップの全長は，リストから計算すると船架長さの2倍から3倍程度の長さとなることが多く，先端から長い距離が必要となる。スリップの向きが岸辺に直交し，その全長が 1,000ft の場合，奥行 1,000ft，すなわち 300m を越える用地を確保しなければならず，半分以上は水中に浸かるとはいえ，市街地では困難なことが多いが，スリップを水辺に斜交させると用地の奥行は短くて済む。ただし，斜交させると，逆に敷地の間口を大きくする必要がある。実際，敷地奥行きを節約するために，ロンドンのネルソンドック（Nelson Dock）のパテントスリップのように，水際線に戸船を置いて内部を排水できるようにしたドライドックとの混成形も建設されている。

　なお，河川に面するパテントスリップで岸辺に直交する 18 基には，1 つは防波堤や湿ドック内にあるために直交してもよいもの，また，規模が小さいためにあまり水圧の影響を受けないもの，河口近くで川の流れが急でない場所などが含まれると考えられる。

翻って明治時代日本のパテントスリップを確認すると，岸辺に斜交して建設されたものは計画案を除く5基中のうち1基もなく，すべて直交して建設されている。これはすべてのスリップが海岸に立地しており，かつ湾に囲まれた比較的波静かな内海に面することが多いためであろう。

③パテントスリップの立地する地形

最後に，パテントスリップの立地する地形について見てみたい。想定される地形環境として，3A：平坦な岸辺に立地するものと，3B：リアス式海岸のような海岸と山地が近接した海岸に立地するものに二分される。前者はさらに造成工事の有無によって，3A1：埋立や護岸工事によって造成された場所で岸線はほぼ直線状なものと，3A2：主に周囲の岸辺は泥地や岩場が広がり，自然地形のまま，岸線はゆるやかに曲折したもの，の2つに細分されよう。3A1の場合，スリップの周辺は市街地や工業地となることが多く，湿ドックや港湾に面するパテントスリップはこれに該当する。一方，3Bのような地形でスリップを建設するためには，地ならし，埋め立て，護岸整備等の造成工事が必要となる。3Bのような山がちな地形で造成工事を実施しないものは想定しがたい。

イギリスのパテントスリップ82基のうち，3A1には50基が該当し，半数以上のスリップが水面に接した平地で，護岸工事や埋め立て工事を経た敷地に建設されたことを認めうる。ただし，全長500ftを超える大型スリップ20基中，3A1に該当するのは13基と，護岸工事の有無がパテントスリップの規模に直接的な影響を与えているとは考えにくい。一方，全82基のパテントスリップを地図上で確認したが，3Bのような山がちな地形に建設されたスリップは確認できなかった。対照的に，日本のパテントスリップの周辺地形を調べてみると，イギリスに確認されなかった山の迫る湾や入り江に建設されたパテントスリップが計画案を除いた全5基のうち，横須賀製鉄所第二船台と小菅修船場にあてはまる。両者とも丘陵地の削平，埋め立て，護岸工事等の造成によって用地を確保している。兵庫の2つのパテントスリップと函館船渠のパテントスリップは，平地に建設される。すなわち，函館は埋め立てによって造成された平坦地に建設され，兵庫の第一修船架は砂浜の上に造営されている。

実のところ，パテントスリップの立地が，地山を削平した場所か，海岸の平坦地や埋め立てた場所かという違いは，基礎工事の内容に大きな違いを生じさせると考察される。パテントスリップの基礎工事について，イギリスの技術者は十分な強度がある地盤であれば，杭打ちの必要はなく，地盤が軟弱な水辺や水中のみ杭打ちしてもよいとする[79]。ここで扱ったロイズ船級協会の船名録の付録やOSマップからパテントスリップの基礎工を知ることはできない。しかしながら，先にみたように，アーブロースのようなもともと海沿いの岩場と推定される敷地は稀で，ロンドン，カーディフ，ニューキャッスル，グラントンのように，イギリスのパテントスリップの6割にあたる50基は，河川下流の泥地や海岸の砂浜，埋立地といった強固な地盤が期待できない土地に建設されている。斜路全面に及ぶ杭打ちが必要だった事例は少なくないであろう。

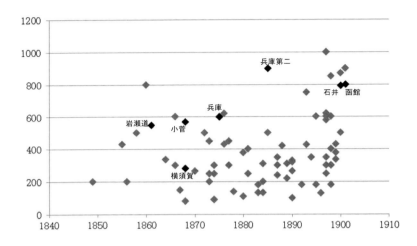

図 4-23　イギリスと日本のパテントスリップの全長規模の年代分布
1) 日本のパテントスリップは表4-2記載の諸元，イギリスはロイズ船級協会船名録附録掲載の諸元とOSマップ初出年による。
2) 石井コレクションは年代未詳のため，1900年と仮定して配置した。
3) 縦軸は全長 (ft)，横軸は設置または計画年。

一方，日本のパテントスリップでは，兵庫の2つの修船架と函館船渠の修船架はそれぞれ平坦な砂浜，埋立地に建設されているので，全面にわたる杭打ち工事がなされたと推測される。

函館船渠の修船架との関係が推定される石井コレクション所収の修船架図面には詳細な基礎工事が確認される。そこでは，全面に杭打ちを施す。そして，斜路の上部と引揚げ機小屋部分では，杭の上部に最後部で高さ7ft (尺) ほど割栗石を積み，その上に11ft (尺) ほどコンクリートを打設して斜路や床面を構築する。斜路の下部では厚4ft (尺) ほど割栗石を敷き詰める。表面は杭の上部にコンクリートで固めるのであろう。

初期に完成した横須賀製鉄所第二船台と小菅修船架では全面に杭打ちを施していない。横須賀では，先にみたように中央部より海中までは杭打ちを施し，上部はセメント基礎を打設，そして最上部では枕木（十露盤）の下のみにセメント基礎を施している。小菅修船場では，海中部分のみ杭打ちを施し，地上部分は岩盤に据え付けた礎石の上にレールが載っていた[80]。

このように，日本のパテントスリップで初期に建設された長崎小菅修船場は，当時世界的にみても，比較的高性能な部類に属する設備を有する一方で，天然の地形を上手く利用した用地の選択には，イギリスの同形式の施設にあまり例を見ないことを確かめえた。英字新聞（アバディーン・ジャーナル）が記す，まさに施設のために用意されたとも思える天然の地形の利用との評価は正鵠を得ていたといえよう。前節で確認した建設の経緯，山地の切り崩し，土留めを築いた海中の杭打ち工事の報告などを勘案すると，敷地の選択や造成はイギリス人技術者の発案でなく，岩瀬公圃ら日本人の主導によるものと考えられる。いうなれば，小菅修船場は日本

人が建設した土木工事の上にイギリスの設備を載せた混成的ながら高性能な施設であったと評価されよう。

　最後に，本施設に対するグラバー商会の関与とその意図について考察をしてみたい。これまで指摘されたように，小菅修船場の所有権は最終的にグラバーの手に渡っていたが，グラバー商会とグラバー兄弟商会は建設にあたり，ホール・ラッセル社へのレールや機械，技術者の発注，発送を担っていた。一方で，工事の現場では，奄美大島の製糖工場のようなグラバー商会の積極的な参加は認められず，造営の大半を占めたであろう敷地の造成工事では，岩瀬ら日本人の働きが大きかった。このことから，少なくとも事業開始から工事の中途までの小菅修船場では，グラバー商会は事業参加の本意を持ちつつも，できる限り日本人側で済ませたい薩摩藩の意図もあり，プラント輸入・販売委託に留まる関係だったと考察される。だが，小菅修船場は日本人の工夫も取り込みつつ，比較的高性能な設備を保有した施設として完成する。眼前にはドック等の修船施設を欠いた内外の船舶が集積する開港場長崎という有望な市場が控えていた。単なるプラント販売に留まらないし，また投機的な合弁事業でもない，安定した経営と収入が期待される有望な施設が日々完成に近づくのを目にし，グラバー商会は経営権獲得への意を固くしていったと思われる[81]。

　本章の要旨を整理し，小結とする。
⑴　小菅修船場は慶応 2（1866）年中に工事が開始され，明治元年 12 月（1869 年 1 月）に完成した。引揚げ装置やレールの設備はアバディーンのホール・ラッセル社の製造になり，設備や技術者の手配，逓送は，グラバー商会によるものであった。
⑵　操業開始期の小菅修船場は溺れ谷の中央に斜路を築き，斜路の頂上に引揚げ機小屋とその南に役所，南向きの右岸に大工小屋や鋳物場といった生産施設，北向きの左岸に製図場などの支援施設を置いた配置計画であった。敷地の造成は既存の地形を巧みに利用したもので，南から張り出した高台を削平して斜路や左岸を造成，北に流れる小河川の流路を変更して右岸を埋め立て，敷地を造成した。レールを支える杭は海中部分 150ft ほどのみ打設された。
⑶　小菅修船場の当初仕様は次のように復元される。引揚げ装置：エンドレス・チェイン形式，蒸気機関，ボイラーを明治 34（1901）年に更新。レール延長 570ft，レール間隔 25ft6in，レールは切石列上に据付。斜路勾配 1/20。船架長さ 220ft（昭和初期頃までに改造か更新）。
⑷　明治時代の日本に建設・計画されたパテントスリップ 7 基は，19 世紀末の全世界のパテントスリップのなかで，最大級ではないものの，中規模以上の大きさ，性能を有する施設であった。
⑸　イギリスのパテントスリップが河川に面するものが多かったのに対し，日本のパテントスリップは海水に面するものが多かった。この結果，イギリスでは斜路の向きを岸辺に傾けるものが多く確認されたのに対し，日本のパテントスリップはすべて岸辺に直交していた。

また，泥地や砂浜，埋立地など平坦な軟弱地盤に多く建設されたイギリスや明治時代後半の日本のパテントスリップに対し，日本の初期のパテントスリップは地山を削平した上に構築し，杭打ちは海中のみで済ませていた。

⑹　日本において初期のパテントスリップである小菅修船場は，日本人の施工した土木工事の上に輸入した設備を載せるという混成的な技術で建設されたが，世界的にみても比較的高性能な施設であった。グラバー商会は当初，イギリスへの資材の発注，運搬に留まる関係だったが，最終的には経営権を取得した。性能，経営の両面において有望な施設として完成し，イギリス商人にとって魅力的な資産とみなされていたと推察される。

注

1）当該遺構の名称について，小菅修船場，小菅ドック，そろばんドックなど，いくつかの呼称がある。ここでは斜路や石垣，引揚げ機など施設全体を考察する立場から，包括的な呼び名である小菅修船場をとる。
2）廣井勇『築港』巻之四（工学書院，1899 年）では「船架」，石橋絢彦『築港要論』（工学書院，1898 年）では「引揚台」，鈴木雅次『港湾工学』（アルス，1938 年）では船架（スリップ・ウェイ，slip-way, slip），九宝雅史『港湾工学』（国民科学社，1960 年）では簡易修船施設の一つとして船架（斜路，slip or slip way）を紹介している。『新体系土木工学 81 港湾計画』（技報堂出版，1981 年），『新体系土木工学 82 港湾施設の設計』（技報堂出版，1980 年）では紹介されていない。
3）H. C. G. Matthew and B. Harrison ed., *Oxford Dictionary of National Biography*, vol.39, Oxford University Press, 2004; A.W. Skempton etc. ed., *A Biographical Dictionary of Civil Engineers in Great Britain and Ireland*, vol.1, London: Thomas Telford, 2003; S. Mowat, *The Port of Leith: Its history and its People*, Edinburgh: Forth Ports plc, undated.
4）村松貞次郎「小菅ドック捲上げ機小屋の建築について」（『日本建築学会論文報告集』第 66 号，1960 年）。
5）中西洋『日本近代化の基礎過程・上―長崎製鉄所の労使関係―』（東京大学出版会，1982 年）。
6）楠本寿一『長崎製鉄所』（中央公論社（中公新書），1992 年）。
7）杉山伸也『明治維新とイギリス商人』（岩波書店（岩波新書），1993 年）。
8）『国指定史跡小菅修船場跡保存整備工事報告書』（三菱重工業株式会社長崎造船所，2006 年）。
9）小菅修船場について触れた書籍，雑誌，新聞等はとても膨大なものになるが，いずれも紹介記事やガイドブックの域に留まる内容がほとんどである。
10）大阪大学経済学部所蔵鴻池家文書「薩州候御頼談書取控」。ここでは，作道洋太郎「長崎修船場の構築と大阪両替商資本」（『薩摩藩の構造と展開』西日本文化協会，1976 年）438-441 頁所引による。
11）ケンブリッジ大学図書館所蔵ジャーディン・マセソン商会文書，請求番号 B10/6/12，W. ケズィック宛 E. ウィッタル書簡，1868 年 12 月 1 日大阪付。以下，次のように表記する。JM B10/6/12 E. Whittall to W. Keswick, Osaca, 1 December 1868.
12）慶応 2 年 4 月 11 日付能勢大隅守達，同年 5 月 28 日付服部左衛門および能勢大隅守達（古賀十二郎撰『長崎関係史料抜書集』所引，私家版，年不詳，長崎歴史文化博物館所蔵）。
13）Commercial Report for 1866, Nagasaki, *British Parliamentary Papers, Area studies, Japan*, Vol.4, Shannon: Irish University Press, 1972, p.228 (Hereafter, *BPP, Japan*, Vol.4).
14）大阪商工会議所所蔵五代友厚関係文書，マイクロフィルムリール番号 R6，リール中の枝番号 138（以下では，「五代友厚関係文書 R6-138」と略記），五代友厚宛岩瀬公圃書簡，明治元年 3 月 13 日。「去日二十五日より夫方相増し，追々汐留に取り懸り候処，存外に棒杭も打ち込み，来る十七，十八日までに都合七十本程打ち込み申候」とある。
15）五代友厚関係文書 R6-139，五代友厚宛岩瀬公圃書簡，明治元年 5 月 9 日。
16）五代友厚関係文書 R1-130，五代友厚宛岩瀬公圃書簡，明治元年 10 月。日本経営史研究所編『五代友厚伝記資料』第 1 巻（日本経済新報社，1971 年）資料番号 56，五代龍作編『五代友厚傳』（私家版，1933 年）186-189 頁所引。

第 4 章　長崎小菅修船場　　　157

17) 五代友厚関係文書 R1-88, 五代友厚宛野村宗七書簡, 明治元年 12 月 10 日。前掲『五代友厚伝記資料』第 1 巻, 資料番号 60, 前掲五代編『五代友厚傳』190-192 頁所引。

18) JM B10/2/31 Thomas B. Glover to F. B. Johnson, Cobe, 23 January 1869. また, 1869 年 1 月 20 日 (明治元年 12 月 8 日) 付けの在長崎イギリス領事報告にも同様の報告が確認される (Commercial Report for 1868, Nagasaki, *BPP, Japan*, Vol.4, p.377)。

19) アレキサンダー・ホール社は 1780 年, A. ホール (Alexander Hall), A. ギボン (Alexander Gibbon), J. コカー (James Cochar) のパートナーシップによりアバディーンで造船会社として設立。1868 年にグラバー商会の依頼により鳳翔丸を建造する。ホール・ラッセル社は A. ホールの息子で父の事業を継いだ J. ホール (James Hall), W. ホール (William Hall), そしてグラスゴーの機械会社ラッセル社の技術者 T. ラッセル (Thomas Russell) と J. クーパー (John Couper) とのパートナーシップにより 1864 年 9 月に設立。ボイラーやエンジンなど各種の機械類を製造した。同社の歴史は, A. Leiper and S. Henderson, *A History of Hall Russell Shipbuilders* (Aberdeen Town & County History Society, 2007) に詳しい。

20) 五代友厚関係文書 R18-94「修船場諸勘定和解」には,「ヘーレンブレッキ船を以□□せし機械代」,「ヘーレンブレッキ船運賃」などとみえ, ヘレンブラック号が小菅修船場の機械を運搬したことは確からしい。

21) 堀勇良「ウォートルス考」(『横浜と上海―近代都市形成史比較研究―』横浜開港資料普及協会, 1995 年) 333 頁は, 小菅修船場建設時の現場監督として T. J. ウォートルス (Thomas James Waters) を推定する。これに従うなら, ブレーキーが機械と同時にアバディーンから長崎へ来たことは確かなので, ウォートルスが煉瓦の建物等を, ブレーキーが船架の組み立てや引揚げ装置の据付けを担当したのであろう。なお, ブレーキーはグラバーと同郷のオールド・アバディーン生まれ, 1901(明治34) 年 6 月に死去している (P. McCabe, *Gaijin Bochi: The Foreigner's Cemetery Yokohama, Japan*, London: The British Association for Cemeteries in South Asia, 1994, p.312)。

22) 'Launch of a War Ship for the Government of Japan', *Aberdeen Journal*, No.6325, 31 March 1869. 本資料の日本語訳は, ブライアン・バークガフニ『花と霜―グラバー家の人々―』(長崎新聞社, 2003 年) 30-31 頁に紹介されている。ナガサキ・タイムズの原本は所在不明。

　　...the patent slip made by Messrs Hall, Russell, & Co., and sent out with the Helen Black, a barque specially built by Messrs A. Hall & Co. for taking it out there, has been successfully constructed under the superintendence of Mr. Blakie, a manager in the employment of Messrs Hall, Russell, & Co. ... The whole of the plant and machinery, together with the vessels to bring it out, was made by Messrs Hall, Russell, & Co., of Aberdeen...

23) グラバー兄弟商会は T. グラバーの兄チャールズ (Charles Glover, 1830-1877) とジェームス (James Glover, 1833-1867) が 1865 年アバディーンに設立した会社。

24) *Aberdeen Journal*, No.6264, 29 January 1868.

　　She is 305 tons register and 380 tons builder's measurement, and has been built to the order of Messrs Glover Brothers of this port, whence she is to soon sail for Nagasaki..., the 'Helen Black'.

25) 'Nagasaki Patent Slip', *The North China Herald and Supreme Court & Consular Gazette*, Vol. IV, No.140, 29 May 1869.

26) Commercial Report for 1884, Nagasaki, *BPP, Japan*, Vol.7, p.467.

　　The patent slip has a length of carriage of 220ft with a depth of water forward 9ft 9in and aft of 10 feet. Two hours are required for taking a vessel on and blocking up on the carriage....Last year thirteen vessels of 17,182 tons were docked, and ten ships of 5,447 tons were taken on to the slips.

27) ロイズ船級協会が 1890 年より発行する船名録の附録, *Lloyd's Register of British and Foreign Shipping, Appendix* (London: Lloyd's Register, 1890) には, Nagasaki Patent Slip が全長 220ft, 揚架能力 900 トン, 長さ 235ft の船を揚架したとある。船架長さは空白。明治 44 年作成の配置図と寸法が大きく異なり, また現在の遺構からみても全長 220ft (約 66 m) は短すぎる。船架長さを誤記したのではなかろうか。

28) 前掲五代友厚関係文書 R18-94「修船場諸勘定和解」。

29)「明治二年三月九日「ガラバ」ニ約定書ノ寫」『三菱社誌』第 11 巻, 明治 17 年 (復刻 12 号, 東京大学出版会, 1980 年) 162-163 頁。

30) 前掲『三菱社誌』第 11 巻, 142-148 頁, 『三菱社誌』第 14 巻 (復刻 15 号, 東京大学出版会, 1980 年) 21-33 頁。

31) 前掲『国指定史跡小菅修船場跡保存整備工事報告書』9 頁。

32)『長崎市政六十五年史 (後編)』(長崎市役所総務部統計課, 1959 年) 1304 頁。

33) 前掲『国指定史跡小菅修船場跡保存整備工事報告書』53-57 頁。

34）裏面に「三菱重工業長崎造船所造船設計部計画課」の楕円形ゴム印が押され，中に「番号236」，「日付13. 8. 2」とある。楕円形ゴム印の上には春田，佐藤の認印が押されている。ゴム印の下に昭和とペンによる書き込みがあって，日付は昭和13年8月2日の意であろう。脇には「工事完了後ハ造船設計部計画課ニ返却ノコト」と別のゴム印が押されている。長崎造船所史料館には同じゴム印が裏面に押された青図や古写真がまとまって保存されていて，その中に展示模型と描写範囲が一致し，全体に格子が記された配置図を含む。ゴム印の但し書きも考え合わせると，これらの青図や古写真は展示模型製作時にまとめられたものと考えたい。

35）三菱史料館所蔵「長崎造船所御払下一巻　明治二十年」（整理番号MA8036），拝借時の書類は，「長崎造船所拝借一巻　明治十七年」（整理番号MA8035）。

36）前掲『三菱社誌』第11巻，143-148頁。

37）長崎造船所史料館所蔵のものと，長崎歴史文化博物館が所蔵するものがある（前掲『国指定史跡小菅修船場跡保存整備工事報告書』59頁，岡林隆敏・林一馬編『長崎古写真集―居留地篇―』長崎市教育委員会，1995年，95頁）。

38）長崎造船所史料館所蔵（前掲『国指定史跡小菅修船場跡保存整備工事報告書』60頁）。

39）『工部省沿革報告』（大蔵省，1888年）720頁には，「明治十二年二月五日小菅官廳改築成ル客冬廿六日焼失ノ故ヲ以テナリ」とある。一方，『三菱社誌』第11巻，167頁所引の「明治三十一年度年報」は，「小菅廳壹棟（今ノ客舎）明治十三年成」という。また，この火災の原因について，庁舎では煉瓦造の暖炉・煙突ではなく，ブリキ製のストーブと煙突を用いていたが，そこから失火したのだという（鈴木淳編『ある技術家の回想―明治草創期の日本機械工業界と小野正作―』日本経済評論社，2005年，370-372頁）。

40）例えば，前掲岡林・林編『長崎古写真集―居留地篇―』60頁および69頁。

41）'Launch of War Ship for the Government of Japan', *Aberdeen Journal*, No.6325, 31 March 1869.
The site for the slip has been well chosen, and looks expressly designed by nature for the purpose. A great portion of the ways are on the solid rock, it being necessary to pile only about 150 feet of the deepest portion...

42）三菱史料館所蔵「〔年報〕明治34年度　造船・製紙」（整理番号MA6052）所収の明治34年度長崎造船所年報。小菅修船場のボイラーを第二ポンプ所のボイラーと交換，旧来のボイラーは修理の上，予備品として保存したという。据付工事は明治34（1901）年9月5日に着手している。

43）巻上げ機構の変遷は，T. B. Lightfoot and J. Thompson, 'The Design and Construction of Repairing Slipway'（*Minutes of Proceedings of the Institution of Civil Engineers,* Vol.72, 1883）に詳しい。エンドレス・チェインはモルトン商会が開発，1851年にエディンバラ北郊の港町グラントン（Granton）のスリップに用いられたのが最初という。

44）鉄棹について当時のイギリスの文献はLinkやRodを用いる。ここでは和訳を，前掲廣井『築港』巻之四より採った。

45）ワーピングドラムの類例はイギリス，ブリストルのUnderfall Yardに現存する。

46）長崎造船所史料館所蔵，裏面に「三菱重工業長崎造船所設計部計画課」の楕円形ゴム印がおされる。

47）前掲『国指定史跡小菅修船場跡保存整備工事報告書』60頁，前掲岡林・林編『長崎古写真集―居留地篇―』95頁。

48）H. C. G. Matthew and B. Harrison ed., op. cit.; A. W. Skempton, op. cit.; S. Mowat, op. cit. 以下モルトンおよびモルトン社の経歴はこれらの文献による。

49）T. Morton, 'Dragging ships out of the water', Patent specification, 1819, No.4352.

50）*Caledonian Mercury,* No.15993, 19 February 1824.

51）Infringement of a patent: Notes of a trial before the Jury court at Edinburgh, 15 March 1824, Thomas Morton versus John Barclay and others.

52）R. Bruce Bell, 'On Patent Slip Docks', *Transaction of the Institution of Engineers in Scotland,* Vol.2, 1859.

53）W. Boyd, 'On Slipways', *Institution of Mechanical Engineers Proceedings*, 1881; 'Hydraulic hauling machinery for inclined slips', Engineering, Vol.23, 11th May 1877.

54）T. B. Lightfoot & J. Thompson, op. cit.

55）C. Colson, *Notes on Dock and Dock Construction*, London and New York: Longmans, Green, 1894, pp.312-331.

56）前掲廣井『築港』巻之四，96-126頁。

57）W. G. Glover, 'Marine Slipways: Unusual Developments of an Old System', *The Institution of Engineers and Shipbuilders in Scotland, Transaction*, Vol.78, 1935, pp.154-157.

58）A. E. Griffin, 'Taikoo Dockyard, Hong Kong', *Minutes of Proceedings of the Institution of Civil Engineers*, Vol.183,

第 4 章　長崎小菅修船場　　159

1911. ただし，こちらでは引揚げ力を 2,700 トンと 2,400 トンとしている。

59）中西洋『日本近代化の基礎過程　上　長崎製鉄所とその労使関係：1855 〜 1900 年』（東京大学出版会，1982 年）74-75 頁。

60）『勝海舟と幕末長崎』（長崎歴史文化博物館，2007 年）89-94 頁。

61）横浜開港資料館寄託堤家文書，簿冊番号 131，目録中の枝番号 157，「白仙浦石垣并階段下共捨土台十露盤下其外□当木帳」慶応 3 年 6 月。以下堤家文書を引用するときは，「堤家文書 131-157」と略記する。

62）堤家文書 179-512「相州三浦郡横須賀表御製鉄所御普請中野帳　九番」慶応 3 年 12 月より。

63）堤家文書絵図 -76「内浦・白仙浦境造船場杭打并十露盤据付絵図」。

64）なお，堤家文書 132-168「第二造船場十露盤并切込石仕立方御入用積書」（慶応 3 年 12 月）は第二造船場を長 86 m としており，絵図の内容と異なる。水中部分は別工事だったらしい（安池尋幸『幕末維新期横須賀製鉄所建築・土木施設の総合研究―西洋技術導入の実証的研究―』私家版，2012 年，216-217 頁）。

65）横須賀市立中央図書館所蔵。横須賀製鉄所所長 F. L. ヴェルニー（Francois Leonce Verny）が作成したものを増田武蔵が書写したものという（横須賀市史編纂室編　『新横須賀市史　別編文化遺産編』横須賀市，2009 年，26 頁）。第二船台の位置と形状は，1870（明治 3）年にフランス海軍が測量した海図と同一であり（前掲安池『幕末維新期横須賀製鉄所建築・土木施設の総合研究』311 頁所引），描写内容に一応の信をおいて進めたい。

66）西堀昭編『日仏文化交流写真集』（駿河台出版社，1986 年）掲載の古写真。対岸からの造船台全景（39 頁），1869 年 1 月進水の横浜丸建造時（58 頁），1869 年 5 月弘明丸上架時（67 頁），1873 年 11 月の艦船上架時（70 頁）。

67）前掲『工部省沿革報告』729 頁。

68）塩田泰介『自叙伝』（私家版，1938 年）46 頁。

69）前掲『工部省沿革報告』731 頁。また，第二架の新築，中止，再開については，以下が詳しい。「兵庫工作分局修船架建築費請求の件」『公文録　百十六巻　明治十二年四月　工部省』，「兵庫工作分局修船架建築中止ニ付残品処分ノ件」『公文録　百七十三巻　明治十五年二月　工部省』，「兵庫工作分局修船架新築再興ノ件」『公文録　第百三十五巻　明治十六年二月　工部省』（以上，国立公文書館所蔵）。

70）前掲鈴木編『ある技術家の回想―明治草創期の日本機械工業界と小野正作―』124 頁。回想録を著した小野正作は横須賀，長崎の製鉄所で働いた技術者で，フロランの下で長崎造船所の立神ドライドック（明治 12 年竣工）の建設に携わっている。

71）地理局測量課『兵庫神戸實測圖』（内務省地理局，1883 年，国立国会図書館所蔵）。

72）佐藤庄治編『函館船渠株式會社四十年史』（函館船渠株式会社，1937 年）89 頁。

73）C. C. Aberconway, *The Basic Industries of Great Britain*, London: E. Benn, 1927.

74）『石井穎一郎氏寄贈近代造船所建築図面資料目録』の通し番号 066。

75）斜路等の諸寸法が一致しないという点を除くと，引揚げ装置ばかりでなく，引揚げ機小屋の屋根形状，窓や煙突の位置，地上高くに斜路上部を構築した点など，この計画図の内容は，明治 34 年に完成した函館船渠のパテントスリップとまったく同一のものである。ここでは比較対象例としての紹介に留まるが，経緯も含めた本計画図と函館の関係の究明は今後の課題である。

76）*Lloyd's Register of British and Foreign Shipping, Appendix*, London: Lloyd's Register, 1890.

77）T. B. Lightfoot & J. Thompson, op. cit., p.158. "This slipway (Wallsend slipway at Newcastle) is of recent construction and probably one of the best in the kingdom."

78）Ibid., p.151.

79）Ibid., pp.137-138.

80）工事が難しい海中のみ杭打ちし，地表部は杭打ちしないことから，杭打ちが全面でないのは，工事の簡略とは考えにくい。やはり地盤が安定していたからと考える。

81）付け加えておくと，グラバー商会の支援者であった JM 商会も香港において，パテントスリップを建設していた。船大工の J. ラモント（John Lamont）は，1842 年に香港へ来訪後すぐに JM 商会に雇用され，JM 商会の本店があったイースト・ポイントにパテントスリップを建設したという（*The China Magazine*, Midsummer, 1868, pp.92-93）。実際，1873 年の香港の都市地図をみると，イースト・ポイントの突堤付近にパテントスリップの記載が認められる。'Plan of Victoria, Hong Kong, From Causeway Bay to Navy Bay, 1873' in *The Chronicle & Directory for China, Japan & the Philippines*, 1876.

第5章　大阪造幣寮

は じ め に

　明治4年2月15日（1871年4月4日）に創業式が挙行された大阪造幣寮[1]は，内外の市場で通用する通貨の供給を目指す明治政府にとって重要な産業施設であった。ここで，グラバー商会（Glover & Co.）とジャーディン・マセソン商会（Jardine, Matheson & Co., 以下，JM商会）は大阪造幣寮の開業直前に廃止された香港造幣局の造幣機械の輸入や，T. W. キンドル（Thomas William Kinder）やT. J. ウォートルス（Thomas James Waters）ら外国人技術者の雇用斡旋など，技術の移転に関係する仕事をおこなっている。本章の目的はその詳細を明らかにすることである。なお，造幣寮創業期の建物はほとんど失われているが，鋳造場の玄関部分と門衛所，それと貴賓接待所である泉布観が現存し，当時の姿を伝えている（図5-1）[2]。

　これまで大阪造幣寮の諸建築やそれを手掛けたウォートルスの事績，そして両者とT. B. グラバー（Thomas Blake Glover）とのかかわりは『造幣局沿革誌』等の史誌や多くの研究のなかで言及されてきた。大阪造幣寮の諸建築やウォートルスについては，中村角之助はじめ，村松貞次郎，林野全孝，菊池重郎，木村寿夫といった諸先学による業績がある[3]。また，建築史研究ばかりでなく，経済史や日本史では，宮本又次や湯本豪一による通史的概説のほか[4]，お雇い外国人の雇用問題に焦点をあてた秀村選三，田中智子[5]，造幣寮内に設置された日進学舎に焦点をあてた鈴木栄樹，五代友厚が設立した金銀分析所とのかかわりを考察した藤野明や，造幣寮硫酸工場に焦点をあてた鎌谷親善による化学史的研究，そして内外の史料を駆使したR. ハナシロによるキンドルの研究などを挙げることができる[6]。

　ここでは，これまでの研究で不明瞭な点が残っていた，キンドルの首長就任に先立つウォートルスの雇用問題を中心として，ジャーディン・マセソン商会文書（以下，JM商会文書）を利用し，外国人技術者の雇用をめぐるグラバー商会とJM商会の関与とその意図を明確にする。次いで，大阪造幣寮鋳造場と香港造幣局の建築内容を復元，両者の共通点を明確にし，工場建築をめぐる技術移転の実態を明らかにする。加えて，技術の移転をめぐるイギリス商人の意図も明確にしたい。

　なお，大阪造幣寮の基本的事項について記しておくと，中心となる造幣寮鋳造場の建築工事は明治元（1868）年10月頃に着手，明治3（1870）年10月に竣工している。開業年の職員数は外国人もあわせて220名，勤務時間は7時間，明治3年11月から明治5（1872）年3月までの

間に約 368 万枚の一円銀貨を鋳造した[7]。

第 1 節　大阪造幣寮創業時の外国人技術者の雇用とグラバー商会

1．イギリス資本の関与からみたウォートルスの雇用

外国人技術者の雇用に関わる国内資料の整理と検討

　大阪造幣寮におけるウォートルスの雇用の背景を考察する上では，ウォートルス単独ではなく，関連する外国人技術者，特に初期に雇用された J. プリチエット（John Pritchett）と C. ボイド（Christopher Boyd），そして遅れて首長として就任した元香港造幣局局長キンドルの雇用を交える必要がある。

　造幣寮における外国人技術者の雇用については豊富な先行研究があり，国内所在の諸資料の刊行も進んでいる。そこで，最初に本章の課題や論旨を明確にするため，まずは国内資料を整理し，続いて JM 商会文書を使ってその内容を照合，検討していくことにしたい。

　まず，『皇国造幣寮濫觴之記』[8] を国内における外国人技術者の雇用に関わる基礎資料として挙げることができよう。この『皇国造幣寮濫觴之記』は林野全孝[9] など諸先学によって指摘されているように，『造幣局沿革誌』等の底本ともなった文献で，明治 7（1874）年の年記を有する。そこには次のようにある。

　……器械を以て之を鋳造せん事を議決し，……（中略）……三岡氏外国事務判事五代才助，寺

図 5-1　造幣寮鋳造場玄関（2005 年 6 月　筆者撮影）

島陶蔵に托して香港に在る英国造幣器械を価六万円にて購求せん事を英商ガラバと約定せり。因て上野敬輔香港に航せり。

文中にあるように，旧薩摩藩士五代才助（友厚），上野敬輔（景範）は旧知の仲であったグラバーと旧香港造幣局の機械の購入について契約を交わした。その時期は明確でないが日本政府はグラバーへ接触を開始し，依頼を受けたグラバーは 1868 年 1 月 14 日（慶応 3 年 12 月 20 日）に JM 商会へ機械の購入について照会している[10]。

続いて上野自身が香港へ渡り，旧香港造幣局について調査し，慶応 4 年 6 月 5 日（1868 年 7 月 24 日）に『貨幣器』と題する報告書[11]を提出，提出を受けた翌日に，小松帯刀らは『貨幣器械組建之按』（以下，『組建之按』と略記）を五代才介（友厚）らに提出した[12]。

上野は『貨幣器』で，香港の造幣機械がグラバーの依頼を受けた「英商チャルジーン・メンソン」（JM 商会のことを指すと思われる）の手によって購入が進められていることを報告する。

……器械ハ六万員ニて崎陽ゴロウルノ命に依て日本政府之為メニ香港英商チャルジーン・メンソン買入己に三百嘵荷作相済……

次に上野は造幣機械について，グラバーを経て購入するが，運送は日本政府においておこなうことを提言する。だが後述するように，機械運送はグラバーと JM 商会の下でなされることになる。

……香港鎮台之説ニ我此器を求る之主とならば先ゴロウルに会し器械香港ニて可請取を談し，約成らば我船を香港エ遣し自分之費用を以て横浜迄運送すべし。……

さらに上野はキンドルと面談し，造幣機械の製造能力や工場の計画等，技術的な指導を受け，報告書の末文でキンドルの雇用について前向きに検討するよう報告している。

……此ケピテインキンドルハ此迄香港貨幣製作所総裁たりし人ニて，前件之事務を能弁へり。今此人を日本へ賃貨幣製造之事を任ぜせしめバ充分なるべし。……

そして，翌日に提出された『組建之按』の末文には，

……尤香港英人ケピテインキンドル御雇入之義成不成ガラバ方エ御返答相成，ガラバより香港エ急便を以申遣候様，大阪ガラバ商会へ委細恩掛合被下度存候事。

とある。周知の通り，キンドルをはじめとした一連の外国人技術者は，日本政府とオリエンタ

ルバンク（Oriental Bank）[13]との間で明治2年6月24日（1869年8月1日）に締結された約定書により，明治3年1月1日（1870年2月1日）より約定の発効，雇入れとなった。彼らは3ヶ年雇用で，給料はオリエンタルバンクの管理下にあった[14]。だが，『貨幣器』，『組建之按』より，キンドルの雇用計画が機械購入と同時期に進められていたことを知ることができる。結果的に初期のキンドル雇用計画は実現していないが，注目すべきはこの一件がグラバー商会を通じて連絡するよう手配されていることで，初期のキンドル雇用計画にグラバーの関与をうかがわせている[15]。

　香港より運ばれた造幣機械は8月中には大阪へ到着し[16]，明治元年9月17日（1868年11月1日）よりプリチエット，ボイド2名の外国人技術者の雇入れとなった[17]。プリチエット，ボイド両名の来日について，『皇国造幣寮濫觴之記』の記述を続けて引用してみたい。

　　……又天保山沖合より器械を陸上せり。此時ガラバ氏より忠告に，今般造幣の器械を輸入したる船中に英人プレチエソト及びボイドの両名あり，彼等は香港に於て器械を取扱ひ，且荷造りをなせしものなり。故に彼等を雇て此荷を発かしめば紛乱の憂なからん。然れども彼等は尋常の鍛冶師にて，建築の術に暗し，故に建築を託せんと欲せば方今幸に英人ウヲトルス氏長崎に在り，彼は最も建築の学に長ぜり，若し彼をして此建築を司どらしめば其成功速ならんと。乃ち具状して彼の三人を雇入れ，各其事に就かしむ。

注目される点を列挙すると，プリチエット，ボイドの雇用がグラバーの忠告によりなされたこと，この両名は金属関連の技術者で，香港より造幣機械と共に来日したこと，両者は機械の荷造りをしたこと，そして建築担当の技術者として長崎よりウォートルスが招かれたことであろう。香港からきた鍛冶師とあるように，プリチエット，ボイド両名は元香港造幣局の職員であった[18]。

　一方のウォートルスの雇用について，菊池重郎が紹介したように，明治元年9月13日（1868年10月28日）付小松帯刀の五代才介（友厚）宛書簡において造幣寮へのウォートルスの雇用が推薦され[19]，彼ら旧薩摩藩士を中心としてウォートルスの雇用計画が進められる。そしてウォートルスはプリチエット，ボイドと同じ日に雇入れとなった[20]。さらに菊池は『造幣寮御入用勘定帳』，ウォートルス，プリチエットの英文約定書を基礎資料としつつ，ウォートルスが外国人技術者の任免権や給与の管理等，チーフエンジニアともいうべき地位にあったことを指摘した[21]。それは遅れて就任したキンドルの職である首長に相当するばかりか，キンドルら，後に雇用された外国人技術者が給与や雇用面ではオリエンタルバンクの下にあったこと[22]を考慮すると，ウォートルスの地位はキンドル以上のものであったといえよう。

　ここまで国内資料を一瞥してみたが，造幣寮への外国人技術者の雇用計画において最初に登場したのはキンドルであり，香港より造幣機械とともにプリチエット，ボイドが到着した。この3人は元香港造幣局職員であった。だが，機械が到着する前にキンドルの雇用は中止され，9

月に至って日本国内にいたウォートルスが登場する。機械と人員ワンセット輸入という技術移転形式ではなく，キンドルのみが欠けた状態にウォートルスが加わるという，やや不自然とも思える状態が9月17日に成立する。さらに，ウォートルスが後年のキンドル以上ともいうべき地位にあったことを鑑みるとき，ウォートルスがキンドルに代わったともみることができよう。菊池のいうように，これが日本人の発端によるものなのか，さらに国内文献に時折登場するグラバーは外国人技術者の雇用にどの程度関与していたのか以下考察してみたい。

イギリス資本の立場よりみたウォートルスの雇用

　杉山や石井が考察したように[23]，香港造幣局の機械購入についての一件を受けたグラバーは先述のように，JM商会にこの件を打診し，協力を求めた[24]。グラバーは日本政府に機械価格を6万ドルと見積もり，JM商会を巻き込んで運送料や手数料収入の獲得といった商活動を展開するも，上野景範が実際の価格を香港で知ったことにより，大きな利益をあげることができなかった。香港ではグラバーの連絡を受けたJM商会が1868（明治元）年3月までには香港政府と機械購入や価格について接触した。香港政府は閉鎖された造幣局の機械類をイギリスへ送る予定であったが，日本政府の一件を受け，JM商会へ機械類を引き渡すために，キンドル，プリチエットとボイド，さらにもう一人計4人の外国人技術者が香港に残り，機械の荷造りの監督にあたった[25]。

　JM商会文書中でグラバー商会による外国人技術者の雇用への関与を知ることのできる初例は1868年7月25日（明治元年6月6日）のことで，長崎のグラバーは香港のJM商会のW.ケズィック（William Keswick）へ，日本の新造幣局へのキンドルの就職について，「キンドル首長へお手紙を出し，（首長の雇用について）個人的な影響力を使いましょう」と伝えている[26]。さらに，ケズィックは，このキンドルに加え，「機械の面倒をみた2人の堅実な技術者がいて，私は彼らを機械担当としてそちらへ送ろうと思います」と造幣機械の出荷に従事した2人の技術者を，グラバーが上海より回送させたユナイテッド・サービス号で日本へ送るとした[27]。ケズィックによればこの2人は「非常に有能な男たち（very useful men）」らしい[28]。ここにいう2人の技術者がプリチエット，ボイド両名を指すことはこれまでの資料や経緯より容易に理解できることである。

　さて，このようにして造幣機械と2人の技術者は香港から日本へと回送されるのだが，1868年10月3日（明治元年8月18日）にグラバー商会のK. R. マッケンジー（Kenneth Ross Mackenzie）は造幣機械の到着をJM商会へ報告する[29]。

　9月30日の貴殿のお便りにお礼申し上げます。ユナイテッド・サービス号の造幣機械の仕様書，運送料の［　　　］を受け取りました。機械は全て，一両日中に荷揚げされ，現在のところ何の事故や紛失も起きていないことを喜んでご報告いたします。…（中略）…機械と一緒にきた2人の技術者へ対し，各々月給250ドルでの6ヶ月間の雇用と2ヶ月分の給与の追加

贈呈，帰国時の旅費，無償の宿舎という条件を作成しましたが，拒否されました。しかし，彼らに対して何らかの契約がすぐに実現すると確信しています。

先に見た『皇国造幣寮濫觴之記』がいう「忠告」がどの程度まで及ぶのか明確でないが，この書簡よりグラバー商会が行ったのが適当な人材紹介というより，給与，生活面の保障等にまで及んだ人事提案であったことが分かる。この時，マッケンジーは待遇面での諸条件が日本政府によって拒否されたというが，彼自身楽観的な見解を最後に述べているように，年が明けた1869年1月29日（明治元年12月17日）に交わされた約定書では月250ドルの給与や本国までの旅費支給等，ほぼこの内容が受け入れられている[30]。

さらに，1868年11月1日（明治元年9月17日）にはグラバー自身が機械の到着と外国人技術者の雇用についてケズィックへ書簡を出している[31]。ここでグラバーは仕様書の到着と造幣機械の荷揚げが無事終了しつつあること，そして2人の外国人技術者の雇用についての日本政府との交渉とマッケンジーの書簡とほぼ同じ内容を伝えている。加えて，次のように述べる。

残念ながらキャプテンキンドルについては満足できる回答を得ることができません。日本人は彼の助けなしで造幣局を動かす困難さをまだ理解していません。私は事が進めばすぐにお答えすることをお約束しますし，満足できる雇用をもたらすことができるように最大の努力をすることをお約束できるだけです。

プリチエット，ボイドの推薦と平行してキンドルの雇用もグラバーの推薦によって進行していたが，グラバーは日本政府より満足のゆく回答を得ることができない。グラバーによれば，日本政府はキンドルのような技術者の助けを借りずに自力で造幣工場の実現を目指したいという。

実際には『貨幣器』と『組建之按』にあるように，グラバーの書簡より約3ヶ月前にはキンドルの雇入が日本政府内部で議論される。そしてグラバーがこの書簡を記した同じ日付でプリチエット，ボイド2名の技術者と共にウォートルスの雇入がなされる。

そして，「ガラバ方エ御返答相成，ガラバより香港エ急便を以申遣」という政府の連絡を受けたグラバーは1868年12月17日（明治元年11月4日）に再びケズィックへ書簡を出す[32]。

キャプテンキンドルについて，日本人からの大変好ましくない回答をお伝えいたします。造幣施設の建設をすぐに進めるために，彼らは現地である技術者を雇用し，キンドル首長へ職位を遺憾ながら用意できないことを伝えるように，私へ依頼しました。できるだけすぐにこの名前を首長へお伝えいただけるでしょうか。選ばれた技術者はウォートルス氏で，少なくとも最初の1年半の期間は全ての仕事をできる非常に有能な人物です。すでに［　　　］と［　　　］とで大きな施設をいくつも建設しています。

第 5 章　大阪造幣寮　　　*167*

ここに至ってはじめてウォートルスの名前が登場する。注目すべきはキンドルが就くべき地位にウォートルスが着任したため，キンドルに予定されていた地位が無いという点であろう。

　すなわち，ウォートルスがキンドルに代わってチーフエンジニアの地位[33]に着任していたことを知ることができる。グラバーはキンドル，プリチエット，ボイドの 3 人の元香港造幣局職員を大阪造幣寮へ雇用させることを企図していた。そして香港にはその報を待つ JM 商会とキンドル自身があった。これまでの書簡から理解できるように，少なくとも表向きは，グラバー自身，ウォートルスの雇用は 1 ヶ月程前までは考えていないことであった。造幣寮の完成を急ぐ五代，小松ら日本政府側の事情[34]によってウォートルスの雇用は実現したのであった。

　ただし，書簡中ウォートルスが 1 年半で造幣寮の仕事を完了させることができるというグラバーの自信に満ちた表現や，これまでの両者の薩摩藩における仕事等を勘案すると，キンドル雇用計画の中止後，他の技術者の要求を受けたグラバー[35]が求めに応じて信頼のおけるウォートルスを紹介，雇用の実現に至ったものと考えられる[36]。

２．造幣寮におけるウォートルスの地位

造幣寮造営中におけるウォートルスとイギリス資本

　キンドルに代わって造幣寮建設を先導することとなったウォートルスが大隈重信に「薩摩藩で 5 つの大工場を手掛けた（'In Satsuma I have erected five large factories.'）」という一文をあてたように日本政府の役人と関わりを有しながら工事を進めたことはよく知られる[37]。造幣寮の中心的施設であった鋳造場の工事は明治元（1868）年 10 月頃に着手され，明治 3 年 9 月 20 日（1870 年 10 月 14 日）に完成した[38]。また明治 2（1869）年 12 月におきた著名な鉄柱事件（大阪造幣寮用に製造された鋳鉄柱が，イギリスからの運搬中，沈没した事件）では急遽香港へ渡り，旧香港造幣局の鋳鉄柱を用意した[39]。

　では，これまで共に仕事をしてきたグラバーとは工事中，どのような関係にあったのであろうか。造幣寮建設時におけるイギリス資本の関与について具体的に検討を加えた先行研究は数少ない[40]。ここでは，JM 商会文書中のウォートルス書簡を取り上げつつ，以下考察してみたい。

　1869 年 4 月 26 日（明治 2 年 3 月 15 日），造幣寮のウォートルスは大阪のグラバー商会へ一通の手紙をあてている[41]。このとき，ウォートルスは大阪川崎の地で造幣寮の工事に従事していた。竈とボイラーに必要な 3 万本の耐火煉瓦が不足している。それは JM 商会より送られてきた仕様書に記載されていた物品で，現在香港にあるという。そこで香港よりその耐火煉瓦を大阪へ配送するようグラバー商会へ依頼している。これを受けたグラバー商会は 3 日後の 4 月 29 日に香港の JM 商会へこのウォートルスの書簡のコピーを添付し，耐火煉瓦を大阪へ配送するよう依頼した[42]。結果，この耐火煉瓦は JM 商会により，6 月 17 日に横浜経由で大阪へ送られている[43]。

　再びウォートルスは 1869 年 5 月 20 日（明治 2 年 4 月 9 日）に大阪のグラバー商会へ書簡を出している[44]。今度は工場内に設置されるはずの 4 組の秤が見あたらないという。これをイギリ

スでの修理を済ませた状態にして香港より転送するように依頼している。その11日後，グラバー商会のR.ホーム（Ryle Holme）が香港のJM商会へ書簡を出し，4組の秤を大阪へ転送するように依頼している。日本政府は造幣寮の工事を遅延させたくないのだという[45]。

　工事中のウォートルスがこれまでにない洋式造幣工場を完成させるために，地元で煉瓦を焼き，石材を調達したことは知られる[46]。だが，耐火煉瓦や西洋式の秤など日本国内で調達できないものについては香港より調達していた。その時，ウォートルスがまず相談したのはグラバーであった。ウォートルスはグラバー商会に対し，深い敬意を伴って対応にあたった。薩摩藩の奄美大島製糖工場でウォートルスが現場の指揮をとり，グラバーが企画折衝役をつとめていたように，造幣寮の工事においても現場の指揮をとるウォートルス，そしてそれを裏方で支えるグラバー商会があった。

　さらに，ウォートルスの依頼を受けたグラバー商会は香港のJM商会へ連絡をとり，ウォートルスから要求のあった物品の転送を依頼する。このように大阪造幣寮の工事にはウォートルス，グラバー，JM商会という三者の結び付きが部分的であるが，機能を果たしていたことを認めうる。

イギリス資本とウォートルスの関係の変化

　1870年5月1日（明治3年4月1日）にウォートルスはJM商会へ一通の書簡を出している[47]。JM商会横浜支店のH.スミス（H. Smith）が1,099.5ドルという金額をウォートルスに提示したという。残念ながら，この書簡以外に大阪でのウォートルスとJM商会とのやり取りを記した資料を見出しえていないため，これに前後して，どのようなやり取りがあったのか具体的に知ることができない。だが，ウォートルスがこれまで深い敬意をもって相談してきたグラバー商会ではなく，JM商会に直接金銭に関して連絡していることは注目される。そこで最後に附となるが，この書簡より推されるウォートルス，グラバー商会，JM商会，この三者を巡る状況の変化について考えてみたい。

　実のところ，ウォートルスがこの書簡を記した明治3（1870）年5月当時，ウォートルスの相談窓口役であったグラバー商会の経営は困窮し，多額の負債をJM商会ばかりでなくオランダ貿易会社等に抱えていた。結局，ウォートルスの書簡より約4ヶ月後の8月末にグラバー商会は破産してしまう。ウォートルスが金銭の取扱について直接JM商会へ書簡を出した理由はここにあったものと推察される。ウォートルスが薩摩から大阪へと進出する過程でグラバーが常にその後ろ盾にあった。先学も指摘しているが[48]，両者の関係はグラバー商会の雇い主と従業員に近い間柄といえよう。一方，造幣寮の仕事以降，ウォートルスの日本での仕事を支えてくれたのは大隈ら政府高官であった。すなわち，グラバー商会が活動を停止したその時より，これまで自分を支えてくれた大きな後ろ盾を失ったウォートルスは独立した技術者として新しい道[49]を歩みはじめることになったのである。

第5章　大阪造幣寮　　169

第2節　香港造幣局との比較を通じた大阪造幣寮鋳造場の性能

1．大阪造幣寮鋳造場の平面計画
大阪造幣寮鋳造場の建築概要

　冒頭に列記した大阪造幣寮についての先行研究のうち，建物の平面計画や構造については，林野全孝と木村寿夫の業績を特記することができる。林野は鋳造場玄関，泉布観を含む遺構を調査し，造幣寮の関連遺構についてまとめた。そして木村が古図面を含む諸資料を博捜し，鋳造場，泉布観をはじめとする創業期の諸建築について考察した。特に木村は金銀貨幣鋳造場の建築について復元考察を行い，香港造幣局との関係についてもいくつか考察している。また，海外事例との比較については桐敷真次郎が正面外観意匠について若干言及している[50]。以下，林野や木村の先行研究に導かれながら，鋳造場の建築概要についてまとめていきたい。

　明治元（1868）年10月頃に建設工事が開始された鋳造場だが，明治時代の前半までに大きな改造を受けている[51]。まず，明治4（1871）年2月の操業開始から7ヶ月後，明治4年9月に3つ並んだ寄棟屋根のうち中央の屋根が，梁上に柱を立てて一段高くし，その段差の側面に回転窓を開いた切妻屋根に改造される。そして，明治19（1886）年3月頃に3つの屋根が腰屋根を載せた寄棟造の大屋根に改造された[52]。このため，建物の外観に限っても創業当初の建築の詳細を知ることのできる資料は少なく，鋳造場の内部構成を知ることのできる資料，特に平面図などの図面資料となると，その数は極めて限られている。

　現在，初期の大阪造幣寮の諸建築に関する図面は「造幣局古図面集」[53]，「鋳造場総体出来形絵図附正面ランプ臺鉄柵」[54]，「三井の図面」[55]，「銅貨幣鋳造場新築出来形絵図」[56]，「中村の図面」[57]，そして近年見出された「日本建築協会の図面」[58]などが知られている。このなかで，創業時の鋳造場の平面構成や内部の仕様まで知ることのできる数少ない資料の一つとして「鋳造場総体出来形絵図附正面ランプ臺鉄柵」（造幣局造幣博物館所蔵，以下では先学にならって「出来形絵図」と呼称する）がある[59]。この図面は中村角之助によってはじめて紹介され，後に木村寿夫[60]が詳細に考察した。この「出来形絵図」には鋳造場の機械配置平面図，外壁及び排水路平面図，正面図，側面図のような基本建築図面のほか，各部の詳細図や矩計図，さらに歯車やボイラーの図面まで含まれる。だが，貨幣鋳造関係の専門的な機械図面は含まれず，土木測量関係の図面集といえる。一連の図面は，両端に板を貼って用紙を間に折り畳み，冊子状の体裁にした長尺紙に直接描かれ，後年行われた屋根改造の図面は長尺紙の上に別の用紙を貼り付けている。図面の内容や体裁から考えると，「出来形絵図」は創業当時の鋳造場完成と前後して保存図のようなものとして作成されたと推定される。

　また，鋳造場の開業直後に発行された『エンジニアリング（*Engineering*）』1871年4月14日（明治4年2月25日）号には，鋳造場の略平面図や外観のエッチング画が掲載される（図5-2，図5-3，図5-4）[61]。略平面図には各部屋の名称や主要な機械が記され，内部空間の機能を知ること

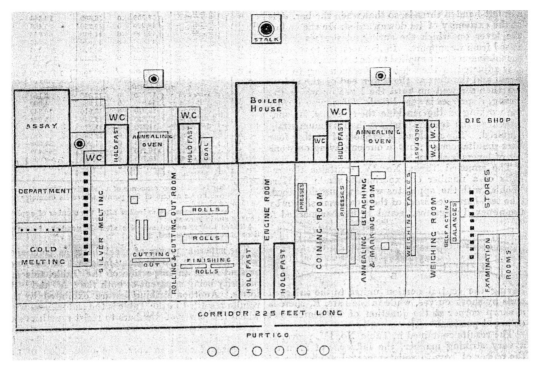

図 5-2　大阪造幣寮鋳造場略平面図
(Source: *Engineering : An Illustrated Weekly Journal*, Vol.11, 14 April 1871)

ができる。木村が指摘したように略平面図や外観の内容は「出来方絵図」と矛盾せず，創業時の鋳造場を描いたものとして問題ない。以下では創業期の鋳造場の建築概要について，この「出来形絵図」と『エンジニアリング』掲載の略平面図を資料として作成した復元平面図（図5-5）によって整理することにしたい。

　鋳造場の建物は外壁の内法寸法桁行正面 225 尺，同じく内法寸法梁間奥行 84 尺[62]の矩形平面をもった本体部分の正面に，6 本の柱を立てた古典主義の玄関柱廊（Portico）[63]を付ける。正面柱の直径は 3 尺，柱中心の間隔は 10 尺である。石壁の外面と柱中心との間隔は同じく 10 尺である。この玄関部分の柱の中心は本体部分内部の柱の中心と同一軸線上にのらない。玄関柱廊上の屋根の棟は本体部分の外壁位置で止まり，本体部分の屋根と繋がらない。また，動線としては玄関を入ると広間や事務室ではなく，廊下に直面する。このように，玄関柱廊と本体部分は別個のものとして建築される。

　本体部分の背面中央には蒸汽罐室（Boiler house）が設けられる。背面左端には試金室（Assay department），背面右端には極印製造室（Die shop）が左右対称におかれる。そして蒸汽罐室の両側には 2 つの焼純炉室（Annealing oven）が突出し，これら突出した諸室の間に便所や金庫（Hold fast）などが設けられる。蒸汽罐室は幅 26 尺 2 寸，奥行 42 尺 5 寸，試金室と極印製造室は同じ大きさで幅 25 尺 5 寸，奥行 36 尺，焼純炉室は幅 24 尺，奥行 29 尺である[64]。

第 5 章　大阪造幣寮

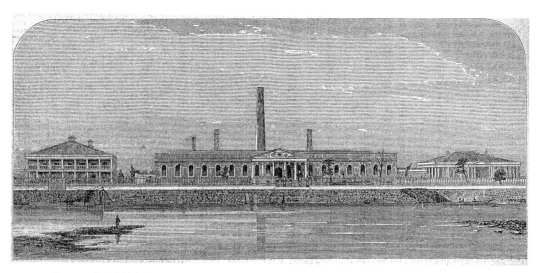

図 5-3　大阪造幣寮鋳造場正面外観（中央が鋳造場，右側が本局（庁舎），左側が上等異人館）
（Source: *Engineering : An Illustrated Weekly Journal*, Vol.11, 14 April 1871）

図 5-4　大阪造幣寮鋳造場の正側面外観と本局の外観
（鋳造場は屋根がパラペットの背後に隠れ，正面の玄関柱廊の屋根も途中で切断されていたことがわかる）
（Source: *Engineering : An Illustrated Weekly Journal*, Vol.11, 14 April 1871）

矩形平面の本体部分は外壁内法に桁行方向を9分割し，柱中心間隔25尺で鋳鉄柱を立てる。梁間方向は外壁内法に7分割され，柱中心間隔12尺おきに鋳鉄柱を立てている。この桁行25尺，梁間12尺を基本グリッドにして，各部屋の間仕切壁が設けられる。本体内部は正面幅25尺，奥行72尺の細長い部屋に9分割され，各部屋へは正面に設けた幅12尺桁行225尺の廊下（Corridor）より入る。中央に蒸汽機関室（Engine room）を設置し，その左側には金溶解炉室（Gold melting），銀溶解炉室（Silver melting），圧延および圧穿機室（Rolling & cutting out room）が，右側には圧印室（Coining room），焼純・洗滌・圧縁室（Annealing, bleaching & marking room），天秤室（Weighing room），倉庫（Stores）と試験室（Examination room）があった。蒸汽機関室の手前にも金庫が2つ設けられている。金銀貨の製造工程に沿って，左側から右側へと部屋を配した構成である。間仕切壁は腰部を厚さ8寸の煉瓦積みとし，その上は梁下まで格子壁となる。大廊下境ではこの煉瓦積上に引違いのガラス窓を設けている[65]。

建物の周壁は石壁で囲まれ，本体部分では1尺7寸（腰部は2尺）の厚みがある。石壁は床面より梁下端まで24尺6寸5分の高さがあり，この上に高さ4尺のパラペットをめぐらす。この石壁と内部に立てられた鋳鉄柱によって1尺角の小屋梁が支えられる。梁，桁とも同じ大きさで上端，下端とも揃う。相欠きなどにしてボルト等で柱と結合させていた。本体部分の屋根は3つの寄棟造を並べたつくりで中央に梁間36尺（3スパン分），両脇に梁間24尺（2スパン分）の屋根を並べ，軒先がパラペットの内側にくる内樋形式である。屋根勾配は3寸6分とある。

本体部分の周囲には正面12尺5寸間隔，側面12尺間隔で幅6尺3寸5分のアーチ窓が開かれる。だが銀溶解炉室や蒸汽機関室等，間仕切壁によって挟まれた内側の諸室は外気に面しない。そこで，これらの部屋では幅約3尺，長さ約12尺の屋根窓を各部屋に2ヶ所ずつ（中央蒸汽機関室は4ヶ所）開いてそこから採光する。だが，溶解炉や蒸気機関等の発熱，騒音に対して屋根窓からの採光や通風程度では良好な労働環境の維持は望めなかったであろう[66]。建築後まもなく屋根形状を改造した理由はここにあったと考えられる。

大阪造幣寮鋳造場の設計意図

「出来形絵図」と『エンジニアリング』掲載の略平面図により，ここまで鋳造場の平面計画や構造についてまとめてみた。正面側に大廊下を走らせ，短冊状に外気に面しない諸室を並べるという，一見特異とも思える平面計画，あるいは本体部分と切り離された正面玄関柱廊など興味深い点を窺えた。そこでこの鋳造場の平面構成が如何なる意図に基づいて計画されたのか，建設の経緯を記したいくつかの資料をもとに考察してみたい。

前節において報告したように，造幣寮の建設計画にあたり，香港造幣局について調査した上野景範は慶応4年6月5日（1868年7月24日）に『貨幣器』と題する報告書を小松帯刀らに提出した。香港で上野はキンドルから貨幣の製造方法等の技術的指導を受ける[67]。そして，造幣寮の技術者の雇用について日本国内には適任者がいないため，キンドルを新造幣工場の局長として雇用することを提案している[68]。この『貨幣器』を受けた翌6月6日（1868年7月25日）

第 5 章　大阪造幣寮

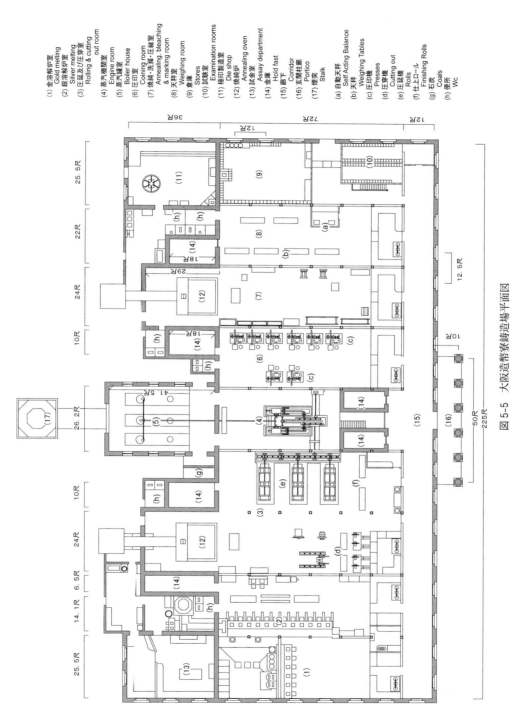

図 5-5　大阪造幣寮鋳造場平面図
（「出来方絵図」、エンジニアリング掲載の図をもとに筆者作成）

に小松らは『組立之按』を五代友厚らへ提出した。『組立之按』に含まれる内容で平面計画上，注目される点を列記する。

　　一　諸室入口ニ鑑察吏常ニ出入を検査シ，尚且諸室エも監吏往来徘徊して非常の窃を厳密ニ
　　　警むべし。諸室出入の戸口を一ヶ所に定むベシ。
　　一　入口ニ諸職人人足之衣服を改め穿タシメ，然る後ニ各其役室ニ入ラシムベシ。故に貨幣
　　　ヲ盗むの憂キカラシム。此衣服ハ政府ヨリ給スベシ。
　　一　貨幣局常ニ兵隊アリ。其局外ニ屯集シテ非常ノ災難及ビ賊盗ヲ警むベシ。
　　一　土地必ズ水利不便ナル処ヲ厭ふ。必ズ水利至便ナルノ地を撰ミ築造スベシ。

製品である金銀貨，原料の金塊，銀塊の盗難を防ぐため，警備には重点を置く必要があった。そこで，各室への入口を1ヶ所に限定し，監視事務室を経て作業場へ入らなければならないようにした。工場内の動線は全て大廊下へ集約され，各室相互を直接往来することはできない。実際，便所は1ヶ所に集めるのではなく，各室毎に背面に設けられる。正面大廊下より短冊状に諸室を並べるという平面計画が警備を重視した動線の管理によるものであったことを認めうる。

　ではこのような平面計画のコンセプトは誰によって，あるいはどこで発想されたのであろうか。『貨幣器』や『組立之按』の内容を一読する限り，鋳造場の平面計画は具体的に工事が開始される前，あるいは日本で図面が作成される前の構想段階からすでにあったことをうかがえる。特に，上野がキンドルから具体的に技術的指導を受けた点も考慮する必要があろう。

　この点について木村は造幣寮開業式におけるキンドルの祝辞を引用し，T. J. ウォートルスは大阪造幣寮鋳造場の設計に際し，香港造幣局の図面を写して設計したとした[69]。木村の指摘に従えば，ウォートルスは鋳造場の本体部分と背面部分は香港造幣局の図面を複写し，それに玄関柱廊を付加した。このため，玄関柱廊が本体部分と切り離された形になったことになる。さらに木村はこの既述に加えて『組立之按』の冒頭「別紙図面之如く土地を撰ミ土居石垣堅固ニ取仕立」の「別紙図面」にあたる絵図[70]を三井文庫の資料より見出した。それはキンドルから指導を受けた上野が香港造幣局の平面図を描いたものという。だが，この絵図は内部の柱や開口部が省略され，シングルラインの間取りを示した程度のもので，具体的な建築の詳細を知ることができない。ロンドンに保存される香港造幣局の図面とは形態を異にする点もある[71]。さらに，この絵図に描かれる建物は平屋建てだが，『造幣局百年史』に記載される香港造幣局の正面[72]は二階建である。木村は「……立面形状まで同様であったといいきれない」とし，相違点やその理由について仔細に言及していない。そこで以下では，これらの問題点を克服するために，香港造幣局の詳細について調べてみることにしたい。

2．香港造幣局の建築史的概要

香港造幣局の歴史的経緯

　香港造幣局については古くは E. J. エイテル（Ernest Johann Eitel）[73] をはじめ，G. B. エンダコット（George Beer Endacott）[74]，N. キャメロン（Nigel Cameron）[75] など香港の歴史に関する書物がよく取り扱っている。特に，エンダコットの論文[76] と最近発表された P. K. マキューン（P. Kevin MacKeown）の論文[77] は，英国ナショナルアーカイブ，香港歴史當案館所蔵の諸資料を博捜し，香港造幣局の設置計画の勃興から，その廃止まで社会的背景を含めて詳細な経緯を明らかにした。建物や設備についての考察は少ないものの，香港造幣局の歴史を詳述した著作として注目される。香港造幣局の歴史的経緯については，これら先行研究の蓄積を参照しながら，建築学的研究の基礎的知見として要点を整理しておきたい。

　香港独自の通貨製造を目的とする香港造幣局の設置は，植民地政府が直面していた 19 世紀中期の通貨問題が背景にあったという。1841 年にイギリスの植民地として開港した香港であったが，植民地固有の法定通貨は設けられないまま，当時東アジアで流布していたメキシコドル銀貨が市場で受け入れられていた。これに加え，一部の偽造貨幣が流通したりすることもあった。また，1858 年の天津条約，1860 年の北京条約を受けた中国沿岸部の開港場の増加に伴い，植民地政府としては，メキシコドルなどに代わるイギリス主導の通貨を製造する必要に迫られていた。

　このような状態に対して，1859 年 6 月から 1865 年 3 月まで香港総督として着任した H. ロビンソン（Hercules Robinson）は，植民地独自で香港ドル銀貨の製造に向けた準備を本格的に開始した。1863 年 9 月には，ロンドンの王立造幣局局長 T. グラハム（Thomas Graham）が，王立造幣局のドラフトマンだった A. キンドル（Arthur Kinder）に香港の新造幣局の図面を作成させている。そして，同年 11 月 23 日に A. キンドルの兄 T. W. キンドルが香港の新造幣局の局長として選任され，雇用契約がなされたという[78]。1864 年 1 月頃には敷地の選定が進められ，当初は香港ビクトリア市の中心部に近い地域が検討されるものの，山がちな香港の中心部ではまとまった平坦地を見つけることができない。最終的には JM 商会の所有地であったビクトリア市の東端，東角（East Point）と呼ばれる半島東側の海岸を 15 エーカー埋め立てて造成されている[79]。そして，同年 3 月にイギリスのリバプールより建築資材が出荷され，4 月に予算額 6 万ドルで工事が開始された。1864 年の 12 月には，造幣局が次の 3 月に開業できる状態にあると，ロビンソンの後を受けた植民地行政長官 W. T. マーサー（William Thomas Mercer）によって公示されている。この時には造幣局本体の建物は完成に近い状態にあった様子だが，造幣局を警備する部隊の兵舎等，関連する周辺建物が用意されていなかった。このため，このマーサーの公示後，1866 年 1 月に兵舎等の図面が本国と香港間でやり取りされている[80]。また，本国より送られてくるはずの鋳型が届かず，マーサーの公示にあった開業予定月より 1 年以上遅れて，1866 年 5 月 7 日に香港造幣局が操業を開始した。この時の香港総督は R. G. マクドネル（Richard Graves Macdonnell）となっていた。造幣局の運営には局長のキンドル以下，J. プリチエット，C.

ボイド，H. シェード（Henry Shead）ら，後に大阪造幣寮へ就職するイギリス人技術者があたっている[81]。

　紆余曲折を経て開業にこぎつけた香港造幣局であったが，機械のトラブル，亜熱帯気候による技術者の病気もあって操業は順調でなかった。キンドルは1日4,000ドルの鋳造が可能とするものの，実際は3週間で1万8,000ドル，すなわち1日約860ドルの生産であった。この状態は開業7ヶ月を経た1866年12月に至っても改善されることなく，1万321ドルの利益に対して45万ドルの経費を要していたという。これらの造幣局自体の技術上，経営的問題に加えて，造幣局で製造された香港ドル銀貨も地元住民には歓迎されず[82]，メキシコドルを駆逐するという当初の目論見は成功したとはいい難かった。結局，開業から約1年半後の1868年2月に英本国よりマクドネルへ造幣局を閉鎖する旨の通知が送られている。この時を前後して日本政府による洋式造幣工場の設立計画，そして香港造幣局機械購入の一件が起こる。この件を受けたマクドネルは造幣局を閉鎖，1868年4月25日に香港ドルの金型は抹消される。そして香港造幣局の機械類は大阪へ向けて発送されることとなった。

　なお，廃止された香港造幣局跡はJM商会が引き継ぎ，同社の出資によって砂糖精製工場が開業している[83]。

香港造幣局の建築図面
　香港造幣局の姿を伝える建築図面として，英国ナショナルアーカイブには香港造幣局の平面図と正面立面図が所蔵されている（図5-6，図5-7）[84]。また，香港歴史當案館にはその複製品が保管される[85]。平面図には塀で囲まれた矩形敷地と建物が描かれ，寸法線や室名が記される。家具や機械は描かれないものの，部屋の名称から各室の機能を知ることができる。図面の上方には 'Mint of Hong-Kong, Ground Plan' と表題がある。立面図は中央に建物正面図が描かれ，その下方に塀と門の立面が描かれる。図面左上には 'Mint of Hong-Kong, Elevation of House, Front Wall, and Entrance Gates' と表題が記され，さらに図面中央，塔屋の脇に旗竿がプロポーションに比して高すぎると書き込みがある。確かに，描かれた塔屋上の旗竿は建物高さに比して大きく，支持できないだろう。設計寸法は，平面図，立面図ともフィート（ft），インチ（in）による。この2枚の図面は，1864年12月30日に香港総督H. ロビンソンより英本国に提出された香港造幣局の建築についての1865年第2号見積報告書[86]に添付された資料である[87]。平面図の中には断面図位置を示すと思われる破線が記されるものの，この2枚の図面以外は現在残されていない。また，図面作成年月日，設計者等のサインは記されていない。香港造幣局の建築の詳細を知ることのできるこの図面がどのような性格を有しているのか，まず検討してみたい。なお，確認のため今一度記しておくと，香港造幣局は1864年4月に工事が開始され，1866年5月に開業している。

　香港造幣局の建設は前述したように，敷地の選定からはじまっている。1864年1月29日に香港植民地政府の造営技術者（サーベイヤージェネラル）C. G. クレバリー（Charles St. George

第 5 章　大阪造幣寮

Cleverly) よりロンドンの植民地省長官へ宛てられた書簡には，香港ビクトリア市中心部のなかに No.1，No.2 と地所番号を付した地図を添付して報告している[88]。イギリスにいたキンドルより図面が送付され，適切な敷地について報告するよう指示が出されていたという。この時点では香港造幣局は開業していないが，キンドルはすでに香港造幣局局長の地位にあった。キンドルが要求した敷地の正面幅は 330ft，奥行 270ft，前述した 1865 年第 2 号見積書添付の平面図の寸法とほぼ一致する。キンドルは警備のためにより大きな敷地を必要とするという。さらに，報告書はキンドルの提案内容について次のように見解を述べている[89]。

　キンドル氏はおそらく，香港の特異さと山がちな地形をご存知ないようです。……（中略）……それゆえ，造幣局の平面図を完成させる前に，地元の状況を考慮しなかったことは大変遺憾に思います。

山がちな香港では幅 330ft，奥行 270ft に達する広大な平坦地は見つけることができない。現地

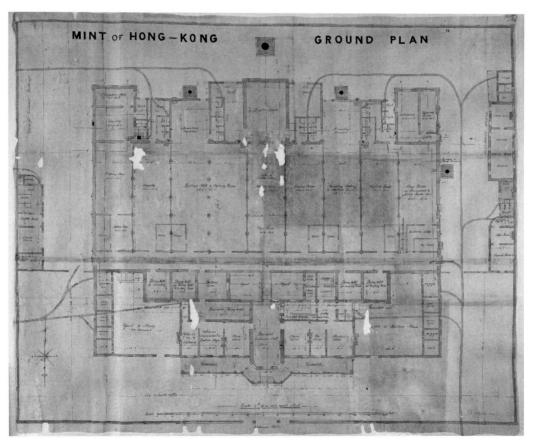

図 5-6　香港造幣局平面図 'Mint of Hong-Kong, Ground Plan'
（英国ナショナルアーカイブ所蔵）

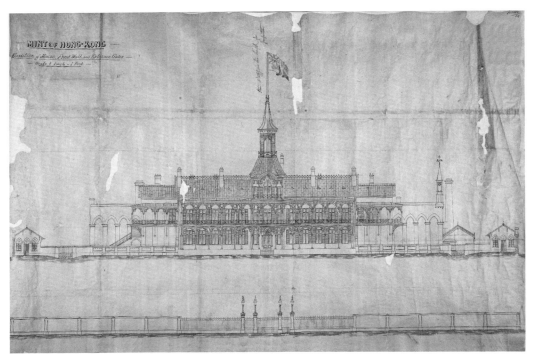

図 5-7　香港造幣局正面立面図 'Mint of Hong-Kong, Elevation of House, Front Wall, and Entrance Gates'
(英国ナショナルアーカイブ所蔵)

の状況を知らないまま本国で作成された図面には，不都合な点があることが早くから指摘されていた。

　また，図面が添付された1865年第2号（1864年12月提出）の見積書の冒頭部分は，キンドルが平面図と立面図を用意し，香港へ送ってきたとする[90]。見積書はこの図面に基づいて作成された。見積書は各部の仕様について報告し，最後に工事費を6万ドルとして報告を終わる。実際，香港造幣局の建設工事はすでにこの1865年第2号見積書が提出された8ヶ月前に着手されていた。

　前掲のマキューンによれば，香港造幣局の図面はT. W. キンドルの弟，A. キンドルによって作成されたという。作成の指示を与えたT. グラハムも図面の計画内容に関与したかもしれない。しかしながら，2通の報告書冒頭にある，本国にいた香港造幣局局長キンドルが図面を用意し，香港へ送付したという記述，あるいは敷地選定に関わる公共事業局からの報告中，キンドルは香港の地形や環境を理解していないとする等の文意からは，キンドルが平面計画の立案へ関与したことをうかがうことができる。また，前節の繰り返しとなるが，キンドル自身も英本国では鉄道建設に従事した経験を有していた[91]。大阪造幣寮首長として来日した後にも，精製分析所（明治4（1871）年7月完成）の設計をおこない[92]，金銀貨幣鋳造場の鐘楼の増築図面には，キンドルのサインが記されている[93]。2通の報告書内容と以上の諸点を勘案するとき，実

第 5 章　大阪造幣寮　　179

際に図面を引いた人物は別としても，A. キンドル，T. グラハムに加え，T. W. キンドルが平面
計画の立案に大きく関与していたと考察される。

　次に，図面が作成された時期を考察するため，2 通の報告書の内容を念頭におきつつ，平面
図と立面図の内容をみていくことにしたい。敷地は塀で囲まれた完全な矩形地が用意され，中
央に入口を開く。建物の向きは南北と完全に一致する。中央に主体となる建物があり，両脇に
附属屋がある。平面図中に土地の高低差は認められず，立面図の状況とあわせてみて，平坦地
に計画されたと考えられる。このように，この平面図と立面図は山がちな香港の実際の敷地に
あわせて描かれたとは考え難い。敷地の大きさも含め，これら図面内容と報告書内容との一致，
あるいは建設工事が見積書提出前にはじまっていたことを勘案すると，ロンドンに保存される
平面図と立面図は，1864 年 1 月頃の敷地の選定以前にイギリスで作成，香港へ送付されたと考
えられる。

　ではこの平面図と立面図はどこまで忠実に実現されたのであろうか。1864 年 12 月に見積報
告書が提出された後，1866 年 5 月の開業まで，警備兵舎等の附属屋が設計，建築されている。
1866 年 1 月 11 日には兵舎等の附属屋の図面を添付した 1866 年第 26 号の見積書が香港からロ
ンドンへ提出されるが[94]，この案が却下されたため，新たな附属屋の図面が同年同月 31 日に
1866 年第 27 号見積書として提出されている[95]。このように最初ロンドンで作成された造幣局
全体の平面図は幾度かの設計変更が加えられている。だが，設計変更は附属屋に関するもので，
すでに工事が開始されていた造幣工場本体に関する事柄は見当たらない。また，1882 年に発行
された香港ビクトリア市の都市地図には廃止後に砂糖精製工場に利用されていた造幣局建物本
体の輪郭線が描かれる。工場と庁舎からなる本体部分のそれはロンドンに保存される平面図の
輪郭線とほぼ同じである[96]。よって，附属屋の変更があるものの，造幣工場の本体は最初ロン
ドンで設計された平面図に従って建設されたと判断される。

　以上，論点が多岐に及ぶため整理しておくと，まずイギリスで香港の新造幣局の平面図，立
面図等の図面が用意される。その計画案の作成には，A. キンドル，T. グラハムのほか，T. W. キ
ンドルが関与していた。その図面が 1864 年 1 月以前に香港へ送付され，敷地の選定がおこな
われた。そして工事が同年 4 月に開始され，その後，同年 12 月に見積書が本国へ提出された[97]。
工場本体部分の完成が先行し，周辺の兵舎等の附属屋は，1866 年 1 月頃，最初の図面から変更
されて，最後になって施工された。周辺附属屋等の変更があるものの，本体部分はイギリスで
用意した図面とほぼ同じかたちで建設された。開業年は大阪造幣寮開業の 5 年前，1866 年 5 月で
ある。

香港造幣局の平面計画

　ここではロンドンに保存される平面図や立面図などをもとに，大阪造幣寮鋳造場と比較する
ために，香港造幣局の平面計画等の建築的概要について整理しておく（図 5-8）。

　香港造幣局の主体となる建築は 2 つの部分より構成されている。手前側に二階建，正面幅

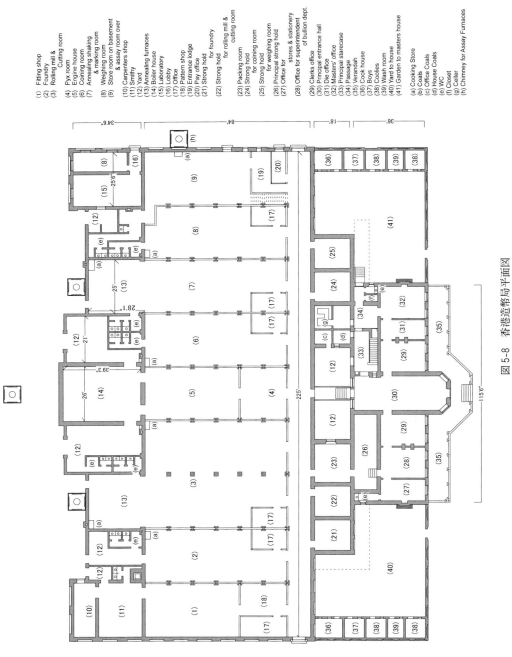

図 5-8　香港造幣局平面図
(英国ナショナルアーカイブ所蔵図面をもとに筆者作成)

115ft6in，奥行 36ft の庁舎をおき，その背面に工場本体をおく。庁舎の 1 階は局長事務室（Master's office）[98] 等の事務室，2 階は住居から構成され，正面に鋳鉄製のベランダを巡らしたピクチャレスクの意匠を有した建物である。中央には高さ 100ft，旗竿を立てた塔屋を設ける。屋根は中国の慣習に従って瓦葺にするという。両脇に調理人室（Cook house）や使用人室（Boys）が入った附属屋と塀で囲まれた中庭（Yard to house）を配する。工場部分との間には幅 18ft で各部局の金庫（Strong hold）を配している。建物の壁厚は 2ft3in，または 1ft6in である[99]。

　この庁舎に接して背面に工場本体があった。矩形平面を持った本体部分は外壁の内法正面幅 225ft，奥行 84ft で，その背後にボイラー室（Boiler house），焼純炉室（Annealing furnaces），大工小屋（Carpenters shop）と鍛冶場（Smithy），実験室（Laboratory）などが突出し，その他便所（WC）や中庭（Yard）で構成される。ボイラー室は幅 26ft，奥行 39ft3in，焼純炉室は幅 25ft，奥行 28ft1in，実験室や鍛冶場及び大工小屋は幅 25ft6in，奥行 34ft6in である。工場本体部分は正面桁行 25ft に 9 分割，梁間 12ft に 7 分割され，このグリッド上に鋳鉄製の柱を立て，間仕切壁で各室を仕切る。手前は幅 12ft，長さ 225ft の大廊下とし，中央に機関室（Engine house）と貨幣検査室（Pyx room）をおき，左手より組立室（Fitting shop）と鋳型製作室（Pattern shop），溶解炉室（Foundry），圧延及び圧穿室（Rolling mill & cutting room），圧印室（Coining room），焼純・洗滌・圧縁室（Annealing shaking & marking room），天秤室（Weighing room），倉庫と上階に試験室（Store room on basement & assay room over）となっていた。中央に機関室を置いて，左手より工程順に各室を配した構成である。これらの各作業室は大廊下より入り，手前には事務室（Office）が設けられていた。各作業室の背面には便所があり，脇には調理場（Cooking store）もそれぞれ設けられている。作業室の床面は花崗岩敷きであった。

　内部に立てられた鋳鉄柱は小屋梁を支える。その上に厚板を斜めに乗せて三角形断面の屋根をつくる。本体部分の屋根は梁間方向に 7 分割され，片面は桁行全面にわたる天窓となっていた。屋根は瓦葺という。工場本体の周壁には尖頭アーチ形のニッチが並ぶものの，大きな窓は記されておらず，採光や通風はこの天窓に頼ったものであった。なお，工場部分の右端には小さな鐘楼が付設されていた[100]。

3．香港造幣局と大阪造幣寮鋳造場の平面計画

平面計画の共通点とその背景

　これまで見てきたように，正面に二階建の庁舎があることが異なるものの，香港造幣局の工場部分と大阪造幣寮の鋳造場の平面計画はほぼ同じものである。ここではより踏み込んで，その設計意図まで考察するために，具体的に平面上，特徴的と思われる類似点を列記することからはじめ，次にその背景について考察してみたい。

①正面に大廊下を配し，そこから縦長の作業室を短冊状に配置する

　大阪造幣寮鋳造場で特徴的な平面計画であった，正面の大廊下から短冊状に各作業室が連なるという形態は，香港造幣局でも用いられていた。大阪がそうであったように，香港造幣局で

もこの平面計画ゆえに，各室の採光は天窓に頼ることになった。しかし，香港造幣局ではこの工場の手前に庁舎と金庫が接するため，大廊下は各室への通路であると同時に，庁舎部分と工場部分との緩衝帯としても機能する。よって平面的には違和感を感じない。ところが，香港の平面計画を踏襲した大阪では庁舎が無かったため，大廊下の手前はすぐに玄関であった。

②各作業室は厳密な監視下におかれ，作業室へは事務室を必ず経て入り，便所も作業室毎に用意される

　大阪，香港，両者とも各室は間仕切壁で仕切られ，作業室相互を直接往来することができない。作業員は大廊下を通って作業室の前まで行き，事務室で検査を受けた後に作業室へ入る。作業中は便所も各室毎に設けられ，作業室の外へ出ることはない。さらに香港では，調理場まで作業室毎に設置され，昼食も作業室内部でとられていたと推察される。

③格子状に柱割がなされた工場本体部分の背面に，ボイラー室などの諸室を突出させる

　大阪では桁行25尺，梁間12尺を柱中心間隔に定め，鋳鉄柱を格子状に配して部屋を仕切っていた。この外壁に囲まれる矩形部分は内法寸法で設計される。そして本体部分の背後にボイラー室，焼純炉室などの部屋を突出させる[101]。香港でもその設計方法は同じである。本体部分は桁行25ft，梁間12ftで設計され，外壁に囲まれた矩形部分は内法寸法で設計される。背面に突出した諸室はほぼ同じ大きさである。大阪造幣寮鋳造場の平面は，香港造幣局の平面からフィート（ft）を尺に読み替えて，背後の諸室の大きさを若干変更して設計されたと考えられる。

④中央に機関室を置いて，左手より工程順に各室を並べる

　大廊下から短冊状に作業室を配するという形態的な面ばかりでなく，各室の作業内容も共通する。すなわち，中央に動力供給源である機関室を置いて，左手より原料の溶解，圧延・圧穿，圧印，焼純・洗浄・圧縁，そして計量，保管と貨幣製造工程に沿った配置である。ただし，いくつか異なる点もあり，香港では工場手前に各局の金庫が設けられたが，大阪では分散して作業室の背面や手前に設けられる。また，大阪が銀貨に加えて，金貨も製造するため金溶解炉室があったのに対し，香港は銀貨のみの製造で，金溶解炉室は設けられない。大阪の金溶解炉室にあたる部屋は香港では組立室や鋳型製作室，大工小屋など，機械を準備する部屋にあてられていた。

　このように香港造幣局は正面に庁舎を置くことや，附属屋の扱いなど，全体的な施設配置では異なるものの，中心的な貨幣鋳造工場の平面計画はほぼ同じものといえる。正面の大廊下から短冊状に各作業室を配置する点，採光が制約され，内部の居住環境を犠牲にしても，各室は厳重な警備の下にあった点，各室寸法の設計方法など，平面計画上特徴的な諸点が共通することは注目すべきであろう。そこでその成立背景について検討するため，再び建築の経緯や設計意図を振り返ってみたい。

　先述のように，大阪造幣寮鋳造場の建築にあたって上野景範は香港造幣局のT. W. キンドルから技術的指導を受け，平面案を『貨幣器』と共に提示した。そして『貨幣器』を受けた『組

立之按』では平面計画上の注意点が列記されていた。完成した鋳造場の平面計画は『組立之按』の指示通り，警備に重点を置いた平面計画であった。ウォートルス雇用の一件が『組立之按』以降に始まり，実際は頓挫したキンドルの雇用計画が先行していたことを考えると，木村の指摘通り，この平面計画の発案にウォートルスの関与は認めがたい。大阪造幣寮の建築が開始される前に，平面計画のコンセプトはすでに上野らが指導を求めた香港に用意されていたと考えるべきであろう。

　他方，形態的な側面から検討した結果，香港造幣局の平面計画には大阪造幣寮鋳造場との間に特徴的な共通点をいくつか見出しえた。大阪造幣寮建設の経緯にこの形態的共通点をあわせて考えるとき，大阪造幣寮鋳造場の平面計画は香港造幣局と同一のコンセプト[102]が輸入され，それに基づいて実現されたと判断される。その香港造幣局の平面計画はロンドンで用意されたものであった。すなわち，最初ロンドンでできた平面コンセプトが香港へ送られ，さらに香港廃止後に同じものが日本の大阪へ移されて実現したのである。

　さらに注目すべきは香港造幣局図面作成へのロンドンにいたキンドルの関与である。これに香港と大阪，両者の形態的共通点，また細かい点だが，キンドルが大阪造幣寮建築以前に技術的指導を与えたこと，キンドルが大阪において建築工事に幾つかの仕事をなしたこと等を総合的に勘案すると，香港，大阪で採用された特徴的な平面形状はキンドルの発案になるものと考察される。

歴史的経緯との照合

　ここまで見てきたように，大阪造幣寮の鋳造場は香港造幣局の工場部分を引き継ぎ，機械類や鉄柱といった部品類だけでなく，機能上重要な平面計画のコンセプトを移植して建築されたものであった。このことを東アジアで活躍していた JM 商会やグラバー商会などイギリス人商人たちによる技術移転の事例として取り扱った場合，どのような状況を想定することができるのであろうか。最後に前節の成果もあわせて推察してみたい。

　すでに先学が指摘し，筆者自身も前節で取り上げたように，初期の大阪造幣寮設立の計画にあたり，香港造幣局の旧設備類や外国人技術者の雇用には日本において政府との交渉役にあったグラバー商会，そして香港においてグラバー商会の援助をしつつ，香港植民地政府と接触していた JM 商会が重要な役割を果たしていた。これらイギリス人商人たちは機械類の運搬，外国人技術者の雇用の斡旋等，日本政府の援助をした。その主目的が運搬や斡旋に伴う手数料収入であったことは先学が指摘した。ここでは視点を変えて，イギリス人商人たちによる経済活動とリンクした技術移転の一事例として大阪造幣寮の建築を捉えてみたい。

　造幣寮建設計画の当初，イギリス人商人たちは T. J. ウォートルスではなく，キンドル，プリチエット，ボイド 3 名の元香港造幣局職員をそのまま大阪へ就職させることを意図していた。これに，本節で指摘しえた香港造幣局の平面計画をそのまま移植して，新式造幣工場を日本で建築するという事柄をあわせて考えるとき，イギリス人商人たちによる日本への技術移転の意

184

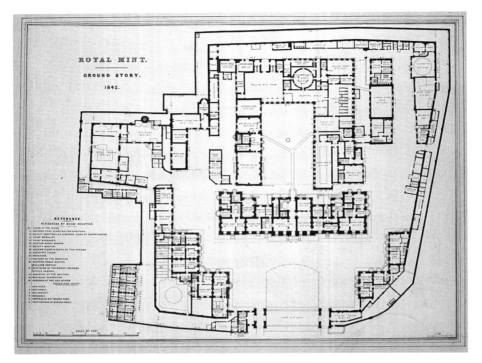

図5-9　ロンドン造幣局平面図
（英国ブリティッシュライブラリーのホームページ 'Online Galley: see 30,000 items from our collection'
（http://www.bl.uk/onlinegallery/index.html）より転載）（© The British Library Board. Maps.Crace.VIII, Item No.47）

図をうかがうことができるように思われる。すなわち，日本政府から最初打診を受けたイギリス人商人たちは機械ばかりでなく，技術者，平面計画まですべてワンセットにして日本へ移植する意図があったと推察されるのである。

19世紀のイギリス植民都市における造幣局の建築

　以上のように，明治初年の日本に建設された大阪造幣寮とその直前に建設されたイギリス植民都市香港の造幣局の平面構成は，形態的に同じもので，同一のコンセプトによる計画であった。ところで，19世紀の中期から後期にかけて全世界に植民地を経営していたイギリスは，首都ロンドンをはじめ，各地の植民都市に造幣局を建設している。すなわち，本国ロンドンの造幣局をロンドン塔に隣接した敷地へ1809年に建築する他，オーストラリアのシドニー（1854年），メルボルン（1872年），パース（1899年），カナダのオタワ（1908年），南アフリカのプレトリア（1892年）に，ロンドン造幣局の支局（ブランチミント）を開設し，また，インドのボンベイ（1829年）とカルカッタ（1831年）にも造幣局を建設している。現在はすでに建物が取り壊されたもの，また現存している場合でも現用施設のために，平面構成や内部の様子を知ることが困難なものが少なくない。今後の課題とすべき点も残るが，以下では関連する文献から若干の知見を得ることができた，ロンドン，オーストラリア，カナダ，インドの造幣局の建築

第 5 章　大阪造幣寮

について簡単に整理してみたい。

　ロンドンの王立造幣本局（Royal Mint）は，ロンドン塔の中にあった工場を隣接する敷地に建設したもので，1809 年に建物が完成している。建物の大部分の設計は造幣局の技術者 J. ジョンソン（James Johnson）が行い[103]，ジョンソンの死後，R. スマーク（Robert Smirke）が正面の事務所を含む建物を設計し，工事を完成させている[104]。スマークは，イギリス新古典主義建築の傑作，大英博物館（The British Museum）の設計者でもある。1842 年の年記のある平面図によると，正面の入り口側に事務所棟を建て，その背後に中庭を囲むような工場棟を建てた形式だったことがわかる（図 5-9）。

　オーストラリアの造幣局の開設は，現地での金鉱山の発見と関係している。オーストラリアのシドニー（1854 年開業）とメルボルン（1872 年開業）の造幣局では，イギリス工兵隊（Royal

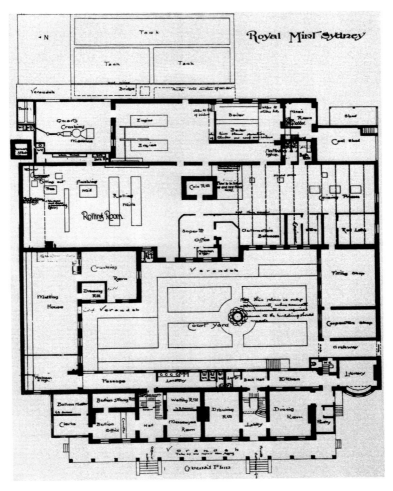

図 5-10　シドニー造幣局平面図
（Source: R. Griffin ed., *The Mint Project*, Sydney: The Historic House Trust of New South Wales, 2009）

Engineers) の技術者 E. W. ワード (Edward Wolstenholme Ward) が造幣工場部分の設計をした。設計者ワードは本国でシドニー造幣局建設の任を受け，設計図を作成，完成後はシドニー造幣局の副局長 (Deputy master) に就任している。また，シドニー造幣局の建設に際しては，イギリス本国で作成された設計図に基づき，鉄の柱や小屋組みなどの建築部材がプレファブリケーションで製作され，オーストラリアへ機材と共に運搬，到着後，現地で組み立てられている（図5-10)[105]。シドニー・メルボルンともに，正面側に事務所棟，中庭を挟んで工場部門を置いた配置形式で，シドニーの事務所棟は1816年に建設された病院の建物を利用したもの，メルボルンの事務所棟は地元オーストラリアの建築家が設計したものと，工場棟の設計と事務所棟の設計は別々におこなわれた。正面に事務所棟を置き，中庭を挟んだ背後に工場を置いた形式は，1899年に開業したオーストラリア西部の都市パースの造幣局[106]，そして1908年に開業したカナダのオタワ造幣局でも同様である。オタワの造幣局は現地の公共事業局所属の建築家 D. エワート (David Ewart) の設計，ただし工場の平面図や機械の手配に際して本国ロンドンの指示を仰いでいる[107]。

　インドのボンベイとカルカッタの造幣局の平面構成はよくわからない。ボンベイ造幣局の完成は1829年，ボンベイ工兵隊の技術者 J. ホーキンス (John Hawkins) の設計により，二階建の建物を建設した。下階が貨幣工場，上階に事務所があったという[108]。建物の正面中央にギリシア神殿風の玄関柱廊を付けた，大阪造幣寮の鋳造場とよく似た外観だった（図5-11)[109]。カルカッタ造幣局は1831年の開業，ベンガル工兵隊の技術者 W. N. フォーブス (William Nairn Forbes) の設計である[110]。正面は新古典主義の外観をまとい，中庭を囲むような建物だった。設計者フォーブスはイギリス本国で造幣局の事業担当の任を受け，設計図を作成，工事を監督，完成

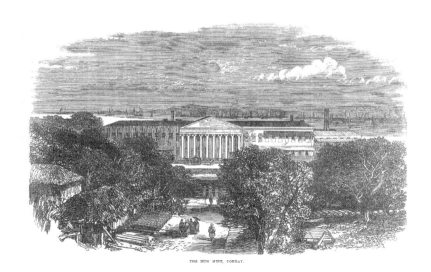

図 5-11　ボンベイ造幣局正面外観
(Source: *The Illustrated London News*, No.1411, 2 February 1867)

後は造幣局の局長（Master）に就任している[111]。

　19世紀のイギリス植民都市の造幣局の建築を一瞥してみたが，本国の工兵隊技術者が植民地の造幣局建設の任を受け，設計図を作成，完成後は局長等に就任するという進め方は，香港造幣局の建設時におけるT. W. キンドルと同様である。つまり，香港造幣局の建設事業の進め方は19世紀イギリス植民都市の造幣局の一般的な造営方法に従っていたと考えられる。一方で，事務所棟と工場部分とを，中庭をはさんで切り離した形式が多かった中で，香港造幣局の平面構成は，事務所棟の背面に接して工場部分を建て，短冊状に作業施設を並べるという，各植民都市の造幣局にはみられない特異なものであった。大阪造幣寮の祖形ともいえる香港造幣局の建築は，19世紀イギリス植民都市のなかで少し変わった性格を有していたと考えられる。

　第5章において明らかにしえた点を要約する。
⑴　大阪造幣寮における初期の外国人技術者の雇用には，現地で折衝にあたるグラバー商会，香港でその支援をしつつ，吉報を待つJM商会の存在があった。グラバーたちは，当初，キンドル以下3人の旧香港造幣局職員を造幣機械とワンセットで大阪へ就職させることを意図していたが，日本人側の事情により，キンドルの雇用計画は頓挫し，機械到着後に日本にいたウォートルスが急遽，キンドルが就く予定であった地位に代わって着任した。
⑵　造幣寮の建設を指揮していたウォートルスは海外から調達する必要のあった資材については，まず，グラバー商会に依頼し，依頼を受けたグラバー商会が香港のJM商会へ配送するように依頼していた。部分的にせよ，造幣寮の工事には，ウォートルス，グラバー商会，JM商会という三者の結びつきが重要な役割を果たしていた。しかし，その関係も明治3（1870）年頃からのグラバー商会の経営悪化により変化していった。
⑶　大阪造幣寮鋳造場と香港造幣局の平面計画は，管理を厳密にする動線計画，各部屋の配置や構造計画，寸法計画など，平面計画上重要な諸点が共通したものであった。これに建設の経緯を勘案すると，大阪造幣寮鋳造場は廃止された香港造幣局より輸入された同一のコンセプトに基づいて建設された。すなわち，ロンドンで用意されたものが香港へ，そして香港から大阪へ同一の平面コンセプトが移されたのである。さらに，その計画立案には，香港造幣局の図面を用意したT. W. キンドルの関与が考えられる。なお，大阪造幣寮の祖形となった香港造幣局の建築は，19世紀のイギリス植民都市の造幣局の建築の中で，特異な平面構成であった。

注

1）本章の舞台となる造幣寮は，慶応4年4月に会計官の下に設置された「貨幣司」を起源に持ち，次いで明治2年2月に「造幣局」，同年7月に「造幣寮」，そして明治10年1月に再び「造幣局」と改称されている。本章が扱う時期の局名は「貨幣司」であるが，ウォートルスをはじめとする外国人技術者の雇用は「造幣寮」時代まで続くため，また煩雑さを避けるためにもここではよく使われている「造幣寮」の呼称で統

一することにしたい。造幣寮の史的経緯については，『造幣局沿革誌』（大蔵省造幣局，1921 年），『造幣局六十年史』（大蔵省造幣局，1931 年），『造幣局百年史』（大蔵省造幣局，1976 年）等の基本文献を参照。

2）造幣寮鋳造場玄関部分と泉布観は昭和 31 年 6 月，国の重要文化財指定を受けて保存されている（大阪市教育委員会編『重要文化財泉布観修理工事報告書』大阪市教育委員会，1964 年）。

3）中村角之助「造幣寮について」（『建築と社会』第 15 集 8 号，1932 年），村松貞次郎「ウォートルスの経歴について」（前掲『重要文化財泉布観修理工事報告書』），村松貞次郎『お雇い外国人⑮　建築・土木』（鹿島出版会，1976 年），林野全孝「造幣局の沿革と建築遺構」（『建築史研究』第 29 号，1961 年），菊池重郎「造幣寮御入用勘定帳からみたウォートルスの地位—英人 T・J・ウォートルスの事績に関する研究・その 2 —」（『日本建築学会論文報告集』第 228 号，1975 年），菊池重郎「貨幣司のウォートルス約定書とウォートルスの職務—英人 T・J・ウォートルスの事績に関する研究・その 3 —」（『日本建築学会論文報告集』第 229 号，1975 年），菊池重郎「ウォートルス雇備・大阪着任の社会的背景—英人 T・J・ウォートルスの事績に関する研究・その 4 —」（『日本建築学会論文報告集』第 243 号，1976 年），木村寿夫『初期造幣寮の建築の研究』（東京大学博士論文，1984 年）。

4）宮本又次「明治維新と大阪の造幣局」（宮本又次編『上方の研究』第 2 巻，清文堂，1975 年），湯本豪一『近代造幣事始め』（駿河台出版社，1987 年）。

5）秀村選三「明治初年造幣寮における御雇外国人の解雇問題」（宮本又次編『大阪の研究　第二巻—近世大阪の経済史的研究—』清文堂，1968 年），田中智子「造幣寮におけるお雇い外国人の雇用問題」（朝尾直弘教授退官記念会編『日本国家の史的特質　近世・近代』思文閣，1995 年）。

6）藤野明「野に下った五代友厚—造幣寮と金銀分析所をめぐって—」（『大阪の歴史』第 18 号，1986 年），鎌谷親善『日本近代化学工業の成立』（朝倉書店，1989 年），R. Hanashiro, *Thomas William Kinder and the Japanese Imperial Mint*, Leiden: Brill, 1999.

7）『造幣局のあゆみ』（造幣局，2010 年）32-33 頁，190 頁。

8）ここでは，『明治大正大阪市史』第 7 巻（日本評論社，1933 年）16-38 頁所引による。なお，『皇国造幣寮濫觴之記』は，『明治大正大阪市史』所収本（底本は造幣局所蔵）の他に，『法規分類大全　第一編政体門』所収本，三井文庫が所蔵する大蔵省原本謄写本，早稲田大学大隈文書中に所蔵される『皇国大阪造幣濫觴之記』と題する異本が確認されている。いずれも記録寮中属の島村泰が造幣寮の久世治作の口述をもとに編纂したものという（前掲菊池「ウォートルス雇備・大阪着任の社会的背景」）。

9）前掲林野「造幣局の沿革と建築遺構」22-25 頁。

10）ケンブリッジ大学図書館所蔵ジャーディン・マセソン商会文書，JM 商会宛グラバー商会書簡，1868 年 2 月 14 日兵庫付。以下，次のように表記する。JM B10/2/3 Glover & Co. to JM & Co., Hiogo, 14 February 1868.

We have been requested by the treasury officials to give there an estimate of the cost of mint, which they are anxious to obtain without delay to make there to supply sufficient native coin. And having heard that there is a probability of the government of Hong Kong being willing to pack with the whole of their coining machinery at a about ask price. We shall feel obliged if you will kindly make enquires and furnish us at your earliest convenience with particular of cost put in first ship in Hong Kong.

11）ここでは，日本経営史研究所編『五代友厚伝記資料』第 2 巻（東洋経済新報社，1972 年）資料番号 12 所引による。

12）ここでは，前掲『五代友厚伝記資料』第 2 巻，資料番号 12 所引による。小松帯刀，寺島陶蔵，中井弘蔵，山口半蔵より後藤四位，五代才介，町田民部，西園寺雪江，陸奥陽之助宛。底本は三井文庫所蔵『造幣寮の経営』所収。『貨幣器』は『貨幣器械組立之按』の巻末に添付されたかたちで残る。なお，『造幣寮の経営』は沢田章が大正 4 年，井上候伝記編纂にあたり作成した稿本という（前掲『五代友厚関係文書』第 2 巻，4 頁）。

13）オリエンタルバンクは 19 世紀のアジア各地に支店を構え，経済的・政治的影響力を持った植民地銀行の一つ。日本における同行の活動については，立脇和夫『明治政府と英国東洋銀行』（中央公論社（中公新書），1992 年）が詳しい。

14）「兌銀舗約定書」明治 2 年 6 月 24 日，「日本政府トオリエンタルバンク社中トノ約定覚」明治 2 年 10 月 26 日，「欣氏約定書」明治 3 年 2 月 2 日。以上，前掲『造幣局百年史』30-39 頁所引。

15）なお，この点については木村寿夫による指摘がある。木村は上野の報告書に「香港英商チャルジーン・メンソン買入」とあることや，上野がキンドルと面会し，技術的指導を受けたことを勘案に入れつつ，「……これらの書簡はキンドルとグラバー，あるいはジャーディン社との関連を明確に示唆するものである」と評価する（前掲木村『初期造幣寮の建築の研究』18 頁）。だが，初期のキンドル雇用計画が廃止され，ウォー

第 5 章　大阪造幣寮　　189

トルス雇用に至った経緯については検討が及んでいない。

16）前掲三井文庫所蔵『造幣寮の経営』には「八月晦日五代才介ヨリ貨幣局判事ニ照会アリ。曰ク兼テ注文ノ貨幣器械昨日着船せり。……」とある。

17）プリチェット英文約定書には，'...the said John Pritchett shall for the space of one year dating from the first day of November eighteen hundred and sixty eight serve the said Imperial Government...' とある（前掲菊池「貨幣司のウォートルス約定書とウォートルスの職務」）。

18）*The Chronicle & Directory for China, Japan and the Philippines,* Hong Kong: Daily Press, 1868, p.130.
　　John Pritchett, Foreman of Coining Department, Residence, Vancher's House.
　　Christopher Boyd, Fitter and Turner, Mint Yard.

19）大阪商工会議所所蔵五代友厚関係文書，マイクロフィルムのリール番号 R3，リール中の枝番号 119（以下，五代友厚関係文書 R3-119 と略記），五代友厚宛小松帯刀書簡，明治元年 10 月 8 日付。「……外国人機械方貨幣機方ニ御雇召し度……（中略）……集成館江御雇相成居候ヲートルス……（中略）……當座之処同人御雇相成候而者如何」とある。なお，この資料を最初に紹介したのは，菊池重郎「英人 T・J・ウォートルスの事績に関する研究―第一報　幕末期薩摩藩におけるウォートルス―」（『日本建築学会大会学術講演梗概集（北陸）』1974 年）。

20）伝ウォートルス英文約定書には，'...The said Thomas J. Waters shall and will diligently serve the Japanese Government for the space of [　] dating from the 1st November 1868...' とある（前掲菊池「貨幣司のウォートルス約定書とウォートルスの職務」）。木村はこの約定にある雇用年月日を否定し，実際の雇用は約定が締結された「明治 2 年 2 月下旬以降の雇用」としている（前掲木村『初期造幣寮の建築の研究』47-48 頁）。だが，後述するグラバーの書簡より 1868 年 12 月 17 日（明治元年 11 月 4 日）以前には日本政府がウォートルスを雇用している。後述する，明治元年 9 月 20 日（1868 年 11 月 4 日）付浅香の書簡には外国人技術者についてグラバーに問い合わせるとしており，実際の活動開始日は前後することを考慮しつつも，正式な雇用開始日は約定にある 1868 年 11 月 1 日（明治元年 9 月 23 日）としておきたい。

21）前掲菊池「造幣寮御入用勘定帳からみたウォートルスの地位」，同「貨幣司のウォートルス約定書とウォートルスの職務」。一方の木村はウォートルスがキンドルに代わってチーフエンジニアとして着任したとする菊池の見解を否定し，ウォートルスは建築担当であり，キンドルは貨幣鋳造担当とその職能と地位は区別されるべきとしている（前掲木村『初期造幣寮の建築の研究』50 頁）。だが，後述するグラバーの書簡ではウォートルスが造幣寮に雇用された故にキンドルに地位が提供されなかったとしている。ハナシロの指摘にもあるように，キンドル自身も貨幣鋳造の専門家ではなかった。よって筆者はウォートルスがキンドルに代わって造幣寮に着任したという菊池の見解に賛同したい。

22）「日本政府トオリエンタルバンク社中トノ約定覚」（前掲『造幣局百年史』31-33 頁所引）には，「外国士官等ノ給料ハ月々オリエンタルバンクニ渡スヘシバンクヨリ右人目録ヲ日本政府ニ差出スヘシ」とある。

23）石井寛治『近代日本とイギリス資本』（東京大学出版会，1984 年）249 頁，杉山伸也「グラバー商会」（『九州と外交・貿易・キリシタン（Ⅱ）九州近世史研究叢書』第 6 巻，国書刊行会，1985 年）467-469 頁。

24）JM B10/2/3 Glover & Co. to JM & Co., Hiogo, 14 February 1868; JM B7/15/9133 W. Keswick to T. B. Glover, Hong Kong, 19 April 1868; B10/4/543 T. B. Glover to W. Keswick, Nagasaki, 11 July 1868.

25）Hanashiro, op. cit., pp.37-39.

26）'I have written about Captain Kinder and will use my influence personally...' という（JM B10/4/544 T. B. Glover to W. Keswick, Nagasaki, 25 July 1868）。グラバーは造幣機械といっしょにキンドルが香港からくると思っていたらしい（JM B10/4/548 T. B. Glover to W. Keswick, Nagasaki, 1 August 1868）。

27）'There are two steady principal engineers still looking after the plant, and I purpose sending them in charge it...' という（JM B7/15/9249 W. Keswick to T. B. Glover, Hong Kong, 21 August 1868）。

28）JM B7/15/9079 W. Keswick to T. B. Glover, Hong Kong, 30 September 1868.

29）JM B10/2/18 K. R. Mackenzie for Glover & Co. to JM & Co., Hiogo, 3 October 1868.
　　We have to thank you for your favor of 30th Sept. handing us specification of the Mint plant and machinery ex. 'United Service' and shipping charge [　] thereon. We are gratified to be able to advise you that the whole of the machinery will be landed from the ship in a day or two and up to present time we are glad to say there has been no accident or lost...We have made the two engineers who come up with the machinery on offer of $ 250 [　] each for 6 months with a present of two months salary each and a free passage home at the end of engagement with dwelling house free of charge in the mean time. But these terms have been refused. We doubt not some arrangement will shortly become to with them.

また，1868 年 11 月 15 日（明治元年 10 月 2 日）に W. ストックス（William Stocks）が JM 商会へ宛てた書簡でも，ほとんどの造幣機械の荷揚げが無事完了したことを報告し，2 人の技術者の雇用についても，'...have no doubt by this twin that they are engaged by the Japanese..' と，楽観的見解を述べている（JM B10/2/22 W. Stocks to JM & Co., Kobe, 5 November 1868）。

30）前掲プリチェットの英文約定書には，'...being at the rate of two hundred fifty dollars ($250) per month, the said Thomas Waters finding house, loading medical attendance and medicine such as can be obtained here and also provide a free passage to England with five hundred dollars ($500) by the way of salary during the voyage.' とある。

31）JM B10/2/21 T. B. Glover to W. Keswick, Cobe, 1 November 1868.
I am sorry to say that I have been unable to obtain satisfactory answer about Captain Kinder. The Japanese do not yet realize the difficulty of working the Mint without such a helps. I am promised an answer so soon as anything is arranged and I can only promise you and captain to do all I can to bring them to a satisfactory engagement.

32）JM B10/6/16 T. B. Glover to W. Keswick, Osaka, 17 December 1868.
I am very sorry to have to communicate to you unfavorable answer from the Japanese officials regarding Captain Kinder. Being anxious to proceed with the erection of the machinery at once they have engaged an engineer on the spot and have requested me to inform Captain kinder that they regret being unable to offer him the post. Will you kindly convey this name to the captain as soon as possible. The engineer selected is a Mr. Waters who is great competent to all the work for at least the first year and a half, having already erected many large works in [ ] & [ ].
なお，この件は翌年 3 月 23 日にケズィックから当時ロンドンにいたキンドルへ転送されている（JM B7/15/9413 W. Keswick to T. W. Kinder, Hong Kong, 23 March 1869）。

33）このように，ウォートルスがキンドルに代わって洋式造幣工場の建設に従事したことは分かるが，仮にウォートルスが雇用されずにキンドルが穏当に就任していたとすれば，建設工事の指導もキンドルに託されたのであろうか。ハナシロによれば，キンドルは元来冶金学等，造幣事業の専門家でなく，本国では鉄道事業等に従事し，イギリス土木学会に所属した総合的な技術者であったという（Hanashiro, op. cit., pp.52-53）。木村寿夫はウォートルスが大阪造幣寮の建設にあたり，香港造幣局の図面を写して設計せざるをえなかったとしている（前掲木村『初期造幣寮の建築の研究』129-131 頁）。キンドルが建築工事に精通した技術者でかつ，香港造幣局をそのまま大阪に再現するのであれば，ウォートルスよりもキンドルが適任ということになる。さらに，明治 4 年 4 月に竣工した造幣寮精製分析所はキンドルの設計といい（前掲林野「造幣局の沿革と建築遺構」30 頁），明治 7 年 7 月に竣工した大阪府庁舎は最初キンドルに設計依頼があったという（前掲木村『初期造幣寮の建築の研究』221 頁）。キンドルの建築関連技術者としての側面は今後検討する必要があろう。

34）日本政府側の社会史的背景については菊池重郎が検討を加えている（前掲菊池「ウォートルス雇傭・大阪着任の社会的背景」）。すなわち，機械到着から外国人技術者の雇用までの空白期間におこった対外的通貨問題がウォートルスの雇用に至らしめたという。この見解に従えば，最初キンドルの雇用を計画しながらも，自力で通貨問題の克服を望む日本政府は計画を中断し，その後の対外的要求や旧薩摩藩士をはじめとした一部の政府役人の尽力から再び洋式造幣工場の建設に回帰することになったと推測できよう。

35）造幣機械が到着した後の明治元年 9 月 20 日（1868 年 11 月 4 日）付，浅香綱次郎より長岡右京，久世治作宛書簡には外国人技術者の雇用について「……此辺ノ儀者ガラバ江掛合之上……」とある（前掲菊池「造幣寮御入用勘定帳からみたウォートルスの地位」135 頁所引）。

36）ここで問題として生じるのが，何故再度キンドル雇用が計画されず，ウォートルスが代用されたのかという点であろう。工事を急ぐため，香港より技術者を招聘せずに国内の技術者で間に合わせたのかもしれない。史料を欠くため今後の課題とせざるをえないものの，洋式造幣工場設置推進者が小松や五代など，ウォートルス，グラバーのことをよく知る旧薩摩藩士であったことと無縁ではなかろう。

37）菊池重郎「鉄の柱とウォートルス（上）〜（下）」『明治村通信』第 27 号〜第 32 号，1972 年〜 1973 年。

38）前掲木村『初期造幣寮の建築の研究』82 頁。木村は三井文庫所蔵『造幣事業開始史料雑綴』所収の資料を典拠に着工，完成時期を特定している。

39）『皇国造幣寮濫觴之記』の該当部分を引用しておく。「己巳十二月初旬香港よりの報知に曰く，去る戊辰十二月，ウヲトルス氏より英国に注文したる鐵柱四十八本香港の南二十里許某島の海中に於て破船の為めに沈没せりと。因て示談の上香港に在る舊造幣寮の鐵柱を購ぜん事を謀る。乃ち十二月下旬ウヲトルス氏香港に発す。其事果して，翌年正月同氏帰国せり。而して三月上旬香港より購入したる鐵柱大阪に到着して，之を建築に用ひたり。……」

40）木村は香港造幣局鋳鉄柱の調達についてイギリス資本の関与があったと推測している（前掲木村『初期

造幣寮の建築の研究』81-82 頁）。他方，鉄柱事件を受けて再度イギリスより送られてきた鋳鉄柱の運搬については，グラバー商会の関与があった様子で，明治 3 年 3 月 23 日（1870 年 4 月 23 日）に造幣寮より神戸運上所へ出された書簡には「尚尚本文器械銕柱ノ柱ハガラバニテ運送取計候得共……」とあるという（造幣局所蔵『造幣寮沿革志附属・器械』。ここでは，前掲湯本『近代造幣事始め』119-120 頁所引による）。

41) JM B10/6/23 T. Waters to Glover & Co., Osaka, 26 April 1869.

I find on reference to the specification of mint machinery now at Kawasaki, that there are 30000 fire bricks short & which I am informed still at Hong Kong. I request therefore that you will kindly have them sent up here at your earliest convenience as we shall require them in the requisition of the Boiler & furnaces.

42) JM B10/6/24 Glover & Co. to JM & Co., Osaca, 29 April 1869.

We beg to enclose a communication from the Engineer engaged in the erection of the Imperial Mint built at this port, informing us that the government require 30000 fire bricks purchased with the original 'Mint Plant' thorough your good choice which more included in the specification, but have never sent here. As there are somewhat [　　] required, you will kindly forward there at your earliest convenience.

Should there be no direct opportunity for shipment by sailing [　　], we have it to your good judgement to send them via Yokohama or Nagasaki, in the least expensive manner.

43) JM C13/21 p.339 JM & Co. to Glover & Co., Hong Kong, 17 June 1869.

44) JM B10/6/25 T. Waters to Glover & Co., Osaca, 20 May 1869.

I find there four pairs of scales [　　] relaying the mint purchased by you from the Hong Kong government. Kindly make ingenious through your agents there them sent up here. I believe they have been sent to England for repair.

45) JM B10/6/28 R. Holme to JM & Co., Osaca, 31 May 1869.

We beg to enclose under this [　　] copy of a letter which we have received from Mr. Waters, the engineer engaged in superior tending the erection of the Mint purchased through your kind agency. Mr. Waters, you will observe, has not received four pairs of scales which relay to the plant, and we will feel much obliged by your [　　] the [　　] [　　] [　　] and having them forwarded [　　] by the earliest opportunity, as the government are anxious to delay the working of the Mint as little as possible.

46) 煉瓦は泉州の瓦師に焼かせ，堺に炉を築いた。石材は播州産の青石を使用した（前掲林野「造幣局の沿革と建築遺構」26 頁）。

47) JM B10/6/35 T. Waters to JM & Co., Osaka, 1 May 1870.

I beg to acknowledge the receipt of your letter of 22nd March & to state that I have written to your agent in Yokohama, Mr. H. Smith the sum of $ 1096.50 being the amount mentioned in your letter.

Thank you for your kindness in this little matter.

また，この件への回答と思われる書簡がウォートルスへ転送されるように，香港の JM 商会から横浜の H. スミスへ依頼されている。JM C13/ 22 pp.102-104 JM & Co. to H. Smith, Hong Kong, 26 March 1870.

48) 山田幸一・木村寿夫「薩摩におけるウォートルス」（『技苑』第 44 号，1985 年）は，薩摩におけるグラバーとウォートルスの関係について「……極端に解釈すれば，社員のような存在であった……」としている。また，このウォートルスの書簡の当時，造幣寮の事業はオリエンタルバンクの下にあったことも考慮する必要があろう。

49) 実際，先学を一瞥する限り，銀座煉瓦街など，この後のウォートルスの仕事においてグラバーの存在は確認されない。

50) 桐敷真次郎『明治前期建築における洋風技法の研究』（東京大学博士論文，1961 年）112 頁，266-268 頁。同『明治の建築』（日本経済新聞社，1966 年，復刻版：本の友社，2001 年）62-63 頁。桐敷はロンドンの造幣局（1880 年），カルカッタの造幣局（1829 年）が大阪造幣寮と同じ古典主義の外観意匠を有し，香港の造幣局（1866 年）はピクチャレスクの外観意匠を有した建築であったことを指摘した。資料不足のためか，外観意匠のみに留まっているものの，国際的視点から大阪造幣寮の建築について考察した嚆矢と評価される。

51) 前掲中村「造幣寮について」や『明治大正建築寫眞聚覧』（建築學會，1936 年）に掲載された著名な古写真は屋根形状が改造され，正面手前に各局金庫が下屋として増築された後の昭和初期の状態を示す。

52) 前掲木村『初期造幣寮の建築の研究』107-109 頁。

53) 造幣局所蔵。本局（庁舎）や異人館等を描いたバラ図面。以下各図面の内容や評価は，前掲木村『初期造幣寮の建築の研究』や，吉田高子「造幣局に関する新出図面について」（『日本建築学会大会学術講演梗概集（近畿）』F-2，2005 年）に詳しい。

54）造幣局造幣博物館所蔵。以下で取り扱う。

55）三井文庫所蔵の「造幣寮之絵図」と題された図面集で，大正初年頃に造幣局所蔵図面を複写したもの。本局（庁舎）や鋳造場の正面図や断面図が含まれるという。

56）三井文庫所蔵の図面で，大蔵省所蔵の銅貨幣鋳造場の図面を大正5年に複写したものという。

57）『建築と社会』誌上，前掲中村「造幣寮について」に掲載された16枚の図面。泉布観や本局（庁舎），鋳造場の正面図が掲載されている。

58）昭和初年に中村角之助によって調査された古図面をトレースしたものという（前掲吉田「造幣局に関する新出図面について」）。本局（庁舎）や鋳造場の正面図が含まれる。

59）「出来方絵図」は，前掲木村『初期造幣寮の建築の研究』の他，鈴木博之・初田亨編『図面でみる都市建築の明治』（柏書房，1990年）2-3頁に機械配置図や立面図等が，『民都大阪の建築力』（大阪歴史博物館，2011年）14-15頁に立面図等のカラー写真が掲載されている。本書では許諾の関係上，後述の『エンジニアリング』の図版のみを掲載する。

60）「出来形絵図」の内容検討は，前掲木村『初期造幣寮の建築の研究』が詳しい。細かい事項については木村の論文を参照し，ここでは重要な事柄のみ言及しておく。

61）'The Japanese Imperial Mint Osaka' *Engineering : An Illustrated Weekly Journal*, Vol.11, 14 April 1871.

62）機械配置平面図には寸法が記されていないが，外壁及び水路平面図に朱線で寸法が記されている。

63）各室の名称は日本語を前掲『造幣局百年史』，英訳を『エンジニアリング』掲載の図版によった。

64）なお，本体部分背面に突出した諸室の間口幅は外壁の内法で設計されるが，奥行寸法は本体部分の内法より突出部分の反対側外壁の内側に寸法線を入れる。このため，奥行寸法は本体部分と突出部分境の壁厚1尺7寸を含んでいる。このことからまず本体部分の大きさがあって，それに付加するように諸室の大きさが決められていったと考えられる。

65）以下細部の矩計寸法は「出来形絵図」所収の矩計図，大廊下間仕切壁立面図による。

66）慶応3（1867）年に完成操業した薩摩藩の鹿児島紡績所は石造の外壁に嵌め殺しの窓を並べ，桟瓦葺寄棟造の大屋根を載せた建物であった。内部は機械の発熱により高温に達し，労働者は皆素っ裸で働いたという（本書第3章参照）。蒸気機関だけでなく，金銀の溶解炉まで設置されていた大阪造幣寮鋳造場はより過酷な環境であったと考えられる。

67）『貨幣器』には以下のようにある（前掲『五代友厚伝記資料』第2巻，資料番号12所引）。「一　鎮台及ケピテインキンドルの説ニ貨幣を製するニ局中可行の法不少，第一其局之長官たる人能ク舎密之術に達し，金銀鉱ニ含む所之混合物多少を利解して貨幣に可製位級之金銀を製し，……（以下略）」

68）『貨幣器』の該当箇所を引用する。「一　製造所造作及機械等据付方は何れの機関者ニても成得べし。然して後製造ニ至て局中長官と成て右之事務を司るべき人恐クハ日本ニ於ひてハ得難るべし。我英国に於ても貨幣器ハ政府の物にして其局少きが故に人此局ニ志して学帰者稀にして能前件を理解せしもの稀也。此ケピテインキンドルハ此迄香港貨幣製作所総裁たりし人ニて，前件之事務を能弁へり。今此人を日本へ賃貨幣製造之事を任ぜしめバ充分なるべし。同人答え日本へ賃わるべきに至らバ給料壱ヶ年二千五百ポンドを給ん要す。」

69）山田幸一・木村寿夫「造幣寮金銀貨幣鋳造場の当初計画」（『日本建築学会計画系論文集』第317号，1982年）133頁。念のため以下にキンドルの祝辞を引用する。

The original plan of Hong Kong Mint have been strictly worked to and the entire building is more than creditable to Mr. Waters who desires the highest praise for the admirable manners in which all the details have been carried out some trifling change are necessary but my suggestions will receive very attention at his hands.

70）三井文庫所蔵「造幣寮経営史料雑綴」に附属する絵図で，木村寿夫は「三井文庫の付図」と読んでいる（前掲山田・木村「造幣寮金銀貨幣鋳造場の当初計画」）。ただし，大正初年に造幣局所蔵の造幣寮図面を複写した前掲「三井の図面」とは別のものである。

71）後述するが，貨幣を製造する本体部分の正面に二階建の庁舎があったことや本体部分背面諸室の構成などを挙げることができる。

72）前掲『造幣局百年史』16頁。なお，この図版の出典は明記されていない。図面ではなく，エッチング画のようにも見える。後述する英国ナショナルアーカイブ所蔵の正面図とは表現手法が異なる。

73）E. J. Eitel, *Europe in China: History of Hong Kong from the Beginning to the Year 1882,* London: Luzac & Co, 1895, pp.374-376 & 441-442.

74）G. B. Endacott, *A History of Hong Kong,* Hong Kong: Oxford University Press, 1973, pp.117-118 & 147.

75）N. Cameron, *An Illustrated History of Hong Kong*, Hong Kong: Oxford University Press, 1991, pp.121-122.

第 5 章 大阪造幣寮 *193*

76）G. B. Endacott, 'Hong Kong Mint and the Colony's Currency Problem, (parts 1 and 2)', *Far Eastern Economic Review*, Vol.20, Nos.24 & 25, 14 & 21, June 1956. 以下香港造幣局設立の社会史的背景は，エンダコット他の著作によるところが大きい。

77）P. K. MacKeown, 'The Hong Kong Mint, 1864-1868: The History of an Early Engineering Experiment', *Journal of the Royal Asiatic Society Hong Kong Branch*, Vol.47, 2007.

78）Ibid., pp.44-45.

79）銅羅湾（Causeway Bay）の近辺。現在地割や道路形状に当時の埋立地の輪郭線を留めている。筆者自身は平成 18 年 11 月に現地を踏査したものの，再開発による高層ビルが林立し，東角道（East Point Road），糖街（Sugar Street）などの道路名に往時を偲ぶ程度であった。

80）英国ナショナルアーカイブ所蔵植民地省文書，1866 年 1 月 11 日付，1866 年第 26 号報告および見積書。請求番号 CO 129/111。以下，英国ナショナルアーカイブ所蔵資料を引用するときは請求番号と資料名を次のように表記する。CO 129/ 111 Supplementary Report and Estimate No.26 of 1866, 11 January 1866.

81）香港歴史當案館所蔵の雇用約定書。以下資料名を列記する。
HKRS 149/ 2/ 402 Agreement between John Pritchett and the Crown Agents for the Colonies, London, 29 April 1865.
HKRS 149 / 2/ 403 Agreement between Christopher Boyd and the Crown Agents for the Colonies, London, 26 May 1865.
HKRS 149/ 2/ 416 Agreement between Henry Sheard and the Crown Agents for the Colonies, London, 6 July 1865.

82）G. B. Endacott, *A History of Hong Kong*, p.147.

83）M. Keswick ed., *The Thistle and the Jade: a Celebration of 175 years of Jardine, Matheson & Co.*, London: Frances Lincoln, 2008, p. 220.
In the last quarters of the nineteenth century East point became the host to some of Hong Kong's earliest industries. The early government mint, which was closed in 1868, gave place to a sugar refinery, which added tall chimney to the skyline. The first Western-Style manufactory in the Colony, it was built by a syndicate of Wah-Lee, Tong King-sing and Macgregor Smith of Smith Bell & Co, Manila. The land was leased from Jardines, which advanced funds for the building and machinery. The agreement included a clause that nothing should be done on the premise to create on offensive smell.
さらにエイテルは，JM 商会が植民地政府より旧香港造幣局の土地と建物を 6 万 5,000 ドルで購入したとしている（E. J. Eitel, op. cit., p.442）。

84）英国ナショナルアーカイブの請求番号，資料名は次の通り。
MR 1/ 895/ 2 Mint of Hong-Kong, Ground Plan.
MR 1/ 895/ 3 Mint of Hong-Kong, Elevation of House, Front Wall, and Entrance Gates.
なお，この図面はすでに藤野明「野に下った五代友厚―造幣寮と金銀分析所をめぐって―」（『大阪の歴史』第 18 号，1986 年）が紹介した。藤野は香港中文大学より提供を受けた図面として立面図を紹介するも，立面意匠がピクチャレスク風であることを指摘するに留まり，建築史的考察は少ない。

85）香港歴史當案館の請求番号，資料名は次の通り。
MM 0284 /01 Mint of Hong-Kong, Ground Plan.
MM 0284 /02 Mint of Hong-Kong, Elevation of House, Front Wall, and Entrance Gates.

86）CO 129 /101 Report and Estimate No.2 of 1865, 30 December 1864.

87）英国ナショナルアーカイブの電子目録（http://www.nationalarchives.gov.uk/）には，'MR1/895 3 items extracted from CO 129/101.' とある。

88）CO 129/ 127 C. G. Cleverly to the Acting Colonial Secretary, Hong Kong, 29 January 1864.
I have the honor to acknowledge receipt of your letter No. 75 of the 26th Instant, enclosing copies of letters from Mr. Kinder Master of the Hong Kong Mint to Sir H. Robinson, enclosing 2 plans marked No. 1 and 2, directing me to report upon the same and submit my views as to the site of the proposed Mint as early as possible... The plan furnished occupies a space of 330 feet principal frontage by depth of 270 feet, and this Mr. Kinder suggests should be enlarged so as to enclose a larger area in front for greater security.

89）原文は以下の通り。
Mr. Kinder is probably not aware of the peculiarities and exceeding steepness of Hong Kong...it is therefore to be regretted that local circumstances were not considered into before such definite arrangements were completed for the Mint Plans...

90）CO 129 /101 Report and Estimate No.2 of 1865, 30 December 1864.

The Report and Estimate is in support of the Buildings for the new Mint, the drawings for which have been prepared and sent out by Captain Kinder from England.

91) キンドルは 1867 年 10 月に日本を訪問，香港造幣局の図面と仕様書をもたらしたという（R. Hanashiro, op. cit., p.28 & pp.52-53）。

92) 「明治二年三月九日創立造幣寮諸御普請箇所創始成功月日坪数経費概略」には明治 3 年 11 月着工，明治 4 年 4 月竣工，「キンドル設計す」とある（前掲林野「造幣局の沿革と建築遺構」30 頁所引）。

93) 造幣局 125 年史編集委員会編『造幣 125 年のあゆみ』（造幣局泉友会，1996 年）27 頁。なお，前掲「明治二年三月九日創立造幣寮諸御普請箇所創始成功月日坪数経費概略」には明治 3 年 3 月着工，明治 4 年 2 月竣工とある。

94) CO 129/ 111 Supplementary Report and Estimate No. 26 of 1866, 11 January 1866. なお，この報告書に添付された図面によるとこの附属屋はベネチアンゴシック風の意匠を有した煉瓦造二階建の建物である。

95) CO 129/ 111 Supplementary Report and Estimate No. 27 of 1866, 31 January 1866.
It having been intimated that Barracks for a Military Guard at the Mint will not now be required this Report and Estimate is prepared in place of Supplementary Report and Estimate No. 26 of 1866 dated 11th January and now cancelled.

96) *History thorough the Maps: an Exhibition of Old Maps of China,* Hong Kong Museum of History, 1999, pp.88-89. 技術将校 O. チャドウィック（Osbert Chadwick）によって 1882 年に描かれたものという（同文献解題による）。なお，1866 年第 27 号の見積書（CO 129/ 111 Supplementary Report and Estimate No.27 of 1866, 31 January 1866）にも，香港造幣局の配置図が添付される。周辺建物や塀の計画案を示したものだが，配置図中央に描かれた工場及び庁舎部分の輪郭線はロンドンに残る平面図と同じである。

97) このように敷地の実地検分がなされないまま，図面が作成され，さらにそのまま実行に移されるという建設経緯からは先学の歴史研究が明らかにしたように植民地政府の新式造幣工場に対する要求が火急であったことを理解できよう。

98) 香港造幣局の各部屋名は英語を図面より引用し，日本語は大阪造幣寮の事例を参照しながら，筆者が和訳した。

99) 平面図や正面図に描かれていない庁舎各部の仕様は，前掲 1866 年第 26 号見積書 (CO 129/ 111 Supplementary Report and Estimate No.26 of 1866, 11 January 1866) の説明による。以下該当箇所を列記する。
On the first floor is a Dwelling Room with four smaller sitting and dining rooms seven bedrooms and dressing room and six bath room.
A verandah extends the whole length of the Frontage supported on Cast Iron Columns, the arches and balustrade being also of light ironwork.
In the center of the building on the second floor is shown a Campanile rising 100 feet above floor level ...the roof over this building will be tiled in the manner customary in China.

100) 工場本体の各部の仕様説明は以下の通り（CO 129/ 111 Supplementary Report and Estimate No.26 of 1866, 11 January 1866）。
...the whole of shops will be paved with granite...
The roof of the workshop is supported on Cast Iron Columns at top by strong Flitch Girders, the principals have a span of 12 feet and extend the whole length of shops at intervals of 4 feet they are covered with diagonal Boarding in which are fixed the battens to receive tiles. The roof is therefore in 7 dimensions one side of each of which is fitted with sashes running the whole length of the building every other one being made to open, the only light to the shops is admitted through the roof.

101) ボイラー室や焼純炉室は大型の炉が設置され，煙突に接続する。このため，高熱を発しやすいし，爆発や火災などの要因ともなりうる。これらの理由や，炉本体の更新を考慮して，工場本体から突出して設けられることになったのであろう。

102) 先述したが，香港造幣局で附属の兵舎等が幾度か設計変更を受けた。一方の大阪では『組立之按』に警備隊詰所の必要性が指摘されていた。これらの点にも警備を重視する同一のコンセプトを読み取ることができる。

103) C. E. Charles ed., *A New History of the Royal Mint*, Cambridge University Press, 1992, pp.457-458.

104) *The Royal Mint: An Outline of History*, London: HMSO, 1977, p.12.

105) R. Griffin ed., *The Mint Project*, Sydney: The Historic House Trust of New South Wales, 2009, pp.16-17.

106) 英国ナショナルアーカイブ所蔵造幣局文書，以下請求番号と資料名を列記する。

MINT 17/184 Plan of the Royal Mint Perth, July 1919.

MINT 17/191 Sketch Plan of the Proposed Branch of the Royal Mint at Ottawa, with explanatory memoranda and also observations on the plan, 1901.

107) J. Haxby, *Striking Impression: The Royal Canadian Mint and Canadian Coinage*, Ottawa: Royal Canadian Mint, 1983, p.64.

108) E. Sandes, *The Military Engineers in India*, 2 vols., Chatham: The Institution of Royal Engineers, 1933, Vol.2, pp.91-92.

109) *The Illustrated London News,* No.1411, 2 February 1867.

110) E. Sandes, op. cit., pp.93-94.

111) 'Obituary of Captain W. N. Forbes', *Minutes of Proceedings of the Institution of Civil Engineers*, Vol.20, 1861.

結論

　ここまで，グラバー商会（Glover & Co.）が建設や経営に関与した5つの洋式産業施設について，操業の経緯の把握，施設内容の復元，国際的な技術評価，そしてグラバー商会の産業施設建設への関与の意図の考察と，個別的なスタディを重ねてきた。洋式技術の移入元にはロンドン，マンチェスター，アバディーンのようなイギリスの都市もあれば，上海や香港などアジアの都市も含まれていた。また，外国人技術者にも T. J. ウォートルス（Thomas James Waters）のような複数のプロジェクトにかかわる人物もいれば，マッキンタイラーのような単独の工場のみにかかわる人物もいたし，ティーボーイのような中国人の職工も存在した。さらに，各施設の技術的な性格，そして，そこから推定できたグラバー商会にとっての役割も個々に異なっていた。このように，グラバー商会の関与した5つの洋式産業施設には広範囲かつ複雑な技術上の連関がうかがわれ，さらに，それぞれが異なる多様な技術的・社会的性格を帯びているようである。そこで，本書の総括となるここでは，19世紀国際社会における幕末明治初期の洋式産業施設の位置づけという当初の目的を念頭におきつつ，次の3点から各章の成果を横断的に整理・分析する。

　まず，各章において推定しえた産業施設の性格を順に振り返り，その推移とグラバー商会のビジネスの性格，そして日本人側の意識の変化との関連を考察する。次いで，各施設における設備や材料，外国人技術者の手配の経緯を整理し，イギリス人商人たちが関与した諸外国から日本への国際的な技術移転の構造を浮かび上がらせる。そして，イギリス人商人たちの商活動とリンクした，技術移転の国際的な拡がり，そこで実現した幕末明治初期の洋式産業施設の国際的な性格を，社会的，技術的背景を踏まえながら考察する。

第1節　グラバー商会が関与した洋式産業施設の性格とその推移

　グラバー商会が最初に手掛けた産業施設は，文久元（1861）年頃から慶応3（1867）年頃を中心に長崎居留地で営んだ茶再製場であった。ここでグラバー商会は度重なる設備拡充，新技術導入をおこなうものの，彼らの目論見に反し，生産の拡大と安定化は難しかった。この茶再製場は中国の伝統的な技術を輸入しつつも，中国の伝統的作業が家内工業的な技法・空間でなされていたのに対し，専用の建築に労働力や設備が集約されたもので，工場制生産を志向した施設と評価された。

茶再製場に見られた，積極的な技術導入により生産の拡充を図るというグラバー商会の産業施設に対する性格は，奄美大島の製糖工場で一気に拡大している。近世以来の特産品であった砂糖の高品質化，生産拡大を目論む薩摩藩は奄美大島に4つの製糖工場を建設し，いずれも慶応2年～3年（1866年～67年）に操業を開始した。グラバー商会はここで，製糖機械の輸入，外国人技術者の斡旋という技術輸入ばかりでなく，薩摩との合弁による東アジアへの砂糖輸出を目論んでいた。だが，完成した工場は，蒸気機関で駆動する製糖機械を配備した煉瓦造の工場ながら，煉瓦の品質・施工は雑なもので，また，厳密なレイアウトやバックヤードに不十分さがみられ，半ば近代的な，仕立て上げられた施設と評価された。加えて，この工場は奄美大島の伝統的な製糖技術とも断絶し，技術・社会の両面にわたって，非常に投機的・実験的な性格を持つものであった。

奄美の製糖工場とほぼ平行し，慶応3（1867）年に操業を開始した鹿児島紡績所では，グラバー商会は設備の運送や融資など，間接的な関与に留まっていた。鹿児島紡績所の形式は紡織一貫という紡績工場としては比較的新しい型であり，植民地に多い総平屋建の構造としながら，規模が非常に小さいという特徴を持つものであった。それは，東アジアへの紡績工場そのものの輸出をうかがう試みとして，グラバー商会よりもイギリス本国のプラット・ブラザーズ社（Platt Brothers & Co., 以下，プラット社）側の思惑によるものと推測された。

長崎の小菅修船場は慶応4（1868）年1月に操業を開始している。ここで，グラバー商会は五代友厚らとの合弁的な事業を当初望みつつも，自主経営を望む日本人側から排除される。最終的にグラバー商会がすべての経営権を入手したが，グラバー商会自身の経営難から施設はほどなく明治政府へ売却された。実現した小菅修船場の性能は，在来の土木工事により元々の地形を活かし，巧みに造成した敷地に，輸入品のレール，機械を配備するという混成的な技術により施工され，長崎港唯一の船体修繕工場として明治以降も存続した。

慶応4（1868）年初旬頃から企画がおこされ，明治4（1871）年2月に完成操業した大阪造幣寮鋳造場を巡る工事では，グラバー商会は香港のジャーディン・マセソン商会（Jardine, Matheson & Co., 以下，JM商会）の下で技術者や設備の手配に活躍した。この頃になると，洋風建築の造営も安定して進められるようになっていたが，ここでJM商会とグラバー商会は旧香港造幣局の技術者，設備，さらにはプランニングまで全てトータルに，ワンセットとして大阪へ輸出することを意図していた。ただし，グラバー商会，JM商会ともに技術の提供はしても施設の運営には参加せず，大阪造幣寮の事業はコミッションビジネスの対象とみなされていた。

以上のような各産業施設に対するグラバー商会の参加の意図の変遷をまとめてみると次のようになる。すなわち，単純な輸出業から順次飛躍，自らの経営する施設を拡大し，工場制生産を志向した大規模化を図った。そして，先進的な薩摩藩と結託し，洋式技術を半ば無理矢理に投入し，東アジアに拡がる市場展開をも目論むも，大きく失敗する。結果，確実かつ安定した利益が期待できる事業参加へと移行し，また，事業運営そのものからは離れ，手数料収入を目的とした技術移入を手掛けるようになった。事業としての各産業施設を評価するとき，初期の

茶再製場と奄美大島の製糖工場は失敗だった。それは各章で既述の通り，経営的・技術的な側面からすると，生産高や運送体系，新技術を受け入れる基盤など，現地の実情を理解しないまま，洋式技術を無理に投入したことが理由にあった。一方，確実な市場が見込まれ，混成的な技術で実現した小菅修船場が施設としては長く存続しえたことはその好対照といえよう。

そして，このような本書で推定しえたグラバー商会の産業施設に対する性格の変遷は，先学がまとめたグラバー商会のビジネスそのものの推移とも符合している。すなわち，文久元（1861）年から 3（1863）年頃，設立期のグラバー商会は，東アジアの開港場で活動する貿易商会の一つとして茶の輸出業を中心とした貿易活動に従事していた。元治元（1864）年から慶応 3（1867）年の発展期になると日本国内の情勢の急変に呼応し，艦船，武器の取引，薩摩藩との貿易取引など，投機的なビジネスを手掛けるようになった。だが，慶応 4（1868）年以降，グラバー商会は投機ビジネスに対する多大な負債を抱えたまま，長崎貿易の不振に直面，対政府取引や小菅修船場，高島炭坑の経営のような貿易商人から企業家への転身を図るものの，明治 3 年 7 月 26 日（1870 年 8 月 22 日）に破産を迎えている[1]。本書が扱った施設について確認すると，茶再製場はここでいう設立期から発展期に，奄美大島の製糖工場と鹿児島紡績所は発展期に，そして，大阪造幣寮と小菅修船場は企業家への転身期にそれぞれ位置づけられ，グラバー商会のビジネスの推移と軌を一にするといえよう。

では，各産業施設の性格が推移した要因はグラバー商会のビジネス上の性格の中のみに求められるのであろうか。筆者は技術を受け入れる日本人側の事情や意識の変化も影響を及ぼしたと考えている。

グラバー商会自身の経営にあった茶再製場を除いて，4 つの産業施設はすべて，日本人の経営によるか，日本人が経営参加したものであり，それぞれ，日本人側の設置の意図を確かめることができた。すなわち，薩摩藩の財政回復のため，特産品であった奄美大島の砂糖の高品質化と生産拡大，また藩内の多数の船舶に供する帆布の自給という目的があった。小菅修船場もまた，内外の船舶が集まる長崎に船体修繕工場を整えることによる利潤が目論まれていた。造幣寮では内外市場で受け入れられる安定した金銀貨の供給という明治政府の事情があった。このような経済的・対外的事情に加えて，洋式産業施設の建設を推進し，技術を受け入れた日本人側の気質も変化していった。奄美大島の製糖工場では，高品位の砂糖販売の利益拡大はグラバー商会の東アジア市場への展開と一致し，藩役人が奄美へ下島し，外国人技術者とともに建設に従事，工場の完成を祝いシャンパンを飲み交わすグラバー商会の商館員と薩摩藩士の姿があった。だが同時に，あまりにも急進的なグラバー商会の接近に対する警戒からか，また，グラバー商会からの融資の累積額も影響するのだろう，平行して進んでいた鹿児島紡績所の事業では薩摩藩はエド兄弟社（Ede Brothers）を通じてプラット社に接触したといい，グラバー商会の関与は小さかった。すでに見たように，薩摩藩士たちは，グラバー商会の支援を受けてヨーロッパへ渡りながら，コント・デ・モンブラン（Cont de Montblanc）というフランス人商人とも接触し，契約を取り交わすまでしている[2]。小菅修船場に至っては，薩摩藩士のグラバー商会に

対する拒絶感が明らかとなる。だが，かといって洋式の修船設備・技術者の輸入にはグラバー商会の手を借りることとなり，施設の経営権をめぐっての両者の攻防を知ることができた[3]。大阪造幣寮ではグラバー商会は経営参加していなかったが，外国人技術者の雇用をめぐって，日本人の力のみで工場を運転しようとする姿を確かめえた。外資との結託により投機ビジネスに参加し，結果的にその失敗と債務上の理由から徐々に外資依存体制を改めようとする。そして外国人に依存しない，日本人のみの施設運営を試みようとする，このような日本人側の気質の変化を読み取ることができる。

　このように，グラバー商会が関与した5つの洋式産業施設は，幕末明治初期の日本というフロンティアで技術の移入，事業の経営参加を通じ，利潤の獲得を目指すイギリス商人グラバーと，藩財政や内外の圧力対応のために洋式技術を導入しつつも，外国人商人の関与に徐々に距離感を見せていった日本人，この両者の駆け引き，せめぎ合いの中で作り出されていったと考察される。そして，各産業施設に窺うことができたグラバー商会にとっての役割が個々に異なるのは，グラバー商会と日本人の両者の関係や思惑の変化を反映するからと考察されるのである。

　この，グラバー商会と日本人との駆け引きという点について，高島炭坑を見ておこう。高島炭坑は慶応4年4月13日（1868年6月3日）に佐賀藩とグラバー商会との間で交わされた契約により，開発がすすめられた[4]。この契約によると，石炭の輸出はグラバー商会の担当，売り上げの利潤は折半，機械の設置費用は双方均等に負担，外国人技術者はグラバー商会が，日本人職員は佐賀藩が周旋するというものだった。そして，翌5月には外国人技術者を雇い，深さ150ftの立坑（北渓井坑）を掘り始め，明治2年4月17日（1869年5月28日）に厚さ8ftの炭層に着炭した[5]。竪坑櫓を建てて巻上げ機を据え，坑内の排水にはポンプを用い，掘り出した石炭をトロッコで近くの桟橋まで運んだ[6]。1870（明治3）年1月中旬では日産60トンから90トン，鉱山技師も500トンまで増産が見込めるという[7]。このように，高島炭坑は西洋の技術を投入した産業施設であり，日英の合弁契約による施設だったが，グラバー商会は上海，香港などの国外市場へ参入しやすく，石炭の販売にはコミッションもとっていたため，実際の経営権はグラバー商会が掌握していたとされる[8]。また，佐賀藩ではもともと自主経営を望み，機械の運転のみ外国人に任せればよいと考えていたらしい。かといって，当時の石炭の主な販売先は蒸気船であるので，販売先の確保には外国人商人を頼らざるを得ず，ジョセフ彦，K. R. マッケンジー（Kenneth Ross Mackenzie）と通じ，グラバー商会との契約に至ったという。さらに，佐賀藩はグラバー商会に対し，蒸気船購入に関する負債を抱えており，高島炭坑の利潤はその返済にあてられたとされる[9]。自主経営を望みながら，技術と運営，そして資金的な理由から経営権を掌握できなかった高島炭坑をめぐるグラバー商会と佐賀藩の関係は，小菅修船場をめぐる薩摩藩とグラバー商会とのやり取りと近似する。繰り返すが，小菅修船場の操業開始は，高島炭坑の契約が結ばれた約8ヶ月後，明治元（1868）年12月である。

　もう一つ付言しておく。幕末明治初期のグラバー商会の洋式産業施設以降，明治日本では鉄道と鉱山を筆頭とする近代産業の建設がすすめられ，外国人は技術のみを指導し，経営には参

結論　　　　　　　　　　　　　　　　201

加させないという方針が貫かれることとなる[10]。薩摩藩や明治政府とグラバー商会が取り組んだ，一連の洋式産業施設建設における両者の思惑の変化は，その萌芽とも捉えられよう。

第2節　幕末明治初期の技術移転とイギリス商人

　前節では，グラバー商会が関与した5つの洋式産業施設は，単純な技術輸出を超えたグラバー商会の経営戦略と，洋式技術を受け入れる日本人側の事情，この両者のせめぎあいの上で実現していたと理解した。では，グラバー商会が直接的，間接的にもたらした洋式技術とはどのようなものだったのか。前節の歴史的な視点から変わって，技術と建築という視点から5つの洋式産業施設を見直してみたい。

　ここでは，洋式産業施設の建設のために移入された技術を，モノとヒトに分けて整理してみたい。モノには煉瓦や鉄柱のような建築材料のほか，図面やプランニング，設計コンセプト，さらに，製糖機械や紡績機械のような機械設備も含まれる。なぜなら，本書で明らかにしたように，機械類は内部の鉄柱等と一体のものであり，かつその仕様や台数，レイアウトは，工場の大きさや高さといった建築規模はもちろん，動線計画のような平面構成，平面の形状，平屋か高層階かなど，建物の形式をも左右していたからである。小菅修船場においても同様で，引揚げ装置の能力は鉄棹の数や船架の長さに直結し，それはレールの長さを左右する。結局，レールが据えられる斜路の幅や長さにまで関係することになる。もうひとつの移入技術であるヒトには，外国人技術者が該当する。以下，技術移転の前提となるグラバー商会と日本人との関係を把握した後，モノとヒトの側面から具体的な内容を整理する。

1．技術移転をめぐるグラバー商会と日本人間での構造

　技術の移入や洋式産業施設の設立をめぐる両者の思惑は不定だったとはいえ，技術の移入には技術を供給する側としてのグラバー商会，技術を受け入れる側としての日本人という関係があったことをまず強調しておきたい。洋式技術を構成するモノ，ヒトのいずれとも，日本人のみによって得られたものではなかった。確かに，外国人技術者の雇用の契約は直接日本人とおこなったにしても，そこに至るまでの斡旋にはグラバー商会やJM商会の介在が必要であった。それは，これまでの考察を勘案するならば，単なる自発的な手助けというよりも，ビジネス上の契約に近いものとみなすべきであろう。つまり，まず日本人とグラバー商会の契約的な関係が成立し，その上で必要な機材，技術者の手配が行われたと考察される。そして，以下に述べるように，機材・人材の手配は日本人とグラバー商会で適宜分掌されている。

2．洋式技術を構成するモノ―輸入品と現地調達品による混成的な造営―

　冒頭に確認したように，洋式産業施設の建設に必要なモノには建築材料，機械設備，そして

平面計画などが該当する。さらに，これは現地で調達可能な材料と海外からの輸入品に頼らざるを得ない材料の2種類に大別される。前者には石材や木材，赤煉瓦も含まれる。具体的にみると，長崎居留地の茶再製場では日本人大工が和小屋組の建築をつくっていた。その木材は大工たちが近辺から調達したのであろう。奄美大島の製糖工場では石材は鹿児島から持ち込み，赤煉瓦はその品質からみて現地で焼成したと考えられた。石造平屋建の旧集成館機械工場（慶応元（1865）年建築）や西田橋（弘化3（1846）年架設）などの石造文化を考えると，鹿児島紡績所の石材，そして屋根に葺いた桟瓦も鹿児島で調達したであろう。大阪造幣寮では石材は播州産の青石，赤煉瓦は泉州堺や広島で[11]，また大阪の鴫野や明石でも焼成したという[12]。小菅修船場では引揚げ機小屋の赤煉瓦は蒟蒻煉瓦と呼ばれる現地で焼成した赤煉瓦である[13]。これら材料の出自を考慮すると，品質のチェック等は外国人技術者が行ったとしても，実際の発注，運搬，工程管理など，煉瓦や石材の調達は日本人の役人，大工等が行ったと考えられる。

　一方，屋根に用いる亜鉛鉄板，鋳鉄製の柱，ガラス窓，耐火煉瓦，各種の機械，これらは輸入品に頼らざるを得ない。このようなとき，調達にあたったのはグラバー商会とJM商会である。具体的に本書で確かめえた例として，茶再製場の装置，製糖機械，造幣機械，修船場の設備を挙げることができる。機械設備とワンセットであったことが明確な鹿児島紡績所や造幣寮，修船場の基本設計図，プランニングも設備機械と同時にもたらされたであろう。もちろん，造幣寮の鉄柱のようにウォートルスらの外国人技術者が調達した場合もあるが，代価の支払い，運搬にはグラバー商会の手を借りることになろうし，造幣寮の耐火煉瓦と秤のように，外国人技術者がグラバー商会へ材料の調達を依頼することもあった。また彼ら技術者自身もグラバー商会と日本人との間の契約上に存在したことを勘案すれば，やはり，輸入品に頼るモノの調達は，グラバー商会を通じて行われたと大括りされる。

　重複するが確認のためまとめておくと，洋式産業施設を支えたモノには，現地で調達可能な材料と輸入品に頼る材料の2種類があった。そして，前者は日本人が主になって，後者はグラバー商会が調達に携わっていた。

　なお，薩摩藩士が直接プラット社へ契約した鹿児島紡績所では，グラバー商会は資金の融資，機材の運送には携わっているが，直接の発注はしていない。しかし，薩摩藩士はここで，エド兄弟社ないしはプラット社を通じ，紡績機械，鉄柱とシャフティング装置等一式を発注しているので，日本人と外国商人（この場合はメーカー）の技術移転契約，そして外国商人を通じた輸入装置の手配という本書が提示する枠組に相違することはない。ただし，薩摩藩士がエド兄弟社へ至るまでには，グラバー商会の支援は不可欠であったし，やはり技術の移入にグラバー商会の存在を軽視することはできない。

3．洋式技術を構成するヒト─外国人技術者の種類と分掌─

　幕末明治初期の洋式産業施設を手掛けた外国人技術者には，大きく2つの種類がある。一つは，総合技術者とも呼ぶべき存在で，建築・土木的な仕事に加えて，エンジン，ボイラーなど

結論　　　　　　　　　　　　　　　　　　　*203*

グラバー商会が関与した洋式産業施設の外国人技術者一覧

	総合技術者	専門技術者
茶再製場		ティーボーイ
奄美大島 製糖工場	T. J. ウォートルス*	マッキンタイラー
鹿児島紡績所	A. N. シリングフォード	E. ホーム* J. テットロー
小菅修船場	T. J. ウォートルス？	D. ブレーキー
大阪造幣寮	T. W. キンドル（実現せず） → T. J. ウォートルス* → T. W. キンドル*	J. プリチエット C. ボイド

*主任格と思われる人物

　の一般的な機械類も扱う技術者である。もう一つは，ある特定の分野専門の技術者で，製糖機械，紡績機械など，産業施設の種類に応じて雇用される技術者である。典型的な具体例として奄美大島の製糖工場の外国人技術者を見ると，総合技術者にはウォートルス，専門技術者にはマッキンタイラーが該当する。以下，各施設の状況を確認してみよう（外国人技術者一覧）。

　茶再製場の場合，専門技術者には上海から招聘された中国人の専門職，ティーボーイをあてることができる。他方，慶応 3（1867）年頃に T. J. ウォートルスが茶再製用の新式装置を設計しているが，時期・技術の両面において限定的なものであり，建築全般にわたる総合技術者のような存在は認められない。それは，茶再製場の建築が日本の在来的な伝統建築の構法をアレンジしたものであり，日本人大工のみで対応可能だったことによるのだろう。奄美大島製糖工場の総合技術者は T. J. ウォートルス，専門技術者はマッキンタイラーである。鹿児島紡績所では総合技術者に A. N. シリングフォード（A. N. Shillingford），専門技術者には E. ホーム（Edward Z. Holme）と，プラット社から紡績機械と一緒に来訪した J. テットロー（John Tetlow）をあてることができる。大阪造幣寮では少し複雑で，総合技術者にあたるのは当初 T. W. キンドルであり，建設時には T. J. ウォートルスがこれにあたった。ウォートルスが去った後にキンドルがここに就いた。専門技術者には J. プリチエット（John Pritchett），C. ボイド（Christopher Boyd）他，香港造幣局から移動してきた冶金，鋳造関連の技術者があてはめられる。小菅修船場では，T. J. ウォートルスが建設に関与していたならば，総合技術者にウォートルス，専門技術者にはホール・ラッセル社（Hall Russell）より派遣された造船技師，D. ブレーキー（David Blakie）をあてることができる。

　このように，移入された技術，あるいは受け入れる側の技術上の性格から，中国人が当てはまることもあるし，外国人技術者が充当されない場合もあるが，全体的な傾向として，産業施設を手掛けた外国人技術者は業務の分掌から総合技術者と専門技術者の 2 種類に分けてまとめられよう。そして，その人員配置は常に 1 対 1 ではなく，鹿児島紡績所や大阪造幣寮のように 1 対 2 や 1 対 3 のような場合もあったし，途中で技術者が交替するなど，それぞれの職能者の

中身は流動的であったと考えられる。

　また，ウォートルスのように，総合技術者が複数の施設建設に従事しえたのに対し，専門技術者は，その職能の性格ゆえ，ある特定の施設のみに従事したことも注記される。同時に，専門技術者ほど，輸入される設備機械類，すなわち洋式技術を構成するモノとワンセットで輸入される傾向が強かったことも特記しておきたい。

　さらに，このように外国人技術者に職能の分掌があり，かつ，一つの事業に対して複数の技術者が雇用された場合，彼らをまとめるリーダー格の技術者が存在したケースがいくつかある。2人の外国人技術者が雇用された奄美大島製糖工場ではウォートルスが総監督と呼ばれていた。少なくとも5名の外国人技術者がいた鹿児島紡績所の場合，司長の職名が与えられたE. ホームが主任格と思われる。大阪造幣寮では，最初はウォートルスが指揮をとり，遅れてキンドルが首長として工場の指揮にあたっている。彼らは工場の建設，運転など技術的な実務面において，他の外国人技術者を監督するばかりでなく，大阪造幣寮のように，給与などの生活面でも外国人技術者を管理する権限が与えられていた。

　では，外国人技術者はどのようにして幕末明治初期の日本を訪れ，洋式産業施設の建設に従事するようになったのだろうか。ここに，グラバー商会とJM商会の介在が大きかったと考えられる。

　長崎居留地の茶再製場では，ティーボーイは上海のJM商会の手配により，茶再製装置と一緒に長崎のグラバー商会へ輸出された。建設がほぼ同時に進んでいた奄美大島の製糖工場と鹿児島紡績所は少し複雑である。鹿児島紡績所の専門技術者，ホームとテットローは薩摩藩との契約により，プラット社から派遣された人物であろう。総合技術者のシリングフォードは鹿児島に来る前に横浜居留地で仕事をしていた。奄美大島の製糖工場の総合技術者であるウォートルスは，ウォートルスの来日直前，横浜居留地で仕事をしていた叔父A. ロビンソン（Albert Robinson）の紹介により，奄美大島の仕事をするために香港経由でロンドンから日本へ到着した。本書で考察を重ねたように，奄美大島製糖工場の事業は企画から運営までグラバー商会が深く関与していた。奄美大島へのウォートルスの斡旋もグラバー商会によるものとみられる。一方，ほぼ同時に進行していた鹿児島紡績所の建設も，原図となる機械配置平面図はプラット社側で用意されたとはいえ，現地で変更された部分を含め，洋風建築の造営を監督できる外国人技術者が必要であった。そこですでに外国人が居留していた横浜から，建築の仕事に覚えのあるシリングフォードが呼ばれたと推測される。その采配をなしたのは，紡績技術に特化したホームとは考えにくい。横浜居留地のJM商会とも関係を持ちえたグラバー商会であろう。つまり，グラバー商会が奄美大島と鹿児島紡績所の仕事ができる技術者を求め，横浜のJM商会へ打診，奄美の仕事はロビンソンを通じウォートルスへ，紡績所の仕事はシリングフォードへ話が伝えられた，と考えられるのである。大阪造幣寮の外国人技術者の配置も少し複雑だった。ここでは，香港造幣局の旧職員，キンドル，プリチェット，ボイドが大阪造幣寮の技術者に就任する予定だったところ，グラバー商会の采配により，ウォートルスが総合技術者としてキン

ドルの代わりに就任している。

　さて，このように外国人技術者の顔ぶれを並べてみると，ウォートルス，シリングフォード，キンドルなど，グラバー商会とJM商会は多様な駒を持ち，その時々で適切に配置したとも受け取れる。マッキンタイラー，ホーム，プリチエットなど，施設の性能と直結した専門技術者についてはそうかもしれない。しかし，建設方面を担当した総合技術者についていえば，実際は異なると考えられる。後方にあったJM商会はともかく，現場に近かったグラバー商会にとって，複数の仕事をこなしたウォートルスを除くと，シリングフォード，キンドルともに，お互いを知っていた仲ではない。また，すでに確認したように，JM商会はまだしも，グラバー商会にとって個々のプロジェクトは決して等価なものでなかった。このことから，グラバー商会にとっての建設関係の担当はまずウォートルスであり，その時々の状況や必要性に応じ，シリングフォードやキンドルが取って代わった，と推察される。

　最後に，高島炭坑の外国人技術者の状況を確認しておきたい。高島炭坑において慶応4（1868）年5月に立坑を掘り始めた当初，グラバー商会の推薦によりイギリス人鉱山技師モーリスが働いたとされる[14]。このモーリスという技術者は，1885年頃の上海でT. J. ウォートルスと事務所を共同したS. J. モリス（Samuel John Morris）のことで，土木鉱山技術者（Civil and mining engineer）とされる[15]。一方で，着炭後の外国人技術者には，「機械方・惣心遣（総監督）ウヲートル，日雇小頭ハレント，炭掘出方2人」とあり[16]，また1869年の長崎イギリス領事報告は「土木技術者（Civil engineer）ウォートルス氏の監督下で二人の鉱夫が働いていた」とする[17]。このウォートルスには，トーマスの弟，アルバート・ウォートルス（John Albert Robinson Waters）が比定されている[18]。おそらく兄トーマスが呼び寄せたのであろう。

　以下，高島炭坑の各技術者の職名に開発の経緯を勘案して考察すると，佐賀藩との契約後，まず立坑を開削した。この時，炭層の確認には鉱山の専門知識が必要であり，櫓などの構造物の建設には土木技術が必要となる。この2つの仕事をモリスが同時に手掛けたと考えられる。立坑が炭層に届き，操業を開始する段階になると，トロッコ，桟橋，各種の建築物，巻上げ機やポンプなど，より総合性のある技術者が必要となる。この任をアルバート・ウォートルスが担当し，その下でハレントなどのイギリス人鉱夫が石炭掘出しの監督をした，と推察される。モリスのように，開発の初期段階では一人二役という状況があるにせよ，技術の総合性と専門性という2つの職掌の種類は相違しない。加えて，高島炭坑の外国人技術者の招聘が，グラバー商会に関係するということも改めて確認しておきたい。

　小括しておく。洋式技術を構成するヒトにあたる外国人技術者は，建築や一般機械を担当する総合技術者と，専門分野の技術に特化した専門技術者に大別される。そして，外国人商人と日本人間の技術移転契約のもと，このうち，特に専門技術者は基本的に，モノとセットとなって日本へ派遣されることが多かった。一方，技術能力の総合性ゆえに複数の施設に従事しえた総合技術者だが，各事業への従事，つまり総合技術者の采配は，各方面へのビジネス上のネットワークを持つグラバー商会，JM商会の手になるケースが散見された。その中でもウォート

ルスは，グラバー商会のプロジェクトのキーマンとして，中心にいることが多かった。

4．明治初期の洋式技術の移入における外国資本の関与

　ここまで，グラバー商会が手掛けた洋式産業施設を対象に，洋式技術移入の構造をあぶりだしてきた。では，本書で扱ったグラバー商会が手掛けた洋式技術の移入の構造は，5つの洋式産業施設に特有の，特殊なものだったのか。筆者は明治初期の国内各地に建設された洋式産業施設において，ある程度共通していたと考えている。ここでは，上州富岡製糸場と京都のパピール・ファブリック（Papier Fabrick）を例に取り上げてみたい。

　1872（明治5）年10月に開業した富岡製糸場は，当時最大の輸出品であった生糸の粗製濫用を防ぎ，品質向上を目指した官営模範工場として建設された。桁行104m，梁間12m，木骨煉瓦造二階建の東西置繭所や，桁行140m，梁間16m，置繭所と同じ木骨煉瓦造平屋建の繰糸所など，当時の建築物が今なお現存している[19]。建物の設計・工事監督として，横須賀製鉄所製図工だったフランス人 E. A. バスチャン（Edmond Auguste Bastien）が知られ，製糸技術者として P. ブリューナ（Paul Brunat）が雇用されている。このブリューナは富岡製糸場建設のためにフランスから来日したわけでなく，フランスのリヨンに拠点を置く横浜居留地8番の商社エシュト・リリアンタール商会（Hecht Lilienthal Co.）の生糸検査人としてすでに日本に滞在していた人物である。富岡製糸場の建設を担当することになったため，フランスへ一時帰国，必要な機材や製糸技術者，工女のほか，レスコーとシャトロンという2人の機械工も連れてきたという[20]。明治政府の伊藤博文，渋沢栄一は，フランス公使館通訳 A. C. D. ブスケ（Albert Charles Du Bousquet），同商会の F. ガイセンハイマー（F. Geisenheimer）の仲介により，ブリューナと交渉し，1870（明治3）年11月に製糸場建設の技術者として雇用した[21]。また，フランスでの製糸器械購入はリリアンタール商会が斡旋した。バスチャンの雇用も同商会やブリューナの推薦によるという[22]。すなわち，富岡製糸場の建設では，明治政府とリリアンタール商会の契約があり，リーダー格の専門技術者ブリューナによるフランスからの機材や製糸技術者の手配，そして建築よりの技術者としてバスチャンの招聘があったと理解される。

　1876（明治9）年1月，パピール・ファブリックと呼ばれた洋式製紙工場が京都桂川の畔，梅津村に開業した。天皇の膝元として長く政治・文化の中心にあった京都だが，維新直後，その社会的地位は大きく衰退する。そこで，明治天皇からの下賜金をもとにして，京都の近代化・産業化を目指した勧業政策が2代目府知事牧村正直，明石博高，山本覚馬によって推進された[23]。パピール・ファブリックはその政策により実現した施設の一つである。建物は凹型の平面形で，もっとも長い箇所で桁行50m，幅23mほど，ドイツ風の小屋組や意匠で造られた木造平屋建の建築であった[24]。大阪居留地のドイツ商会レーマン・ハルトマン商会（Lehmann Hartmann Co.）の手配により機材を注文[25]，そして，ベルリンの C. M. ローゼンハイグ（C. M. Rosenhaig）が工場の設計をなし，それに基づき，京都府雇のドイツ人土木建築技術者 R. レーマン（Rudolph Lehmann）が監督，市中の大工が工事に参加した[26]。また，製紙機械の据付，運転の

ためにO. エキスネル（O:tomar Exnell）が雇用されている。土木建築技術者レーマンは元々，英語教師として府に雇われていたが，土木建築の術にも明るいということで，パピール・ファブリックの工事に従事することとなった。また，その名前が示すように，レーマン・ハルトマン商会のパートナー，C. レーマン（Carl Lehmann）の弟である[27]。ここでは，ハルトマン商会と京都府との間の技術移転契約，その上でのドイツへの機材発注，建築寄りの総合技術者レーマン，製紙専門の技術者エキスネルという構造を読み取ることができよう。

　富岡製糸場やパピール・ファブリックにみられたように，明治初期の洋式技術導入には，居留地の外国商人が介在するものが存在する。彼らは日本人が自力でなすことができなかった，機材の手配，外国人技術者の斡旋を手がけていた。そして，雇用された外国人技術者には，建築を中心とする総合的な技術者と，専門分野に特化した技術者の2種類がいたことを確かめえた。これらの技術移転の構造は，本書が扱ったグラバー商会関与の洋式産業施設にも確認できたことである。一方で，長崎・横須賀の官営製鉄所では居留地の外国商人の介在を知ることができないし，明治初年の官営紡績所では，外国商人だけでなく，外国人技術者の関与も目立たない。今後の研究課題だが，幕末明治初期の洋式技術導入の一つに，外国商人が介在するチャンネルがあったこと，そして外国商人が介在した場合，洋式技術の移転はある程度近似した構造を持っていた可能性をうかがうことができる。この中で，グラバー商会が手掛けた技術移転は，時期的な早さに加えて，次にさらに議論するように，洋式技術の種類や技術移転の軌跡が複雑な状態にあったという点において，ヨーロッパから日本へという直線的な技術移転に先行する初期的なものとして，評価できる可能性を考慮すべきと思われる。

第3節　19世紀国際社会における幕末明治初期の洋式産業施設

1．洋式産業施設の造営をめぐる技術移転の国際的な拡がり

　ここまで整理・検討したように，洋式産業施設の建設における技術の移入には，技術を供給するグラバー商会と技術を受け入れる日本人との間で契約的な関係があり，その上で技術を構成するモノとして機材類やプランニング，技術を構成するヒトとして外国人技術者があったことを指摘した。そして，モノの調達やヒトの采配にグラバー商会の関与が大きかったことも確かめることができた。では，グラバー商会は技術を構成するモノ，ヒトをどこから手配したのだろうか。これまでの内容と重複する箇所もあるが，グラバー商会が各施設へもたらした，あるいはもたらしたであろう洋式技術がどこから来て，さらにどこへ流れていったか，可能な限り整理し，国境を越えた技術移転の拡がりを描いてみたい。

　文久2（1862）年頃から元治元（1864）年頃にかけて，長崎居留地の茶再製場では，茶再製装置とティーボーイは，グラバー商会の依頼に基づき，上海からJM商会の手配により発送されている。慶応3（1867）年にウォートルスが設計した新式の茶再製装置はロンドンで製造され，

長崎へ送られた。明治2（1869）年には神戸のグラバー商会の茶再製場でも同様な機械式の茶再製装置が用いられている。ここでは，上海→長崎というモノとヒトの技術移転，ロンドン→長崎→神戸へというモノの技術移転という2つの線を確かめることができる。

　実際には実現しなかったものの，奄美大島の製糖工場では，慶応元（1865）年頃に製糖機械がマニラから長崎へ送られ，奄美大島へ回送される予定だった。このマニラの製糖機械の購入には，JM商会が携わっていた。実際に用いられた製糖機械はオランダ製とイギリス製であり，工場の廃止後，グリブル商会によって島外へ持ち出された。長崎等の開港場へ回送されたのであろう。耐火煉瓦はイギリスのニューキャッスル製である。T. J. ウォートルスは，イギリスを発った後，香港経由で長崎を訪れ，慶応元年から同3（1867）年頃に奄美大島，そして長崎，翌年からは大阪で仕事をなしている[28]。奄美大島の製糖工場では，マニラ→長崎→奄美大島，オランダ・イギリス（ないしはその関連する地域）→奄美大島→長崎，ニューキャッスル→奄美大島というモノの線，ロンドン→香港→奄美大島→長崎→大阪というヒトの線と，実現・非実現も含め，多数の複雑な線が交錯する。

　鹿児島紡績所の機材はマンチェスターからいったん長崎へ慶応3（1867）年初めに到着，鹿児島へ回送された。機械とともに専門技術者テットローが来着している。総合技術者にあたるシリングフォードは文久元（1861）年，香港でP&O汽船の製図工として働いた後[29]，元治元（1864）年から横浜で土木建築事務所を経営，鹿児島へと渡ってきた[30]。また，鹿児島の仕事を終えてしばらくした後，シリングフォードが銀座煉瓦街の仕事に従事したことはよく知られよう。ここでは，マンチェスター→長崎→鹿児島，香港→横浜→鹿児島→東京というモノとヒトの線を確認しうる。

　小菅修船場の機材と技師ブレーキーは慶応4（1868）年初めにアバディーンから発送された。機材を製作し，ブレーキーを派遣したホール・ラッセル社との折衝，発送は，T. B. グラバーの兄弟会社が担当している。アバディーン→長崎というモノとヒトの技術移転である。

　大阪造幣寮を手がけたキンドルは，本国において鉄道建設の仕事等を経験し，1866年開業の香港造幣局の建設と運営に従事，最終的にはプリチエットやボイドとともに大阪造幣寮（明治4（1872）年開業）を運営した。香港造幣局旧職員の就職，機材販売は，香港のJM商会の指揮の下，グラバー商会が日本人との折衝にあたっている。ここでは，ロンドン→香港→大阪というモノとヒトの線がある。

　以上のように，グラバー商会が関与した洋式技術移転はアジア，イギリスへと国際的な拡がりのあるものだったことを確認できる。一見すると複雑に線が錯綜するが，よく観察すると大きく2つのことを指摘できる。一つは，洋式技術の移入がイギリス→日本という2点間を結んだものだけでなく，イギリス→アジア→日本，アジア→アジア→日本などと，複数の点をまたぐ線があったということである。幕末明治初期の洋式産業施設に用いられた技術は，イギリス製のものが圧倒的だった。だが，イギリス本国から直接輸出されるだけでなく，アジアの植民都市や開港場から転送され，再び内外の開港場へ転送されることも少なくなかった。まさに技

術の移転である。特に，比較的時代が下がる小菅修船場や大阪造幣寮では，モノとヒトが同時に単純な線を描いていたのに対し，茶再製場，製糖工場，鹿児島紡績所では，洋式技術の移転は内外の開港場や植民都市，イギリスまでを巻き込んだ複雑な線となって錯綜していたことを記しておきたい。

　もう一つは，このような技術移転の国際的な拡がりが，洋式技術をもたらしたグラバー商会の国際的な商業ネットワークにより生じえたということである。グラバー商会自身，多様な技術を広範囲に求めることは難しかった。その時グラバー商会が技術を求めたのは，彼らが代理店をつとめ，香港，上海，横浜を拠点とするネットワークを構えるJM商会や，グラバーの故郷アバディーンの兄弟会社や上海支店であった。商人どうしでの個人的な人材紹介のようなものもあっただろうし，機材・人材の販売・輸送・斡旋に伴うコミッションビジネス，さらには施設の経営へも参加した合弁事業と，技術を移転する目的は様々なものがあった。しかし，いずれの目的にせよ，5つの洋式産業施設すべてにおいて，グラバー商会の兄弟会社やJM商会とのコネクションやビジネスネットワークが，洋式技術移転の国際的な技術移転の拡がりを担保したことは相違ない[31]。

2．19世紀の国際社会における幕末明治初期の洋式産業施設

　ここまで，社会と技術の視点からグラバー商会が関与した5つの洋式産業施設を素材に考察を重ねてきたが，最後に本書の目的である，19世紀の国際社会において，これらの産業施設がどのように位置付けられるのか，改めて考察したい。

　5つの洋式産業施設は，それぞれが異なる技術的な性格を帯びていた。列記すると，中国の伝統的システムを輸入し，大規模・工場制化したもの，各地の植民地の製糖工場と同規模・同性能の工場を建設するも，不完全なもの，近年導入された新しい型でかつ，植民地に多い型を縮小したもの，現地の土木技術の上に輸入装置を載せた混成的な施設ながら，世界的にも比較的高性能というもの，そして，植民地香港の技術を移転したもの，である。

　幕末明治初期の日本は世界の産業化からみれば，後発国である。だが，5つの洋式産業施設は，後発国である黎明期の日本の産業施設に予想されがちな性能，例えば，本国の施設を単純に縮小させた，あるいは型落ちを輸入したもの，また，植民地の工場と同様のものといった単純な理解はあてはまらないことを示している。

　では，なぜこのようにいろいろな性格があり得たのだろうか。

　それは，それぞれの施設のビルディングタイプに由来する性格，例えば造幣寮であれば滅多に建築されることがなく，保安・警備に重点を置かなければならないという特殊な条件ゆえ，完全な技術の複製が行われたという説明もできよう。だが，茶再製場や製糖工場などは，工場の機能のみで説明することは難しい。

　筆者はここに，前々節で考察した，技術を供給するグラバー商会と技術を受け入れる日本人との間の技術・社会両面にわたるせめぎ合いの結果を重ねて理解する必要があると考えてい

る。すなわち，各施設の技術的な性格は，洋式産業施設の建設に対する日本人の事情，そしてグラバー商会の思惑が反映されたものだった。また，日本人へもたらされた洋式技術はグラバー商会の広範なビジネスネットワークに担保された，国際的な拡がりを持つものであった。グラバー商会は国際的なチャンネルを駆使し，一見複雑で多様だが，ある程度の規則や類型が与えられる洋式技術を持ち込む。それを受け入れた日本人は外国人の指導を仰ぎながら，かつ自分たちの創意工夫も加え，造営する。時間とともに少しずつ変化する両者の思惑がぶつかり合いながら，これまで日本になかった，洋式技術を装備した産業施設が一つずつ完成していく。

　最初のうちは在来建築で間に合わせ，はじめて作る赤煉瓦を奄美の島で苦心して焼き，積み上げ，台風で無残に倒壊する。次第に洋風建築の術を覚え，また，外国人の手を借りたくないという思惑も手助けし，材料の調達や，洋式産業施設の造営に慣れてくる。そして，日本の伝統的な土木工事も応用し，混成的な技術で世界的にみても規模の大きな施設を完成させる。ウォートルスら外国人技術者，そしてグラバー商会や JM 商会も，異国での建築工事の進め方，そして付き合い方を次第に覚えていったであろう。結果，完成したそれぞれの施設の姿かたちは，イギリス本国の産業施設とも，世界各地の植民地の産業施設とも似ているようで異なるという，個性的なものであった。

　幕末明治初期の洋式産業施設は，近代日本の技術発展の曙である。と同時に，世界が大きく動く 19 世紀の国際社会に巻き込まれた日本において，国と地域を越えて移転する洋式技術をめぐり，イギリス商人と日本人がぶつかり合いながら作り出した，世界に類をみない個性的な遺産である。

注

1 ）杉山伸也「グラバー商会」『九州と外交・貿易・キリシタン（Ⅱ）九州近世史叢書　第六巻』（国書刊行会、1985 年）。
2 ）薩摩藩士がイギリスへ渡航した際、五代らはド・モンブランというフランス人商人と貿易商社設立の契約を 1865 年 10 月（慶応元年 8 月）になしている。その内容は鉱山開発、武器製造、農産物の輸出など、五代の建白書とほぼ同じ内容である（五代竜作編『五代友厚傳』私家版、1933 年、38-42 頁）。すでにこの頃には薩摩藩士はグラバー商会と接近していたはずである。杉山が指摘するように五代の個人的な思い付きかもしれないし，すでにグラバーに対する不安を内包していたのかもしれない（杉山伸也『明治維新とイギリス商人―トマス・グラバーの生涯―』岩波書店，1993 年，131-133 頁）。
3 ）　大阪商工会議所所蔵五代友厚関係文書，マイクロフィルムリール番号 R6，リール中の枝番号 138，五代友厚宛岩瀬公圃書簡，明治元年 3 月 13 日付，およびマイクロフィルムリール番号 R6，枝番号 141，五代友厚宛岩瀬公圃書簡，明治元年 7 月 17 日。楠本寿一『長崎製鉄所―日本近代工業の創始―』（中央公論社，1992 年）154-155 頁も参照。
4 ）佐賀県立図書館所蔵「高島石炭坑記」。ここでは，秀村選三・武野要子他校註『明治前期肥前石炭礦業史料集』（文献出版，1977 年）250-258 頁所引による。
5 ）『高島炭砿史』（三菱鉱業セメント株式会社，1989 年）4-5 頁，前掲杉山「グラバー商会」480-483 頁。また，以下も参照。J. McMaster, 'The Takashima Mine: British Capital and Japanese Industrialization', *Business History Review*, Vol.37, No.3, 1963; O. Checkland and S. Checkland, 'British and Japanese Economic Interaction under the Early Meiji: The Takashima Coal Mine, 1868-88', *Business History*, Vol.26. No.2, 1984.
6 ）北渓井坑の周辺は長崎市教育委員会による発掘調査が行われ，古写真から推測した復元配置図も作成されている（『高島炭鉱調査報告書』長崎市，2014 年，144-170 頁）。
7 ）ケンブリッジ大学図書館所蔵 ジャーディン・マセソン商会文書，請求番号 B10/4/648，F. B. ジョンソン

宛 E. ウィッタル書簡，1870年1月13日長崎付 (JM B10/4/648 E. Whittall to F. B. Johnson, Nagasaki, 13 January 1870)。

8）前掲杉山「グラバー商会」483頁。

9）前掲『高島炭砿史』1-5頁。

10）石塚裕道『日本資本主義成立史研究』（吉川弘文館，1973年）。

11）『造幣局沿革誌』（造幣局，1921年）6頁。

12）水野信太郎『日本煉瓦史の研究』（法政大学出版局，1999年）31-32頁。

13）蒟蒻煉瓦については，例えば，前掲水野『日本煉瓦史の研究』26-28頁を参照。

14）前掲『高島炭砿史』5頁。

15）堀勇良「横浜・上海土木建築技師考」（『横浜と上海―近代都市形成史比較研究―』横浜開港資料普及協会，1995年）320-322頁。

16）前掲『高島炭砿史』6頁。

17）Commercial Report for 1869, Nagasaki, *British Parliamentary Papers, Area Studies, Japan*, Vol. 4, Shannon: Irish University Press, 1972, p.445.
　　Two practical working miners, who are under the superintendence of Mr. Waters, an intelligent young civil engineer, have lately joined the mine from England,…

18）前掲堀「横浜・上海土木建築技師考」334頁。

19）関野克・伊藤鄭爾・村松貞次郎「富岡製糸場とその機能的伝統」（『日本建築学会論文報告集』第63号，1959年），文化財建造物保存技術協会編『旧富岡製糸場建造物群調査報告書』（富岡市教育委員会，2006年）。

20）澤護「富岡製糸場のお雇いフランス人」（『千葉敬愛経済大学研究論集』20号，1981年），『富岡製糸場のお雇い外国人に関する調査報告―特に首長ポール・ブリュナの事績に視点を当てて―』（富岡市教育委員会，2010年）。

21）「富岡製糸場記　全」明治3年12月。ここでは，富岡製糸場誌編さん委員会編『富岡製糸場誌　上』（富岡市教育委員会，1977年）139-140頁所引による。また，藤本實也『富岡製糸所史』（片倉製糸紡績株式会社，1943年）1-13頁も参照。

22）服部一馬「英公使館アダムズの蚕糸業地域視察（1869年）」（横浜開港資料館・横浜居留地研究会編『横浜居留地と異文化交流―19世紀後半の国際都市を読む―』山川出版社，1996年）。また，西洋式製糸工場建設のきっかけとなったアダムズの蚕糸業地域調査には，ブリューナが同行，その報告書の内容にも彼の意見が反映されているという。

23）田中緑江編『明治文化と明石博高翁』（明石博高翁顕彰会，1942年）84-91頁，五十嵐久美「京都の官営製紙工場「梅津パピールファブリック」の歴史をたどる」『百万塔』第95号，1996年。

24）田邊和洋・木村寿夫・山田幸一「パピール・ファブリックの小屋組について」『日本建築学会大会学術講演梗概集（関東）』1984年。矢冨平八「京都府営「パピール・ファブリク」創業事情（一）（二）」『百万塔』第140号および第141号，2011～2012年。S. Mizuta, 'Umedzu Paper Mill: Industrial Architecture and Influence of Paper-making Technology in the early Meiji Japan', *Proceedings of International Symposium of Architectural Interchanges in Asia*, Vol. II, 2014. 建物の規模等は，紙の博物館所蔵「パピールファブリック設計図5点」による。

25）京都府総合資料館所蔵『京都府史　第一編　起明治元年至全七年　政治部勧業類　第六』所収の，「レーマンハルマン商社ト製紙器械輸入売買條約結ブ」明治4年5月21日。

26）日向進『近世京都の町・町家・町家大工』（思文閣出版，1998年）210頁。京都府総合資料館所蔵『富田屋文書』には，パピール・ファブリックの工場，門衛所の指図が残されている（歴史資料課編「〈資料紹介〉総合資料館所蔵の中井家文書について　付，中井家文書・参考文書目録」『京都府立総合資料館紀要』（第10号，1981年）所収の，「禁裏定御修理方定職人富田屋文書」の通し番号67番から69番）。ドイツで作成された図面から壁や窓，柱を写し取った指図を作り，尺貫法で建てた。

27）『京都薬科大学八十年史』（京都薬科大学，1964年）279-289頁，重久徳太郎『お雇い外国人⑤　教育・宗教』（鹿島出版会，1968年）138-153頁。

28）N. Jackson, 'Thomas James Waters (1842-98): Bibles and Bricks in Bakumatsu and Early-Meiji Japan', in H. Cortazzi ed., *Britain and Japan: Biographical Portraits*, Vol.7, Kent: Globe Oriental, 2010.

29）*The China Directory for 1861*, Hong Kong: A. Shortrede & Co., 1861, p.17.

30）前掲堀「横浜・上海土木建築技師考」309-310頁。

31）東アジアに拡がる建築の材料，技術，人材のネットワークという論点は，西澤泰彦『日本の植民地建築―帝国に築かれたネットワーク―』（河出書房新社，2009年）206-208頁でも述べられている。ただし，日本が植民地支配をしていた20世紀東アジアと，イギリスが主導していた19世紀の東アジアとでは，例えば，イギリスとアジア，アジア交互など，複数の点をまたぐような線の描き方もあり，技術移転の様相が少し異なるように思われる。

グラバー商会関与の洋式産業施設関連年表

	長崎居留地の茶再製場	奄美大島の製糖工場	鹿児島紡績所	小菅修船場
安政5年以前 -1858		安政4 (1857) 年 島津斉彬，別邸近くの工場群「集成館」の中に氷白砂糖製造所を設置	安政2～3(1855-56) 島津斉彬は石河正龍に綿糸紡績業の推進を命じる 安政3 (1856) 郡元水車館を設立 安政5 (1858) 田上，永吉の水車館を設立 (この頃には，マンチェスターのアンコーツ運河の周辺に煉瓦造5階建から7階建の紡績工場が並んでいた)	1818年 スコットランドの造船技術者T.モルトンが，パテントスリップと呼ばれる修船施設を開発
安政6年 1859				
安政7年／万延元年 1860				
万延2年／文久元年 1861	8月 日本人町で再製作業をはじめる **12月 外国人居留地での茶再製場の開始**			(この年 長崎製鉄所で岩瀬道修船架の建設が着手 (後に中止))
文久2年 1862	3-8月 上海から再製装置やティーボーイを取り寄せ 7月 茶再製場には450から500基の鍋，1,000人の日本人が働いている			
文久3年 1863	6月 1,000から1,200ピクルの茶再製能力を得る 9月 土地代を払える程度の利益しかもたらさない			
文久4年／元治元年 1864	12月 茶再製場では600基の鍋を稼動させる	4月 五代友厚の建白書，白糖製造機械の購入を提案	4月 五代友厚の建白書，イギリスへの留学生派遣を提案	
慶応元年 1865		**3-4月 奄美大島4ヶ所のうち，金久工場の着工** 9月 マニラの製糖機械を売却について，JM商会より打診 **11-12月 4工場のうち，金久工場が完成**	3月 薩摩藩士がイギリスへ向けて出発 8月 薩摩藩士がイギリス，プラット社を訪問 (この年，ハウルズワース紡績工場 (英国ストックポート) が完成)	薩摩藩，手軽のドック取立願を長崎奉行へ提出
慶応2年 1866		7月 1,500ピクルの砂糖を上海へ輸出	1月 イギリスで鹿児島紡績所の図面が作成・契約される 11月 E.サトウが鹿児島を訪問，鹿児島には4人の外国人技術者，奄美大島にはウォートルス	**4月 小菅修船場の着工**
慶応3年 1867	ウォートルス設計による機械式の茶再製 **この頃から長崎の茶再製場はほとんど稼動しない**	残り3ヶ所に製糖工場が完成。須古の工場は職員13名，夫役58名，久慈の工場では一日32挺の白砂糖を製造	1月 機材がイギリスから長崎へ到着 春 異人館が完成 **5月 鹿児島紡績所工場本館が完成**	1月 イギリス領事報告が，薩摩藩が長崎であるドックを構築中と報じる (この年頃，横須賀製鉄所第二修船台が完成)
慶応4年／明治元年 1868				1月頃 アバディーンから機材が発送 5月 レールや引揚装置が長崎へ到着 **12月 小菅修船場完成**
明治2年 1869	神戸でも機械式の茶再製を試みる		この年の工場には男女230人が勤務，白木綿2,500反，絣2,600反を製造，勤務時間1日10時間	3月 明治政府に12万両で売却される
明治3年 1870		**時化，台風のため4工場は大破，以後再建されず**	堺紡績所が操業開始	
明治4年 1871				
明治5年 1872	4月 グラバー商会の茶再製機械がオークションにかけられる	大島商社が設立され，砂糖の独占的搾取が継続される 明治元 (1868) 年から明治5 (1872) 年までの奄美大島の製糖高は4,225万斤		
明治6から10年 1873-1877				(明治8 (1875) 年4月 兵庫工作分局修船架の完成)
明治11から15年 1878-1882		明治11 (1878) 年7月 大島商社の廃止，勝手売買が認められる	(明治14 (1881) 年12月 官営愛知紡績所の操業開始)	
明治16から20年 1883-1887	明治16 (1883) 年10月 H.グリブルが日本の外国人居留地の茶再製場について講演		(明治18 (1885) 年1月 下野紡績所の開業) (明治19 (1886) 年6月 大阪紡績が煉瓦造3階建の紡績工場を建設)	明治17 (1884) 年7月 三菱社へ貸渡 (明治18 (1885) 年9月 兵庫工作分局第二修船架の完成) 明治20 (1867) 年6月 三菱社へ払下げ，以後昭和初期まで船艇工場等として稼働
明治21年以降 1888-		(明治35 (1902) 臺灣製糖会社橋仔頭工場が操業開始) 明治35 (1902) 大島糖業模範場が設けられる 明治36 (1903) 共同製糖場の補助規定が定められる	**明治30 (1897) 年 鹿児島紡績所廃止** 昭和34 (1959) 年 国の史跡指定 昭和37 (1962) 年 異人館が国の重要文化財に指定	明治34 (1901) 年1月 函館船渠のパテントスリップが完成 昭和11 (1936) 年 国の史跡指定 **昭和28 (1953) 年 小菅工場閉鎖**

大阪造幣寮	グラバー商会, JM 商会, T. ウォートルスの動向	国内外の動向	初期洋風建築・産業施設
(1809 年 新築移転) ロンドン王立造幣局が (1829 年 ボンベイ造幣局開業) (1831 年 カルカッタ造幣局開業) (1854 年 シドニー造幣局開業)	1838 年 6 月 T. グラバーがアバディーン郊外で出生 1832 年 7 月 ジャーディン・マセソン商会 (JM 商会), 広州で設立 1842 年 7 月 T. ウォートルスがアイルランドで出生	1842 年 8 月 南京条約。香港の割譲, 上海, 天津他 5 港の開港を定める 嘉永 6 (1853) 年 6 月 ペリーが浦賀に来航 安政元 (1854) 年 3 月 日米和親条約 安政 5 (1858) 年 6 月 安政五ヶ国条約により, 横浜, 長崎, 函館, 神戸, 新潟の開港と外国人の居住・貿易が認められる 1858 年 6 月 天津条約, 中国の開港場が増加する	安政 3 (1856) 年 薩摩藩が反射炉 (第 2 号炉) を完成させる。翌年, 鹿児島の磯別邸隣地の工場群を「集成館」と命名 安政 4 (1857) 年 伊豆の韮山反射炉が完成
	1月・3月 JM 商会から W. ケズィックと K. マッケンジーが横浜と長崎に派遣される 7月 W. ケズィックにより, JM 商会の支店が横浜に開設 9月 グラバーが長崎へ到着		
	12月 大浦川の河口を埋め立て, 長崎大浦居留地が築造される	10月 英仏が北京を占領	12月 長崎製鉄所の轆轤盤細工所の棟上げ
	5月 グラバー商会の設立, マッケンジーから JM 商会の代理店を引き継ぐ	1月 南北戦争が開戦 5月 太平天国の乱が各地で制圧される	
		8月 生麦事件。イギリス商人が殺害される	
		8月 薩英戦争, 薩摩藩の工場群「集成館」は大破	1月 長崎居留地南山手にグラバー住宅が完成
	4月 グラバー商会, 上海支店を設立 5月 グラバー商会, 横浜支店を設立 この年, ウォートルスは香港に到着	8月 英国他の連合艦隊による馬関海峡の攻撃	2月 大浦天主堂の完成 この頃, フランス海軍病院が横浜に完成
	グラバーが長崎で蒸気機関車を走らせる	3月 香港上海銀行の設立 4月 アメリカ南北戦争の終結 5月 イギリス公使パークスが日本に着任	3月 集成館機械工場の竣工 9月 横須賀製鉄所の起工 この年, オルト住宅が建築
5月 香港造幣局が操業開始		3月 薩長同盟 7月 -8月 第二次長州征伐	横浜フランス公使館 (クリペ設計)
		11月 大政奉還	横浜山手イギリス仮公使館 (ブリジェンス設計)
1月 グラバー商会, 香港造幣局の機械購入について JM 商会へ打診 2月 香港造幣局閉鎖 7月 上野景範, 香港造幣局を調査 8月 香港の造幣機械が大阪へ到着 9月 ウォートルスの雇入れ **10月 造幣寮鋳造場の工事着手** 11月 プリチエット, ボイドの雇入れ	1月 大阪, 神戸の正式な開港, グラバー商会は両者に支店を開設 4月 高島炭坑の開発について, グラバー商会と佐賀藩との間で契約	1月 王政復古, 明治政府の樹立, 戊辰戦争の勃発 4月 五箇条の御誓文 7月 江戸を東京と改称	9月 築地ホテル館が完成 (清水喜助設計) この年, 東山手 12 番館, リンガー住宅が建築
4月 ウォートルス, 耐火煉瓦の手配をグラバー商会へ依頼 5月 ウォートルス, 秤の手配をグラバー商会へ依頼 12月 鉄柱事件, ウォートルスが旧香港造幣局の鉄柱を手配する	12月 高島炭坑の操業開始	5月 東京奠都 6月 函館戦争の終結 8月 太政官制, 開拓使設置	2月 観音崎灯台初点灯 (ヴェルニー設計) この年, 東京築地に外国人居留地が設けられる
1月 キンドルの雇入れ 10月 造幣寮鋳造場の工事完成	**8月 グラバー商会破産**	12月 工部省の設置	
2月 大阪造幣寮創業式, 職員数 220 名, 勤務時間 7 時間 9月 鋳造場の屋根形状を改造		8月 廃藩置県 12月 岩倉使節団	
(この年, メルボルン造幣局が開業)			6月 海運橋三井組 (第一国立銀行) が建築 (清水喜助設計) 8月 銀座煉瓦街の工事開始 (ウォートルス設計) 10月 富岡製糸場開業 10月 横浜・新橋間の鉄道が開業
		明治 6 (1873) 年 7 月 地租改正法公布 明治 6 (1873) 年 7 月 日本坑法公布 明治 6 (1873) 年 10 月 明治六年の政変, 西郷隆盛らが参議を辞職 明治 10 (1877) 年 1 月 西南戦争の勃発, 同年 9 月に終結	明治 8 (1875) 年 12 月 東京王子に抄紙会社が開業 明治 8 (1875) 年 典範神学校 (ド・ロ牧師設計) 明治 9 (1876) 年 1 月 京都にパピール・ファブリックが開業 明治 9 (1876) 年 4 月 開智学校完成 (立石清重設計) 明治 10 (1877) 年 1 月 J. コンドルの来日 明治 10 (1877) 年 工部大学校本館 (ボアンヴィル設計)
			明治 11 (1878) 年 10 月 札幌農学校演武場の完成 (ホイラー設計) 明治 13 (1880) 年頃 神戸居留地 15 番館が建築
明治 19 (1886) 年 3 月頃 鋳造場の屋根形状を再び改造	明治 19 (1886) 年 グラバー, 東京へ移住		明治 16 (1883) 年 7 月 鹿鳴館の完成 (コンドル設計)
(1899 年 パース造幣局開業) (1908 年 オタワ造幣局開業)	明治 31 (1898) 年 2 月 T. ウォートルス, アメリカで死去 明治 44 (1911) 年 12 月 T. グラバー死去		明治 42 (1909) 年 東宮御所 (赤坂離宮) の完成 (片山東熊設計)

初 出 一 覧

　本書を構成する各節はすでに公表済みであり，以下に初出を記す。ただし，公表後に寄せられた意見や研究の進展を受けて，いずれも大幅な内容の加除や修正を施している。

序章　新稿

第1章第1節　「初期長崎居留地における茶再製場設立と操業の経緯—グラバー商会経営の茶再製場を事例として—」

（『日本建築学会計画系論文集』第633号，2008年）

第2章第2節　「外国人居留地における茶再製場の建築と再製装置：建築形式および設備内容の把握と海外事例との比較試論」

（『日本建築学会計画系論文集』第639号，2009年）

第2章第1節・第3節　「旧薩摩藩奄美大島白糖製造工場の建設経緯とその復元的考察：イギリス資本からみた集成館事業の研究（1）」

（『日本建築学会計画系論文集』第585号，2004年）

第2章第2節　「工場立地及び建築関連遺物に窺う慶応年間奄美大島白糖製造工場の実態」

（『産業考古学』第116号，2005年）

第2章第4節　「奄美大島製糖史における慶応年間白糖製造工場の建築と技術：イギリス資本からみた集成館事業の研究（3）」

（『日本建築学会計画系論文集』第610号，2006年）

第3章第1節・第3節　「設立経緯及び建築類型に見る薩摩藩営鹿児島紡績所：イギリス資本から見た集成館事業の研究（2）」

（『日本建築学会計画系論文集』第593号，2005年）

第3章第2節　「建築関連資料及び遺物に窺う薩摩藩営鹿児島紡績所建物の実態」

（『産業考古学』第115号，2005年）

第4章第1節　「T・Jウォートルス考—イギリス資本との関わりからみた大阪造幣寮における雇用と地位—」

（『建築史学』第48号，2007年）

第4章第2節　「香港造幣局と大阪造幣寮の鋳造場—両者の建築史的比較考察—」

（『建築史学』第51号，2008年）

第5章第1節　「パテントスリップとしてみた小菅修船場の研究（第1報）　操業当初期の施設配置と設備の仕様について」

（『産業考古学』第139号，2011年）

第5章第2節　「パテントスリップとしてみた小菅修船場の研究（第2報）　日英の技術比較からみた明治時代の日本のパテントスリップと小菅修船場の考察」

（『産業考古学』第146号，2012年）

結論　新稿

あとがき

　最後に，本書のテーマに関連して筆者の私見を述べさせていただきたい。

　グローバル社会という言葉をあらゆる場面で耳にする。水，鉄道，発電といったインフラストラクチャの海外輸出が，日本の成長を支えるビジネスとされている。日本の建設会社が海外で仕事をすることも珍しくない。しかしながら，高速鉄道の輸出にみられたように，必ずしも技術的な先進性，優位性のみで国際的な輸出競争に勝ち抜くことは容易ではない。また，海外での建設プロジェクトは現地の文化・慣習の違いなど，大変な困難を伴うと聞く。このような現代の技術移転ビジネス，建設産業の国際化に，グラバー商会の技術移転ビジネスを重ねてみようとすることは愚行だろうか。技術を受け入れる基盤を理解しないまま新技術を無理に投入し，数年で失敗に終わったこと，一方で，地形を読み，現地の土木工事を上手に活かし，輸入品との混成的な技術により完成させ，永く存続したことなど，グラバー商会の洋式産業施設から現代に学ぶべき点は少なくないと思われる。

　さらに付け加えると，グラバー商会の洋式産業施設建設をめぐる一連の物語には，こういった技術的なノウハウに留まらない，洋式技術の移転に奮闘する人々の姿として学ぶべき点があるように思われる。母国から遠く離れた異国の島で，無理をしてでも機械仕掛けの砂糖の工場を建て，異国人と酒を飲み交わすという冒険的・挑戦的な姿は，グローバル社会という何か先行きの見えない時代に巻き込まれた私たちにも，失敗を恐れずに世界へ挑戦する活力を与えてくれるように思えてならない。

　もう一つ，幕末明治初期の産業遺産の保護と世界文化遺産について書いておきたい。

　本書で直接扱った5つの洋式産業施設はすべてが現存するわけではない。建造物として残るものは，造幣寮の玄関部分と小菅修船場だけである。確かに産業遺産の保存の上で最も好ましいことは，建造物が保存され，現代に活用されることである。が，そうでない場合でも，施設が存在した場所の歴史，そして残された器物や資料を後世へ伝えることは，都市や地域に歴史的・文化的な魅力を加え，地域への愛着を育て，歴史的なまちづくりを推進することに繋がらないだろうか。また，小菅修船場や造幣寮に先行する経験として奄美大島製糖工場や鹿児島紡績所を見たように，失われた施設と同時に扱うことで，現存する産業遺産の価値も相対的に高めることにならないだろうか。

　小菅修船場の遺構とグラバー商会の主人，T.グラバーの住居は「明治日本の産業革命遺産　製鉄・製鋼，造船，石炭産業」の構成資産として平成27年，ユネスコの世界文化遺産に登録された。稼働中の構造物も含め，幕末明治初期日本の産業遺産が国際的に高く評価され，保護されたことは，もちろん歓迎すべきことである。だが，世界遺産は何個目と，日本だけのお国自慢となってはいないだろうか。本書で考察してきたように，幕末明治初期の産業施設の建設は，日本という一国のみで完結した事柄ではなかった。イギリス，そしてアジアから技術を受

け入れつつ，外国人と日本人が共同して作り上げた施設であった。現在に残され，伝えられた幕末明治初期の産業遺産，場所の歴史，それを物語る器物や資料は日本だけの遺産ではない。アジアの，そして世界共通の遺産である。グラバー商会の洋式産業施設をめぐる技術移転の物語は，そのことを私たちに語り掛けているように思われる。

　これまで研究を進める上で，非常に多くの先生，友人に恵まれてきた。
　鹿児島大学の学部卒論生からの指導教員である土田充義先生，九州大学大学院博士後期課程で指導を賜った山野善郎先生と堀賀貴先生，また京都工芸繊維大学で日本学術振興会特別研究員 PD として受け入れていただいた石田潤一郎先生には，何よりもお礼を申し上げなければならない。土田先生から教えられた遺構から物事を考えるという点は，本書では十分応えられていない部分もあるが，できる限り活かしたつもりである。山野先生，堀先生からは本書の特色である社会の中で建築を位置づける，国内にとどまらず広く世界の中で考えるという視点を教えていただいた。また，石田先生には本書をまとめるに際して的確なご助言をいただき，感謝に堪えない。
　すでに述べたように，本書は産業技術史や社会経済史との隣接的な内容が特色である。建築学科の卒業生である筆者にとって，これらの学問を教えていただいた先生方からの学恩もはかりしれない。鹿児島大学で薩摩のものづくり研究会への参加を許された長谷川雅康先生，尚古集成館の田村省三先生，松尾千歳先生，産業考古学会の故内田星美先生，玉川寛治先生からは，技術史の専門分野についてご教示いただき，自宅まで押しかけてきて資料を見せていただいた。
　社会経済史の分野では，グラバー研究の第一人者である杉山伸也からは不安げな筆者にアドバイスをいただいた。籠谷直人先生，村上衛先生，川村朋貴先生，市川智生先生は，それぞれが主宰される研究会やプロジェクト等への参加の機会を与えていただき，社会経済史の観点から的確なアドバイスや資料の所在を教えていただいた。
　同世代の友人たちでは，ポスドク時代をともにした玉田浩之氏と松本康隆氏，研究会等を通じてお互いに切磋している谷川竜一氏，山田協太氏，林憲吾氏に謝意を表したい。研究上のことはもちろん，日常の些細なことに至るまで，多くのことを助けていただいている。
　本書で多くの資料を引用したジャーディン・マセソン商会文書の利用に際しては，ケンブリッジ大学図書館のジョン・ウェールズ氏，マセソン商会のマーティン・バロー氏から格別なご配慮をいただいた。また，イギリスでの研究期間中筆者が在籍したロンドン大学東洋アフリカ学部 SOAS 日本部門の先生方にもお礼申し上げなければならない。加えて，他の史料に関しても長崎大学附属図書館，長崎市文化財課，神奈川県立図書館，横浜市立図書館，横浜開港資料館，コレージュ・ド・フランス，奄美博物館，尚古集成館，始良市教育委員会，三菱史料館，三菱重工業（株）長崎造船所史料館，長崎歴史文化博物館，国立国会図書館，横須賀市自然・人文博物館，堤真知氏，横須賀市立中央図書館，英国ナショナルアーカイブ，英国ブリティッ

シュライブラリーからは資料の閲覧・掲載に対して許諾を戴いている。記して謝意を表したい。

　奉職先である広島大学工学部建築プログラムの先生方，とりわけ筆者と同じ建築史・意匠学研究室に所属する千代章一郎先生，また2年前に退職された杉本俊多先生からはこれまで自由な研究環境を保証していただいている。日ごろからの付き合いもあわせ，お礼申しげたい。

　九州大学出版会の奥野有希氏と永山俊二氏には，科学研究費補助金への申請から編集作業に至るまで筆者の我儘を聞いていただき，多大なご負担をおかけした。心から謝意を表したい。

　最後に私事ながら，毎日筆者を支えてくれている妻沙織と息子悠斗，佐賀に暮らす家族にも感謝を述べさせていただきたい。

　なお，本研究を遂行する過程では，JSPS科研費 06J06114，25820311，竹中育英会第44回建築研究助成，福武学術文化振興財団歴史学研究助成より助成を受けた。また，本書の出版は独立行政法人日本学術振興会平成28年度科学研究費助成事業（科学研究費補助金）（研究成果公開促進費）「学術図書」（JSPS科研費 16HP5244）の交付を受けたものである。

平成29年1月

水田　丞

人名索引

あ行

明石博高　206
石井寛治　9, 165
石河正龍　87, 88, 115
石塚裕通　9
泉田英雄　7
磯田桂史　8
伊藤博文　206
岩本庸造　89, 99, 100
上野景範（敬介，敬助，敬輔）　49, 52, 54-56, 58, 163, 165, 172, 174, 182, 183, 213
植村正治　49, 50
ウォートルス，J. A. R.（John Albert Robinson Waters）　205
ウォートルス，J. H. E.（John Henry Ernest Waters）　23
ウォートルス，T. J.（Thomas James Waters）　6, 8, 23, 42, 49, 53, 54, 66, 72, 79, 161, 162, 164-168, 174, 183, 187, 197, 202-205, 207, 208, 210, 212, 213
ウカー，W. H.（William Harrison Ukers）　38, 39
内田星美　2, 10
エイテル，E. J.（Ernest Johann Eitel）　175
エインレー，H.（Henry Ainlay）　89, 90, 95
エキスネル，O.（Ottomar Exnell）　207
恵良宏　74
エワート，D.（David Ewart）　186
エンダコット，G. B.（George Beer Endacott）　175
大隈重信　167, 168
大澤喜久造　33
大島吉之助　56
オリバー，C. H.（Charles Henry Oliver）　39

か行

ガイセンハイマー，F.（F. Geisenheimer）　206
開田一博　8
籠谷直人　9
加藤幸三郎　87
加藤祐三　9
鎌谷親善　161
ガワー，S. J.（Samuel John Gower）　26, 28
菊地勝広　8

菊池重郎　7, 161, 164, 165
絹川太一　87, 99, 100, 101
木村寿夫　49, 161, 169, 170, 174, 183
桐敷真次郎　6, 169
キャメロン，N.（Nigel Cameron）　175
キンドル，A.（Arthur Kinder）　175
キンドル，T. W.（Thomas William Kinder）　161, 163-167, 172, 174, 174-179, 182, 183, 187, 203-205, 208, 213
日下部金兵衛　34
楠本寿一　121, 124
蔵田清右衛門　140
蔵田周忠　6
グラバー，A. B.（Alfred Berry Glover）　4
グラバー，A. J.（Alexander Johnston Glover）　3
グラバー，C. T.（Charles Thomas Glover）　4
グラバー，J. L.（James Lindley Glover）　3, 5
グラバー，T. B.（Thomas Berry Glover）　3
グラバー，T. B.（Thomas Blake Glover）　2, 3, 5, 17-19, 21, 24, 25, 52-56, 89, 90, 92, 121, 125, 163-168, 187, 200, 213
グラハム，T.（Thomas Graham）　175, 178, 179
グリブル，H.（Henry Gribble）　5, 33, 35, 37, 208
グリフィス，P.（Percival Griffith）　39
グルーム，F.（Francis Gloom）　5, 53, 55
クルトマン，L.（Louis Kreitmann）　30
クレバリー，C. G.（Cleverly, Charles St George）　176
黒岩俊郎　8
クロル，D.（David Crole）　40
ケズィック，W.（William Keswick）　28, 55, 165, 166, 213
江夏十郎　50
國分直一　74
五代友厚（才助，才介）　5, 49, 51-54, 56, 64, 89, 162-164, 167, 174, 198, 212
呉農　7
駒木定正　7
小松帯刀　125, 163, 164, 167, 172, 174
コリン，J.（John Collinge）　59
コルソン，C.（Charles Colson）　138
近藤豊　87

さ行

三枝博音　8
坂口徳太郎　49
サトウ，E.（Ernest Satow）　54, 90, 91, 212
シェード，H.（Henry Shead）　176
渋沢栄一　206
島津斉彬　50, 87, 88, 212
ジャクソン，N.（Neil Jackson）　8
ジャクソン，W.（William Jackson）　39
シャトロン　206
ジョセフ彦　200
ジョンソン，F. B.（Francis B. Johnson）　28, 124
ジョンソン，J.（James Johnson）　185
シリングフォード，A. N.（A. N. Shillingford）　90, 115, 203-205, 208
杉原薫　9
杉山伸也　9, 121, 165
鈴木栄樹　161
鈴木淳　9
調所広郷　50
スチュワート，D.（David Stewart）　8
直川智　50
スマーク，R.（Robert Smirke）　185
スミス，H.（H. Smith）　168
瀬島金兵衛常篤　90

た行

田中智子　161
玉川寛治　87
堤磯右衛門　140
テイラー，A. J. W.（Alexander James Wallis Taylor）　40, 41
テットロー，J.（John Tetlow）　89, 90, 115, 203, 204, 208
ドーソン（Dowson）　90
鳥原重夫　76-78
トンプソン，J.（John Thompson）　138, 143, 144

な行

永井亀彦　74
中岡哲郎　8, 9
中谷礼仁　9
中西洋　121
中野茂夫　8
名越左源太　74, 75
新納久信　51, 89

西澤泰彦　7
西山逸堂　34
二村悟　8
昇曙夢　49

は行

バー，N. P.（Nicholas Procter Burgh）　61
ヴァイヴァーズ，M.（Meg Vivers）　8
萩原茂　49
バスチャン，E. A.（Edmond Auguste Bastien）　206
浜崎太平次　87, 92
林野全孝　49, 161, 162, 169
ハリソン，E.（Edward Harrison）　5
ハリソン，H.（H. Harrison）　90
ハレント　205
ハワード，E. C.（Edward Charles Howard）　59
樋口弘　49, 76
秀村選三　161
廣井勇　138, 145
ファビウス，G.（Gerhardus Fabius）　2
フィン，D.（Dallas Finn）　8
フェアバーン，W.（William Fairbairn）　111
フォーブス，W. N.（William Nairn Forbes）　186
藤野明　161
藤森照信　7, 49
ブスケ，A. C. D（Albert Charles Du Bousquet）　206
プリチエット，J.（John Pritchett）　162, 164-167, 175, 203-205, 208, 213
ブリューナ，P.（Paul Brunart）　206
ブレーキー，D.（David Blakie）　124, 203, 208
フロラン，V. C.（Vincent Clement Florent）　142, 145
ベアト，F.（Felice Beato）　30
ボイド，C.（Christopher Boyd）　162, 164-167, 176, 183, 203, 208, 213
ホーキンス，J.（John Hawkins）　186
ホーム，R.（Ryle Holme）　28, 52, 53, 89, 168
ホーム，E. Z.（Edward Z. Holme）　90, 115, 203-205
ボール，S.（Samuel Ball）　39
星野芳郎　8
堀越三郎　6
堀孝之　51, 89
堀勇良　49, 52

ま行

マーサー，W. T.（William Thomas Mercer）　175
牧村正直　206

人 名 索 引　　　　　　　　　　*223*

マキューン，P. K.（P. Kevin MacKeown）　175, 178

マクドネル，R. G.（Richard Graves Macdonnell）　175, 176

マクリーン　18, 25

町田久成　53

松岡政人（十太夫）　52

松方正義　76

松木弘安　51, 89

マッキンタイラー　53, 54, 79, 197, 203, 205

マッケンジー，K. R.（Kenneth Ross Mackenzie）　4, 17, 18, 165, 200

松下志朗　49

丸田南里　76

宮本又次　161

宮里正静　76, 91

ミラー，D.（Daniel Miller）　138

村松伸　7

村松貞次郎　6-8, 121

モリス，S. J.（Samuel John Morris）　205

モルトン，H.（Hugh Morton）　136

モルトン，S.（Samuel Morton）　136

モルトン，T.（Thomas Morton）　122, 136-138, 212

モンブラン，C.（Comt de Montblanc）　56, 89, 90, 199

や行

安池尋幸　8

山口光臣　7

山崎俊雄　8

山田智子　8

山本覚馬　206

湯本豪一　161

ら・わ行

ライトフット，T. B.（Thomas Bell Lightfoot）　138, 143, 144

レーマン，C.（Carl Lehmann）　207

レーマン，R.（Rudolf Lehmann）　206, 207

レスコー　206

レスリー，J.（James Leslie）　138

レニー，D. F.（David Field Rennie）　21

ローウェル（Rowell）　90

ローゼンハイグ，C. M.（C. M. Rosenhaig）　206

ロッシュ，L.（Léon Roches）　2

ロビンソン，A.（Albert Robinson）　23, 204

ロビンソン，H.（Hercules Robinson）　175, 176

ワード，E. W.（Edward Wolstenholme Ward）　186

事項索引

あ行

圧搾機（Mill, Crusher）　57, 59, 60-62, 64-67, 74, 75, 77-79

亜熱帯気候　176

『アバディーン・ジャーナル（Aberdeen Journal）』　124, 130

尼崎紡績　114

奄美大島製糖工場　2, 10, 12, 49-56, 64, 66, 67, 72-75, 87, 114, 155, 168, 198, 199, 202-204, 208, 212

アレキサンダー・ホール社（Alexander Hall）　124

アンコーツ運河（Ancoats Canal）　108, 109

イギリス土木学会　138

イギリス領事報告　11, 18, 19, 21-23, 124, 125, 136, 205, 212

石井コレクション　143-145, 154

異人館（旧鹿児島紡績所技師館）　87, 90, 95, 212

怡和綿紡績公司（Ewo Cotton Company）　92

ウォルシュ・ホール商会（ウォルシュ商会（Walsh Hall Co.））　3, 29, 34, 36

浮ドック（Floating dock）　121, 146

エシュト・リリアンタール商会（Hecht Lilienthal）　3, 206

エド兄弟社（Ede Brothers）　89, 90

『エンジニアリング（Engineering）』　23, 169-173

エンドレス・チェイン（Endless chain）　131, 138, 144, 145, 150, 155

王立造幣局（Royal Mint）　175, 185, 213

OS マップ（Ordnance Survey Map）　147, 148, 150-154

大阪紡績　107, 113-115, 212

大島商社　76, 212

『大島代官記』（『大島代官記書抜』）　12, 49, 52-54, 57

オタワ造幣局　186, 213

オリエンタルバンク（Oriental Bank）　163, 164

オルト商会（Alt & Co.）　26, 29, 36

か行

外国人居留地　5, 11, 17-19, 29, 33, 36, 145, 212, 213

『鹿児島縣史』　49, 52

鹿児島県立糖業試験場　76

鹿児島紡織　101, 103

鹿児島紡績所　2, 10, 12, 51, 56, 87, 88, 90-98, 100-102, 104-108, 113-115, 198, 199, 202-204, 208, 209, 212

鹿島紡績所　87

『貨幣器』　163, 164, 166, 172, 174, 182

『貨幣器械組建之按』（『組立之按』）　163, 164, 166, 174, 182, 183

カルカッタ造幣局　184, 186, 213

官営紡績所　88, 113, 114, 207

官営模範工場　206

乾ドック（ドライドック（Dry dock））　121, 139, 142, 145, 152

間紡機（Intermediate）　107, 113

企業城下町　8

旧集成館機械工場　57, 66, 202

金銀分析所　161

銀座煉瓦街　23, 208, 213

グラバー兄弟商会（Glover Brothers）　124, 155

グラバー商会（Glover & Co.）　1-5, 10-13, 17-29, 31-32, 36, 37, 41-43, 49, 50, 52-56, 67, 79, 87, 89, 114, 115, 121, 124, 125, 155, 156, 161, 162, 164-168, 183, 187, 197-210, 212, 213

グローバルヒストリー　9

郡是製絲　8

『慶応年間　大島郡に於ける白糖の製造』（『白糖の製造』）　49, 53, 54, 56-59, 64-70, 72

ケンブリッジ大学図書館　10

コーウェン社（Joseph Cowen）　73

『皇国製茶図絵』　19, 33

『皇国造幣寮濫觴之記』　162, 164, 166

鴻池家　123

工兵隊　186

神戸居留地　12, 34-37, 42, 213

コーンス商会（Cornes & Co.）　35, 36

小菅修船場　2, 10, 12, 121-129, 132, 134, 138, 139, 144-147, 153-156, 198-203, 208, 209, 212

古典主義　170, 185, 186

さ行

サーベイヤージェネラル（Surveyor General）　176

堺紡績所　87, 88, 212

薩摩藩　5, 12, 22, 23, 49-56, 67, 74, 79, 87-92, 114, 115, 123, 124, 155, 163, 164, 167, 198-200, 202,

事項索引 225

204, 212, 213
――留学生　89
始祖三紡績　87
シドニー造幣局　185, 186, 213
紙幣寮製造場（印刷局）　6
下野紡績所　107, 113, 212
ジャーディン・マセソン商会（JM 商会（Jardine Matheson Co.））　4, 5. 9, 10, 13, 17-22, 24-28, 42, 55, 56, 89, 92, 114, 115, 124, 161-168, 175, 176, 183, 187, 204, 205, 207-210, 212, 213）
ジャーディン・マセソン商会文書（JM 商会文書）　10-13, 24, 49, 54, 161, 162
社宅街　8
ジャパン・ブルワリー・カンパニー（Japan Brewery Company）　5
上海機織布局　92
集成館（集成館事業）　50, 51, 87, 88, 90, 92, 95, 212, 213
『シュガー（SUGAR）』　59-62, 64-67
十基紡　88, 113-115
尚古集成館　93, 96, 97, 101
抄紙会社　3, 213
ジョン・ヘンリー・グウィン社（Mess. John and Henry Gwynne）　23
新橋停車場　6
菅島灯台附属官舎　72
スミス・ベーカー商会（Smith Baker & Co.）　35, 36
精紡機　106-108, 114
――スロッスル（Throstle）　91, 110, 113
――ミュール（Mule）　91, 110, 113, 114
――リング（Ring）　110
世界システム論　9
泉布観　161, 169
総買入制　50, 74, 76
造船台　136, 137, 140
造幣寮（造幣局）　2, 12, 23, 54, 161, 162, 164, 167-170, 172, 178, 179, 183, 184, 186, 187, 199, 200, 202-204, 208, 209, 213
――鋳造場（金銀貨幣鋳造場）　10, 11, 13, 161, 162, 167, 169-174, 178, 179, 181-183, 186, 187, 198, 213
――銅貨幣鋳造場　6, 169
――硫酸工場　161
『造幣局沿革誌』　54, 161, 162
『造幣局百年史』　174
梳綿機（Card）　91, 106-108, 113

た行
大英博物館　185
タイクードック　138
臺灣製糖会社橋仔頭工場　60, 62, 71
高島炭坑　13, 199, 200, 205
田上水車館　88
打綿機（Scutcher）　95, 107, 113
茶再製場　2, 10-12, 17-27, 29, 31-43, 197-199, 202-204, 207-209, 212
デイ＆サマー社（Day & Summer）　138
ティーボーイ（Tea Boy）　18, 20, 21, 24, 25, 197, 203, 204, 207
ディレクトリー　34, 36
ティンレイ・マナー（Tinley Manner）　62, 63
出島　7, 32
デラカンプ・マクレガー商会（Delacamp Macgregor & Co.）　35, 36
富岡製糸場　3, 206, 207, 213
ドラフトマン　175

な行
内務省　76
――地理局　142, 145
長崎居留地（大浦居留地）　2, 4, 5, 10-12, 17, 18, 21, 23, 29-31, 36, 37, 42, 197, 202, 204, 207, 212, 213
長崎製鉄所（長崎造船所）　2, 7, 125, 127, 139, 145, 212
――史料館　127, 128
――轆轤盤細工所　139, 213
『ナガサキ・タイムズ（Nagasaki Times）』　124
永吉水車館　88
ナショナルアーカイブ（The National Archives）　175, 177, 178, 180
『南島雑話』　74, 75, 77
南北戦争　92, 213
日進学舎　161
日本アジア協会（Asiatic Society of Japan）　33
ネルソンドック（Nelson Dock）　138, 152
『ノース・チャイナ・ヘラルド（The North China Herald）』　125

は行
パース造幣局　184, 186, 213
買弁　38
ハウルズワース紡績工場（Houldsworth Mill）　108, 109, 212

バキュムパン（真空結晶缶（Vacuum Pan））　57, 59, 61, 62, 64-67, 79
函館船渠　142-147, 150, 153, 154, 212
函館砲台　142
バスケット・ファイアリング（Basket firing）　33, 39
パテントスリップ（修船架，船架（Patent Slip））　12, 121, 123-125, 136-148, 150-156, 212）
パピール・ファブリック（Papier Fabrick）　206, 207, 213
バルカン鉄工所（Vulcan Iron Foundry）　141
盤木　135, 136, 137
反射炉　8, 213
東山手十二番館　31, 36
ヒソン茶（Hyson）　39
兵庫工作分局　122, 141, 142, 145, 150, 212
フェイエノールト社（NSBM）　139
プラット・ブラザーズ社（プラット社（Platt Brothers & Co.））　12, 51, 88, 89, 92, 93, 95, 100, 104, 105, 114, 115, 198, 199, 202-204, 212
分蜜機（遠心分蜜機（Centrifugal））　57, 59-61, 65, 67, 75, 79
ベリスフォード・エンジニアリング社（Berrisford Engineering）　89
白耳義商社　89
ヘンリー・ベリー社（Henry Berry）　142
ホール・ラッセル社（Hall Russell）　124, 147, 155, 208
香港総督　175, 176
香港造幣局　11, 12, 13, 161-165, 167, 169, 172, 174-183, 187, 204, 208, 213
香港ドル　175, 176
香港歴史當案館　175, 176
ボンベイ造幣局　184, 186, 213

ま行

間切横目　52

マッソンミルズ（Masson Mills）　110, 111
マルトビー商会（Maltby & Co.）　29, 31, 36
マンロブ・アリオット社（Manlove & Alliott）　60
三井物産　88, 93
三菱社　5, 125, 127, 212
三菱史料館　127, 128
『明治工業史　建築篇』　6
明治政府　88, 113, 125, 161, 198, 199, 201, 206, 212, 213
メーシー商会（G. H. Macy & Co.）　34-36
メキシコドル　175, 176
メルボルン造幣局　185, 186, 213
綿糖共進会　76
モルトン商会（S. H. Morton & Co.）　136, 138

や行

八幡製鐵所　8
ヤングヒソン茶（Young Hyson）　20, 26
横須賀市自然・人文博物館　143-145
横浜居留地　3, 9, 12, 19, 33, 34, 41, 90, 204, 206
横浜停車場　6

ら・わ行

蘭館（蘭館山）　51, 58, 68, 70
リアス式海岸　153
力織機　87, 89, 90, 107, 108, 110-112, 114, 115
竜骨　135-137
龍洞院　90
レーマン・ハルトマン商会（Lehmann Hartmann Co.）　206, 207
レン・ホプキンソン社（Wren & Hopkinson）　89, 104
ロイズ船級協会（Lloyd's Register）　145-147, 153, 154
ンジェロムミル（Ngelom Mill）　63

著者紹介

水田　丞（みずた　すすむ）

1978 年　佐賀県生まれ
2001 年　鹿児島大学工学部建築学科卒業
2006 年　九州大学大学院人間環境学府博士後期課程修了，博士（工学）
　　　　　日本学術振興会特別研究員 PD（京都工芸繊維大学），英国ロンドン大学客員研究員を経て
現　　在　広島大学大学院工学研究院助教

主要論文

「ジャーディン・マセソン商会横浜店の商館再建計画―慶応大火による被災から新商館入居までの経
　緯を中心とした考察―」（『日本建築学会計画系論文集』第 654 号，2010 年）

'Patent slipways of Bakumatsu and Meiji Japan: 1861-1900s', *Construction History: International Journal of the
Construction History Society*, Vol. 30, No.1, 2015.

幕末明治初期の洋式産業施設とグラバー商会
19世紀の国際社会における技術移転とイギリス商人をめぐる建築史的考察

2017年 3 月31日　初版発行

著　者　水　田　　　丞
発行者　五十川　直行
発行所　一般財団法人 九州大学出版会
　　　　　〒814-0001　福岡市早良区百道浜3-8-34
　　　　　九州大学産学官連携イノベーションプラザ305
　　　　　電話　092-833-9150
　　　　　URL　http://kup.or.jp
　　　　　印刷／城島印刷㈱　製本／篠原製本㈱

Ⓒ Susumu Mizuta 2017　　　　　　　　　　ISBN 978-4-7985-0205-2